企业内部控制审计
（第二版）

盛永志　主编

唐秋玲　副主编

U0331321

清华大学出版社

北京

内 容 简 介

本书是根据《企业内部控制审计指引》《企业内部控制审计指引实施意见》《企业内部控制审计问题解答》中有关规定和要求，以及《企业内部控制审计（第一版）》教材使用情况编写完成。本书契合当前大力推进内部控制规范体系时代背景，具有内容科学、结构明晰、案例充分、易于学习和讲授等特点。

本书可作为高等院校的会计学、审计学专业乃至其他管理类专业的必修课或选修课教材，也可作为会计师事务所及其他工商企业管理人员的学习参考书和工作指导书。

图书在版编目（CIP）数据

企业内部控制审计/盛永志主编. —2 版. —北京：清华大学出版社，2017（2024.9重印）
（21世纪高等学校规划教材·财经管理与应用）
ISBN 978-7-302-47031-1

Ⅰ．①企…　Ⅱ．①盛…　Ⅲ．①企业—内部审计—高等学校—教材　Ⅳ．①F239.45

中国版本图书馆 CIP 数据核字（2017）第 102042 号

责任编辑：闫红梅　王冰飞
封面设计：傅瑞雪
责任校对：胡伟民
责任印制：杨　艳

出版发行：清华大学出版社
网　　　址：https://www.tup.com.cn，https://www.wqxuetang.com
地　　　址：北京清华大学学研大厦 A 座　　　　　邮　　编：100084
社 总 机：010-83470000　　　　　　　　　　　　邮　　购：010-62786544
投稿与读者服务：010-62776969，c-service@tup.tsinghua.edu.cn
质量反馈：010-62772015，zhiliang@tup.tsinghua.edu.cn
课件下载：https://www.tup.com.cn，010-83470236

印 装 者：三河市天利华印刷装订有限公司
经　　销：全国新华书店
开　　本：185 mm × 260 mm　　　印　张：15.75　　　字　数：400 千字
版　　次：2011 年 7 月第 1 版　　2017 年 9 月第 2 版　　印　次：2024 年 9 月第 5 次印刷
印　　数：3801～4300
定　　价：49.00 元

产品编号：073078-02

出版说明

随着我国改革开放的进一步深化,高等教育也得到了快速发展,各地高校紧密结合地方经济建设发展需要,科学运用市场调节机制,加大了使用信息科学等现代科学技术提升、改造传统学科专业的投入力度,通过教育改革合理调整和配置了教育资源,优化了传统学科专业,积极为地方经济建设输送人才,为我国经济社会的快速、健康和可持续发展,以及高等教育自身的改革发展做出了巨大贡献。但是,高等教育质量还需要进一步提高以适应经济社会发展的需要,不少高校的专业设置和结构不尽合理,教师队伍整体素质亟待提高,人才培养模式、教学内容和方法需要进一步转变,学生的实践能力和创新精神亟待加强。

教育部一直十分重视高等教育质量工作。2007 年 1 月,教育部下发了《关于实施高等学校本科教学质量与教学改革工程的意见》,计划实施"高等学校本科教学质量与教学改革工程(简称'质量工程')",通过专业结构调整、课程教材建设、实践教学改革、教学团队建设等多项内容,进一步深化高等学校教学改革,提高人才培养的能力和水平,更好地满足经济社会发展对高素质人才的需要。在贯彻和落实教育部"质量工程"的过程中,各地高校发挥师资力量强、办学经验丰富、教学资源充裕等优势,对其特色专业及特色课程(群)加以规划、整理和总结,更新教学内容、改革课程体系,建设了一大批内容新、体系新、方法新、手段新的特色课程。在此基础上,经教育部相关教学指导委员会专家的指导和建议,清华大学出版社在多个领域精选各高校的特色课程,分别规划出版系列教材,以配合"质量工程"的实施,满足各高校教学质量和教学改革的需要。

为了深入贯彻落实教育部《关于加强高等学校本科教学工作,提高教学质量的若干意见》精神,紧密配合教育部已经启动的"高等学校教学质量与教学改革工程精品课程建设工作",在有关专家、教授的倡议和有关部门的大力支持下,我们组织并成立了"清华大学出版社教材编审委员会"(以下简称"编委会"),旨在配合教育部制定精品课程教材的出版规划,讨论并实施精品课程教材的编写与出版工作。"编委会"成员皆来自全国各类高等学校教学与科研第一线的骨干教师,其中许多教师为各校相关院、系主管教学的院长或系主任。

按照教育部的要求,"编委会"一致认为,精品课程的建设工作从开始就要坚持高标准、严要求,处于一个比较高的起点上;精品课程教材应该能够反映各高校教学改革与课程建设的需要,要有特色风格、有创新性(新体系、新内容、新手段、新思路,教材的内容体系有较高的科学创新、技术创新和理念创新的含量)、先进性(对原有的学科体系有实质性的改革和发展,顺应并符合 21 世纪教学发展的规律,代表并引领课程发展的趋势和方向)、示范性(教材所体现的课程体系具有较广泛的辐射性和示范性)和一定的前瞻性。教材由个人申报或各校推荐(通过所在高校的"编委会"成员推荐),经"编委会"认真评审,最后由清华大学出版社审定出版。

目前，针对计算机类和电子信息类相关专业成立了两个"编委会"，即"清华大学出版社计算机教材编审委员会"和"清华大学出版社电子信息教材编审委员会"。推出的特色精品教材如下。

（1）21世纪高等学校规划教材·计算机应用——高等学校各类专业，特别是非计算机专业的计算机应用类教材。

（2）21世纪高等学校规划教材·计算机科学与技术——高等学校计算机相关专业的教材。

（3）21世纪高等学校规划教材·电子信息——高等学校电子信息相关专业的教材。

（4）21世纪高等学校规划教材·软件工程——高等学校软件工程相关专业的教材。

（5）21世纪高等学校规划教材·信息管理与信息系统。

（6）21世纪高等学校规划教材·财经管理与应用。

（7）21世纪高等学校规划教材·电子商务。

清华大学出版社经过20多年的努力，在教材尤其是计算机和电子信息类专业教材出版方面树立了权威品牌，为我国的高等教育事业做出了重要贡献。清华版教材形成了技术准确、内容严谨的独特风格，这种风格将延续并反映在特色精品教材的建设中。

清华大学出版社教材编审委员会
联系人：魏江江
E-mail：weijj@tup.tsinghua.edu.cn

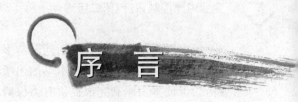

序 言

2008年以来，我国财政部等五部委先后制定和发布《企业内部控制基本规范》《企业内部控制应用指引》《企业内部控制评价指引》和《企业内部控制审计指引》（以下简称《指引》），标志着我国企业内部控制规范化建设进入全新阶段，这为大力推动企业内部控制审计事业发展提供了有利的环境条件。企业内部控制审计将会与财务报表审计业务一起，成为注册会计师的重要鉴证业务，共同推动注册会计师行业的快速发展。

学习和研究企业内部控制审计目标、流程和方法，不仅是上市公司、会计师事务所及监管机构所关心的问题，而且也是高等学校会计学、审计学等专业人才培养方案设计者所关心的问题。于是，在众多关心和期待中，《企业内部控制审计（第一版）》于2011年上半年与读者见面，并很快成为许多会计师事务所的内部培训教材，以及一些高校的专业课或辅助教材。

根据《指引》和《企业内部控制审计指引实施意见》（以下简称《实施意见》）规定，考虑《企业内部控制审计问题解答》（以下简称《问题解答》）中的精神和要求，结合企业内部控制审计领域近几年科研成果及第一版教材使用过程中发现的问题，我们编写完成《企业内部控制审计（第二版）》。

本书具有以下五个方面的特点：

一、内容科学。紧扣《指引》《实施意见》和《问题解答》有关整合审计理念、规则和方法上的要求，并结合近几年企业内部控制审计领域比较成熟的研究与发现来设计和编排内容。

二、结构合理。将原第三、五章合并为"内部控制审计概论"，第六章分拆为"审计目标"与"审计计划"两章，对第九章"审计测试流程"进行充实。其他各章内容亦有不同程度调整。全书适度体现内部控制原理和规范、审计原理和方法，着重内部控制审计本身流程、方法解析。

三、学习资源丰富。各章篇头均有引导案例，结尾新增"本章小结"。各章均安排标准化习题，另随教材配有实践性教学安排、企业内部控制审计习题册、教学课件等，十分利于课堂组织教学与学生自学。

四、适度创新。对于《指引》《实施意见》和《问题解答》中没有界定而又必须明确的问题，也进行了具有创造意义的探讨，例如对财务报告舞弊审计结果的利用、整合审计理念解析、内部控制审计目标等的说明。

本书可作为高等院校的会计学、审计学专业乃至其他管理类专业的必修课或选修课教材，也可作为会计师事务所及其他工商企业管理人员的学习参考和工作指导书。

全书由哈尔滨金融学院盛永志副教授主编和统稿，黑龙江工商职业技术学院唐秋玲副教授担任副主编。具体分工如下：盛永志负责第一至九章及第十五章的编写，唐秋玲负责第十至十四及第十六章的编写。在本书编写过程中，曾走访京城多个会计师事务所和上市企业,就内部控制及其审计方面问题与多位注册会计师、企业内部审计及财务人员进行探讨,从而获取撰写灵感。另外,本书的出版单位清华大学出版社同仁对本书一直给予了强力支持,为保证本书顺利完成提供有力保障。在此,对以上各位专家、学者和企业界人士,一并表示衷心的感谢。

限于笔者水平有限,书中难免存在缺点和纰漏,恳请读者批评指正。

作　者

2017 年 5 月

目 录

第一章

内部控制概论

引导案例：

薄弱的控制与"薄弱"的董事会

　　×公司是一家大型上市公司，×公司董事会起草并制定了非常全面的内部控制规章制度，董事长认为每个员工都是好员工，大家都会自觉遵守企业制定的规章制度，从而其领导的内部审计部门人手很少。在遇到大型的审计项目时，临时从被审计的部门抽调熟悉审计业务的人员。企业另外设有风险管理部门，识别和分析影响目标实现的风险，对于识别出的风险，无论付出多大的代价，一律采取风险消除策略予以应对。企业倡导员工信息传递的真实性，严格规定有关信息必须逐层传达。另外，财务部门人手较为紧张，一人长时间处在同一岗位或同时兼任多个岗位的现象普遍存在。

　　要求： 讨论×公司内部控制有哪些方面的问题，并提出你对×公司董事会"薄弱"的理解。

第一节　内部控制的产生与发展

　　内部控制（Internal Control）一词，最早出现在 1936 年美国会计师协会（美国注册会计师协会的前身）发布的《注册会计师对财务报表的审查》文告中，是指为保护现金和其他资产，检查簿记事务的准确性，而在公司内部采取的手段和方法。近几十年来，随着内部控制的不断发展，不仅在美国，而且在其他国家和组织，其概念的内涵和外延也都发生了较大的变化。内部控制理论演进和发展共经历了内部牵制阶段、内部控制制度阶段、内部控制结构阶段和内部控制整体框架阶段 4 个阶段。

一、内部牵制阶段

　　内部控制源于内部牵制。古代的内部牵制的实践是如今现代意义上的内部控制的渊源。由于当时生产条件和科技水平的限制，因此在当时只是闪现了内部（会计）控制的思想火花，出现了简单的内部牵制实践，没有也不可能有现代意义上的内部控制思想。

　　一般认为，20 世纪 40 年代以前是内部牵制阶段。15 世纪末，随着资本主义经济的初步发展，复式记账法开始出现，内部牵制渐趋成熟。内部牵制是指提供有效的组织和经营，并防止错误和其他非法业务发生的业务流程设计。它以账目间的相互核对为主要内容并实施一定程度的岗位分离,在当时一直被认为是保证账目正确无误的一种理想控制方法。18世纪工业革命以后美国的一些企业逐渐摸索出一些组织、调节、制约和检查企业生产经营活动的办法,逐步建立了内部牵制制度。它的主要特点是以任何个人或部门不能单独控制任何一项或一部分业务权力的方式进行组织上的责任分工,每项业务通过正常发挥其他个人或部门的功能进行交叉检查控制。在现代的内部控制理论中,内部牵制仍占有相当重要的地位,是有关组织规划、职务分离控制的基础。

一般来说,内部牵制机能的执行可以分为以下四类。

(1)实物牵制。例如,把保险柜的钥匙交给两个以上的工作人员持有。要打开保险柜,就必须同时使用这两把以上的钥匙。

(2)机械牵制。例如,银库的大门必须按照既定的程序操作才能打开,否则就无法打开,甚至会自动报警。

(3)体制牵制。例如,把每项业务分别安排给不同的部门或人员去处理,从而预防错误和舞弊的发生。

(4)簿记牵制。例如,定期将总账和明细账进行核对。

内部牵制的思想建立在以下两个基本的假设基础之上。一是两个或两个以上的部门或人员无意识地犯同样错误的机会相对较小;二是两个或两个以上的部门或人员有意识地合伙舞弊的可能性大大低于单独一个部门或人员舞弊的可能性。

直到今天,内部牵制的思想仍然在内部控制理论中占有重要的地位,现在经常提到的职责分工、不相容职务相分离等,就是这一思想的集中体现。

二、内部控制制度阶段

20世纪40年代至70年代,在内部牵制的基础上,逐渐产生了内部控制制度的概念。这时,一方面企业需要在企业管理上采用更为完善、更为有效的控制方法以改变传统的靠小生产方式及经验管理对企业的影响;另一方面,为了适应当时社会经济的关系,保护投资者和债权人的经济利益,西方各国纷纷以法律的形式要求通过内部控制强化对企业财务会计资料及各种经济活动的内部管理。1949年美国注册会计师协会将内部控制定义为:"内部控制是企业为了保证财产的安全完整,检查会计资料的准确性和可靠性,提高企业的经营效率以及促进企业贯彻既定的经营方针,所设计的总体规划及所采用的与总体规划相适应的一切方法和措施。"这一概念已突破了与财务会计部门直接有关的控制的局限,使内部控制扩大到企业内部各个领域。1958年美国注册会计师协会下属的审计程序委员会又将内部控制的定义做了进一步的说明,并将内部控制划分为内部会计控制和内部管理控制。前者是指与财产安全和会计记录的准确性、可靠性有直接联系的方法和程序,后者主要是与贯彻管理方针和提高经营效率有关的方法和程序。将内部控制一分为二使得审计人员在研究和评价企业内部控制制度的基础上来确定实质性测试的范围和方式成为可能。

三、内部控制结构阶段

20世纪70年代以后,内部控制的研究重点逐步从一般含义向具体内容深化。这时西方学者在对内部会计控制和管理控制进行研究时认为,虽然区分会计控制和管理控制对审计师非常重要,但是并不是所有的会计控制都不是没有管理控制对财务报表的可靠性具有重大鉴证意义,而且认为这两者是不可分割的,是相互联系的。与此同时,控制环境逐步被纳入内部控制范畴。于是,美国注册会计师协会于 1988 年发布的《审计准则公告第 55 号》中明确提出了"内部控制结构"的概念。该公报认为,"企业的内部控制结构包括为合理保证企业特定目标的实现而建立的各种政策和程序",并指出内部控制结构由控制环境、会计制度和控制程序 3 个方面组成。其中,控制环境是指对建立、加强或削弱特定政策和程序效率发生影响的各种因素,环境控制反映了董事会、管理层、股东和其他人员对控制的态度、认识和行动;会计制度规定各项经济业务的鉴定、分析、归类、登记和编报的方法,明确各项资产和负债的经营管理责任;控制程序是指管理层所制定的方针和程序,用于保证达到一定的目的。与内部控制制度阶段相比,本阶段阐述的内部控制有两个明显的改变:一是正式将内部控制环境纳入内部控制的范畴;二是不再区分会计控制和管理控制。这些改变反映了内部控制理论研究的新动向,因此可被视为内部控制理论研究的一个新的突破性成果。

四、内部控制整体框架阶段

进入 20 世纪 90 年代以后,学术界对内部控制的研究又进入了一个新的阶段。1992 年美国"反对虚假财务报告委员会"(即 Treadway 委员会)下属的由美国会计学会(AAA)、注册会计师协会(AICPA)、国际内部审计人员协会(IIA)、财务经理协会(FEI)和管理会计学会(IMA)等组成的 COSO 委员会(Committee of Sponsoring Organizations)提出《内部控制——整体框架》,并于 1994 年进行了修改。这就是著名的"COSO 报告"。COSO 报告将内部控制定义为:由企业董事会、经理阶层和其他员工实施的,为运营的效率、财务报告的可靠性、相关法令的遵循性等目标的达成而提供合理保证的过程。具体内容包括控制环境、风险评估、控制活动、信息与沟通及监督 5 个要素。

(1) 控制环境:指构成一个单位的控制氛围,是影响内部控制其他成分的基础。

(2) 风险评估:指管理层识别和分析对经营、财务报告、合法合规性目标有影响的内部或外部风险,包括风险识别和风险分析。风险识别包括对外部因素(如行业发展、技术进步、竞争、经济变化等)和内部因素(如员工素质、公司活动性质、信息系统处理的特点等)进行检查。风险分析涉及估计风险的重大程度、评价风险发生的可能性、考虑如何管理风险等内容。

(3) 控制活动:指对所识别的风险采取的必要措施,以保证单位目标得以实现的政策和程序,实践中控制活动的形式多种多样,一般来说主要包括业绩评价、信息处理、实物控制、职责分离、信息与沟通及监控等。

(4) 信息与沟通:指企业构建的以一定的形式,在一定的时间范围内识别、获取和沟通相关信息,以使企业内部各层次员工能够顺利履行其职责的信息传递与沟通机制。信息与沟通在内部控制中发挥着不可替代的作用,为内部控制的其他要素有效发挥作用提供了信息支撑,也为企业整个内部控制的有效运行提供了信息支持。

(5) 监督:指评价内部控制质量的过程,即对内部控制的运行情况及改进活动进行评价,如内部审计对内部控制进行测试和改进;与外部人员、团体进行交流等。

第二节　内部控制的目标、原则、要素和作用

一、内部控制的目标与原则

根据我国《企业内部控制基本规范》,内部控制是指企业为了合理保证财务报告的可靠性、经营的效率和效果,以及对法律法规的遵守,由治理层、管理层和其他人员设计和执行的政策和程序。

企业内部控制具有以下几方面目标。

(1) 合理保证企业经营管理合法合规,简称合规目标。守法和诚信是企业健康发展的基石。逾越法律的短期发展终将付出沉重代价。内部控制要求企业必须将发展置于国家法律法规允许的基本框架之下,在守法的基础上实现自身的发展。

(2) 合理保证企业资产安全,简称资产目标。资产安全是投资者、债权人和其他利益相关者普遍关注的重大问题,是企业可持续发展的物质基础。良好的内部控制,应当为资产安全提供扎实的制度保障。

(3) 合理保证企业财务报告及相关信息真实完整,简称报告目标。可靠及时的信息报告能够为企业管理层提供适合其既定目标的准确而完整的信息、支持管理层的决策和对营运活动及业绩的监控;同时,保证对外披露的信息报告的真实、完整,有利于提升企业的诚信度和公信力,维护企业良好的声誉和形象。

(4) 合理保证企业经营效率和效果,简称经营目标。该目标要求企业结合自身所处的特定的内外部环境,通过建立健全有效的内部控制,不断提高营运活动的盈利能力和管理效率。

(5) 合理保证企业实现发展战略,简称战略目标。该目标是内部控制的终极目标。它要求企业将近期利益与长远利益结合起来,在企业经营管理中努力做出符合战略要求、有利于提升可持续发展能力和创造长久价值的策略选择。

企业建立与实施内部控制,应当遵循下列原则。

(1) 全面性原则。即内部控制是对企业组织一切业务活动的全面控制,而不是局部性控制。它不仅要控制考核财务、会计、资产、人事等政策计划执行情况,还要进行各种工作分析和作业研究,并及时提出改善措施。内部控制应当贯穿决策、执行和监督全过程,覆盖企业及其所属单位的各种业务和事项。

(2) 重要性原则。内部控制应当在全面控制的基础上,关注重要业务事项和高风险领域。

(3) 制衡性原则。即一项完整的经济业务活动,必须经过具有互相制约关系的两个或两个以上的控制环节方能完成。内部控制应当在治理结构、机构设置及权责分配、业务流程等方面形成相互制约、相互监督,同时兼顾运营效率。

(4) 适应性原则。内部控制应当与企业经营规模、业务范围、竞争状况和风险水平等相适应,并随着情况的变化及时加以调整。

(5) 成本效益原则。内部控制应当权衡实施成本与预期效益,以适当的成本实现有效控制。

二、内部控制的要素

根据《企业内部控制基本规范》,企业内部控制包括 5 个要素:控制环境、风险评估过程、信息系统与沟通、控制活动及对控制的监督。

(一) 控制环境

控制环境是指对企业控制的建立和实施有重大影响的因素的统称。控制环境包括治理职能和管理职能,以及治理层和管理层对内部控制及其重要性的态度、认识和措施。控制环境设定了被审计单位的内部控制基调,影响员工对内部控制的认识和态度。良好的控制环境是实施有效内部控制的基础。实际上,在审计业务承接阶段,注册会计师就需要对控制环境做出初步了解和评价。

注册会计师应当了解被审计单位对诚信和道德价值观念的沟通与落实、对胜任能力的重视、治理层的参与程度、管理层的理念和经营风格,以及组织结构、职权与责任的分配及人力资源政策和实务等状况。

(二) 风险评估过程

被审计单位的风险评估过程包括识别与财务报告相关的经营风险,以及针对这些风险所采取的措施。注册会计师应当了解被审计单位的风险评估过程和结果。可能产生风险的事项和情形包括以下几方面。

(1) 监管及经营环境的变化。监管和经营环境的变化会导致竞争压力的变化及重大的相关风险。

(2) 新员工的加入。新员工可能对内部控制有不同的认识和关注点。

(3) 新信息系统的使用或对原系统进行升级。信息系统的重大变化会改变与内部控制相关的风险。

(4) 业务快速发展。快速的业务扩张可能会使内部控制难以应对,从而增加内部控制失效的可能性。

(5) 新技术。将新技术运用于生产过程和信息系统可能改变与内部控制相关的风险。

(6) 新生产型号、产品和业务活动。进入新的业务领域和发生新的交易可能带来新的与内部控制相关的风险。

(7) 企业重组。重组可能带来裁员及管理职责的重新划分,将影响与内部控制相关的风险。

(8) 发展海外经营。海外扩张或收购会带来新的并且往往是特别的风险,进而可能影响内部控制,如外币交易的风险。

(9) 新的会计准则。采用新的或变化了的会计准则可能会增大财务报告发生重大错报的风险。

(三) 信息系统与沟通

与财务报告相关的信息系统,包括用于生成、记录、处理和报告交易、事项和情况,对相关资产、负债和所有者权益履行经营管理责任的程序和记录。与财务报告相关的信息系统所生成信息的质量,对管理层能否做出恰当的经营管理决策,以及能否编制可靠的财务报告具有重大影响。

与财务报告相关的沟通包括使员工了解各自在与财务报告有关的内部控制方面的角色和职责、员工之间的工作联系，以及向适当级别的管理层报告例外事项的方式。

注册会计师应当了解与财务报告相关的信息系统及与财务报告相关的沟通情况。

（四）控制活动

控制活动是指有助于确保管理层的指令得以执行的政策和程序，包括与授权、业绩评价、信息处理、实物控制和职责分离等相关的活动。

（1）授权。注册会计师应当了解与授权有关的控制活动，包括一般授权和特别授权。授权的目的在于保证交易在管理层授权范围内进行。一般授权是指管理层制定的要求组织内部遵守的普遍适用于某类交易或活动的政策。特别授权是指管理层针对特定类别的交易或活动逐一设置的授权，如重大资本支出和股票发行等。

（2）业绩评价。注册会计师应当了解与业绩评价有关的控制活动，主要包括被审计单位分析评价实际业绩与预算（或预测、前期业绩）的差异，综合分析财务数据与经营数据的内在关系，将内部数据与外部信息来源相比较，评价职能部门、分支机构或项目活动的业绩，以及对发现的异常差异或关系采取必要的调查与纠正措施。

（3）信息处理（凭证和记录）。注册会计师应当了解与信息处理有关的控制活动，包括信息技术的一般控制和应用控制。被审计单位通常执行各种措施，检查各种类型信息处理环境下交易的准确性、完整性和授权。信息处理控制可以是人工的、自动化的，或者是基于自动流程的人工控制。信息处理控制分为两类，即信息技术的一般控制和应用控制。

（4）实物控制。注册会计师应当了解实物控制，主要包括对资产和记录采取适当的安全保护措施，对访问计算机程序和数据文件设置授权，以及定期盘点并将盘点记录与会计记录相核对，如现金、有价证券和存货的定期盘点控制。实物控制的效果影响资产的安全性，从而对财务报表的可靠性及审计产生影响。

（5）职责分离。注册会计师应当了解职责分离，主要包括了解被审计单位如何将交易授权、交易记录及资产保管等职责分配给不同员工，以防范同一员工在履行多项职责时可能发生的舞弊或错误。

（五）对控制的监督

对控制的监督是指被审计单位评价内部控制在一段时间内运行有效性的过程，该过程包括及时评价控制的设计和运行，以及根据情况的变化采取必要纠正措施。例如，管理层对是否定期编制银行存款余额调节表进行复核，内部审计人员评价销售人员是否遵守公司关于销售合同条款的政策。

三、内部控制的作用及其局限性

（一）内部控制的作用

内部控制的作用是指内部控制的固有功能在实际工作中对企业的生产经营活动及外部社会经济活动所产生的影响和效果。正确地认识内部控制的作用，对于加强企业经营管理、维护财产安全、提高经济效益，具有十分重要的现实意义。企业内部控制主要有以下几方面的作用。

（1）保证国家的方针、政策和法规在企业内部的贯彻实施。贯彻执行国家的方针、政策和法规，是企业进行合法经营的先决条件。健全完善的内部控制，可以对企业内部的任何部门、任何流转环节进行有效的监督和控制，对所发生的各类问题，都能及时反映，及时纠正，从而有利于保证国家方针政策和法规得到有效的执行。

（2）保证会计信息的真实性和准确性。健全的内部控制，可以保证会计信息的采集、归类、记录和汇总过程，从而真实地反映企业的生产经营活动的实际情况，并及时发现和纠正各种错弊，从而保证会计信息的真实性和准确性。

（3）有效地防范企业经营风险。在企业的生产经营活动中，企业要达到生存发展的目标，就必须对各类风险进行有效的预防和控制，内部控制作为企业管理的中枢环节，是防范企业风险最为行之有效的一种手段。它通过对企业风险的有效评估，不断加强对企业经营风险薄弱环节的控制，把企业的各种风险消灭在萌芽之中，是企业风险防范的一种最佳方法。

（4）维护财产和资源的安全完整。健全完善的内部控制能够科学有效地监督和制约财产物资的采购、计量、验收等各个环节，从而确保财产物资的安全完整，并能有效地纠正各种损失浪费现象的发生。

（5）促进企业的有效经营。健全有效的内部控制，可以利用会计、统计、业务等各部门的制度规划及有关报告，把企业的生产、营销、财务等各部门及其工作结合在一起，从而使各部门密切配合，充分发挥整体的作用，以顺利达到企业的经营目标。同时，由于严密的监督与考核能真实地反映工作实际，再配合合理的奖惩制度，便能激发员工的工作热情及潜能，通过提高工作效率，从而促进整个企业经营效率的提高。

（二）内部控制的局限性

内部控制存在固有局限性，无论如何设计和执行，只能对财务报告的可靠性提供合理的保证。

内部控制存在的固有局限性包括以下几方面。

（1）在决策时人为判断可能出现错误或由于人为失误而导致内部控制失效。

（2）可能由于两个或更多的人员进行串通或管理层凌驾于内部控制之上而被规避。

（3）行使控制职能的人员素质不适应岗位要求。

（4）对内部控制成本效益问题欠考虑。

（5）对不经常发生或未预计到的业务原有控制可能不适用。

第三节　内部控制的分类

内部控制在其庞杂的应用领域中，表现出多样化的控制形式和方法。以下是对内部控制进行的分类。

一、按控制与财务报告相关程度分类

按控制与财务报告相关程度，内部控制可分为财务报告内部控制与非财务报告内部控制。

(一) 财务报告内部控制

根据美国证券交易委员会 2003 年 6 月对财务报告内部控制的定义,它是指由公司的首席执行官、首席财务官或公司行使类似职权的人员设计或监管的,受到公司的董事会、管理层和其他人员影响的,为财务报告的可靠性和满足外部使用的财务报表编制符合公认会计原则提供合理保证的控制程序,具体包括以下控制政策和程序。

(1) 保持详细程度合理的会计记录,准确公允地反映资产的交易和处置情况。

(2) 为下列事项提供合理的保证:公司对发生的交易进行必要的记录,从而使财务报表的编制满足公认会计原则的要求。公司所有的收支活动经过公司管理层和董事的合理授权。

(3) 为防止或及时发现公司资产未经授权的取得、使用和处置提供合理保证,这种未经授权的取得、使用和处置资产的行为可能对财务报表产生重要影响。

一般认为,财务报告内部控制是指企业为了合理保证财务报告及相关信息真实完整而设计和运行的内部控制,以及用于保护资产安全的内部控制中与财务报告可靠性目标相关的控制。主要包括下列四方面的政策和程序。

(1) 保存充分、适当的记录,准确、公允地反映企业的交易和事项。

(2) 合理保证按照企业会计准则的规定编制财务报表。

(3) 合理保证收入和支出的发生,以及资产的取得、使用或处置经过适当授权。

(4) 合理保证及时防止或发现并纠正未经授权的、对财务报表有重大影响的交易和事项。

(二) 非财务报告内部控制

非财务报告内部控制是指除财务报告内部控制外的其他控制,通常是指为了合理保证经营的效率效果,遵守法律法规,实现发展战略而设计和运行的控制,以及用于保护资产安全的内部控制中与财务报告可靠性目标无关的控制。站在企业财务报告使用人角度,非财务报告内部控制显然不如财务报告内部控制那么重要,但是这并不等于说非财务报告内部控制本身不重要。

二、按控制目的分类

按控制目的的不同,内部控制可划分为会计控制和管理控制。

(一) 会计控制

会计控制是指为保护财产物资的安全完整、会计信息的正确真实,以及财务活动的合法有效而制定和实施的有关会计业务及相关业务的政策与程序。例如,现金、银行存款内部控制,记账程序的内部控制,会计凭证保管、整理、归档内部控制等。

(二) 管理控制

管理控制是指为保证经营决策及方针政策正确、有效地贯彻执行及经营目标的实现,促进经济活动的经济性、效率性和效果性而制定和实施的有关业务管理方面的政策与程序。例如,劳动、人事内部控制,新产品研究、开发内部控制,材料供应、产品生产、商品销售内部控制等。

会计控制与管理控制并非相互排斥、互不相容,有些控制措施既可用于会计控制,也可用于管理控制。例如,按产品分类的销售记录和成本记录既是保证产品销售资料完整性的会计控制,也是为制定企业产品价格提供管理控制的依据。

三、按控制内容分类

按照控制内容的不同,内部控制可划分为一般控制和应用控制。

(一)一般控制

一般控制是指对企业经营活动赖以进行的内部环境所实施的总体控制,因而也称基础控制或环境控制。它包括组织控制、人员控制、业务记录及内部审计等各项内容。这类控制的特征,并不是直接地作用于企业的生产经营活动,而是通过应用控制对全部业务活动产生影响。

(二)应用控制

应用控制是指直接作用于企业生产经营业务活动的具体控制,因此也称业务控制,如业务处理程序中的批准与授权、审核与复核,以及为保证资产安全而采用的限制接近等项控制。这类控制的特征在于,它们构成了生产经营业务处理程序的一部分,并都具有防止和纠正一种或几种错弊的作用。

四、按控制地位分类

按照控制地位的不同,内部控制可划分为主导性控制和补偿性控制。

(一)主导性控制

主导性控制是指为实现某项控制目标而首先实施的控制。例如,凭证连续编号可以保证所有业务活动都得到记录和反映,因此,凭证连续编号对于保证业务记录的完整性就是主导性控制。在正常情况下,主导性控制能够防止错弊的发生,但如果主导性控制存在缺陷,不能正常运行时,就必须有其他的控制措施进行补充。

(二)补偿性控制

补偿性控制是指能够全部或部分弥补主导性控制缺陷的控制。就企业凭证连续编号控制而言,如果凭证没有连续编号,有些业务活动就可能得不到记录。这时,实施凭证、账证、账账之间的严格核对,就可以基本上保证业务记录的完整性,避免遗漏重大的业务事项。因此,"核对"相对于"凭证连续编号"来说,就是保证业务记录完整性的一项补偿性控制。

五、按控制功能分类

按照控制功能的不同,内部控制可划分为预防性控制和检查性控制。

(一)预防性控制

预防式控制是指为防止错误和非法行为的发生,或者尽量减少其发生机会所进行的一种控制。它主要解决"如何能够在一开始就防止错弊的发生"这个问题。例如,对业务人员事先作出明确的指示和实施严格的现场监督,就能避免误解指令和发生错弊。

实施预防性控制可以促使管理者更多地进行自我控制,从而主动地对潜在的问题采取纠正措施。在向管理者个体委派任务时,有着较大的准确性,也为管理者定期、经常性的评价及组织的培训提供了依据。还有助于获得下属更多的信任与支持,以及有效地减少组织运行中的种种偏差,节约经费开支。

(二)检查性控制

检查性控制也称发现性控制,是指为及时查明已发生的错误和非法行为或增强发现错弊机会的能力所进行的各项控制。检查性控制可能是正式建立的程序,如编制银行存款余额调节表,并追查调节项目或异常项目,也可能是非正式的程序。它主要是解决"如果错弊仍然发生,如何查明"的问题。例如,通过账账核对、实物盘点,以发现记账错误和货物短缺等。

实施检查性控制有利于控制预防性控制缺失或运行失效带来的风险。检查性控制通常并不适用于业务流程中的所有交易,而适用于一般业务流程以外的已经处理或部分处理的某类交易。它可能一年只运行几次,如每月将应收账款明细账与总账比较;也可能每周运行,甚至一天运行几次。

六、按控制过程中人工干预情况分类

按照控制过程中人工干预情况的不同,内部控制可划分为人工控制与自动控制。

(一)人工控制

人工控制是指在人的直接干预和全程干预情况下进行的控制。但在实践中,一般不能把人工控制单纯地理解为控制系统的每一个组成部分都要有人的参与。

(二)自动控制

自动控制是指在无人工直接参与的情况下,使事物的变化准确地按照期望的方向进行的控制。自动控制的出现,大大提高了控制的效率和精度。

自动控制的发展,越来越多地替代了人工控制,但并不能完全消除人工控制;相反,二者的相互协调和配合,构成了企业内部控制发展的主流。

七、按控制时序分类

按照控制时序的不同,内部控制可划分为原因控制、过程控制和结果控制。

(一)原因控制

原因控制也称事先控制,是指企业单位为防止人力、物力、财力等资源在质和量上发生偏差,而在行为发生之前所实施的内部控制,如领取现金支票前的核准、报销费用前的审批等。

(二)过程控制

过程控制也称事中控制,是指企业单位在生产经营活动过程中针对正在发生的行为所进行的控制,如对生产过程中使用材料的核算、对在制造产品的监督和对加工工艺的记录等。

（三）结果控制

结果控制也称事后控制，是指企业单位针对生产经营活动的最终结果而采取的各项控制措施，如对产出产品的质量进行检验、对产品数量加以验收和记录等。

此外，内部控制还可按照管理目标、业务循环和职能部门等标志，划分为相应类别的组合形式。需要说明的是，各种类型的内部控制，在实际工作中多是交叉存在的。同一种内部控制措施，在不同划分标志下，也可转化为不同的类型形态。

本章小结

企业内部控制理论演进共经历了内部牵制、内部控制制度、内部控制结构及内部控制整体框架阶段。《企业内部控制控制基本规范》规定了企业内部控制的目标和原则，并对内部控制5要素进行说明。内部控制在其目标实现过程中存在固有局限性，按不同分类原则可分为财务报告与非财务报告相关控制、会计控制与管理控制、一般控制与应用控制、主导性控制与补偿性控制、预防性与检查性控制、手工控制与自动控制，以及原因控制、过程控制与结果控制。

习题

一、思考题

1. 内部控制的产生和发展经历了怎样的历程？

2. 什么是内部控制？内部控制的目标和原则是什么？

3. 简述内部控制五要素。

4. 内部控制的局限性是什么？

5. 按控制与财务报告的相关程度不同，内部控制如何分类？分别是什么？

6. 按控制功能不同，内部控制如何分类？分别是什么？

二、实训题

（一）判断题

1. 控制环境逐步被纳入内部控制范畴，发生于内部控制制度阶段。　　　（　　）

2. 企业内部控制的目标是合理保证企业经营管理合法合规，资产安全、财务报告及相关信息真实完整，提高企业经营效率和效果，促进企业实现发展战略。　　　（　　）

3. 良好的控制环境是实施有效内部控制的基础。　　　（　　）

4. 一般授权是指管理层针对特定类别的交易或活动逐一设置的授权，如重大资本支出和股票发行等。　　　（　　）

5. 被审计单位的风险评估过程包括识别与财务报告相关的经营风险，以及针对这些风险所采取的措施。　　　（　　）

6. 被审计单位建立授权控制的目的在于保证交易在管理层授权范围内进行。（　　）

7. 将存货放入加锁的仓库并由称职的保管员来管理，这属于职责分工控制。（　　）

8. 管理层对是否定期编制银行存款余额调节表进行复核，体现的是对控制的监督。

（　　）

9. 站在企业财务报告使用人角度,非财务报告内部控制比财务报告内部控制更加重要。　　　　　　　　　　　　　　　　　　　　　　　　(　　)

10. 一般控制也称业务控制。　　　　　　　　　　　　　　　　　　　(　　)

(二) 单项选择题

1. 内部控制一词最早出现在(　　)年。
   A. 1929　　　　　B. 1936　　　　　C. 1949　　　　　D. 1952

2. 将内部控制划分为内部会计控制和内部管理控制,是(　　)阶段的研究论断。
   A. 内部牵制阶段　　　　　　　　B. 内部控制制度阶段
   C. 内部控制结构阶段　　　　　　D. 内部控制整体框架阶段

3. 内部控制应当权衡实施成本与预期效益,以适当的成本实现有效控制,这体现的是(　　)原则。
   A. 全面性　　　　　　　　　　　B. 重要性
   C. 适应性　　　　　　　　　　　D. 成本效益

4. 现金、有价证券和存货的定期盘点控制属于(　　)。
   A. 授权　　　　　　　　　　　　B. 业绩评价
   C. 信息处理　　　　　　　　　　D. 实物控制

5. (　　)设定了被审计单位的内部控制基调,影响员工对内部控制的认识和态度。
   A. 控制活动　　B. 对控制的监督　　C. 控制环境　　D. 信息系统与沟通

6. 下列不属于控制活动的是(　　)。
   A. 授权　　　　B. 实物控制　　　　C. 对控制的监督　　D. 职责分离

7. 管理层针对特定类别的交易或活动逐一设置的授权是(　　)。
   A. 一般授权　　　　　　　　　　B. 特殊授权
   C. 信息技术应用控制　　　　　　D. 信息技术一般控制

8. (　　)属于不相容职责。
   A. 总经理与营销经理　　　　　　B. 出纳员与记录银行存款日记账
   C. 记录日记账和记录总账　　　　D. 采购员与采购经理

9. (　　)控制是指为防止错误和非法行为的发生,或者尽量减少其发生机会所进行的一种控制。
   A. 主导性　　　　　　　　　　　B. 补偿性
   C. 预防式　　　　　　　　　　　D. 发现式

10. (　　)控制也称结果控制。
    A. 事前　　　　　　　　　　　　B. 事中
    C. 事后　　　　　　　　　　　　D. 以上都不对

(三) 多项选择题

1. 内部控制理论演进和发展共经历的阶段有(　　)。
   A. 内部牵制阶段　　　　　　　　B. 内部控制制度阶段
   C. 内部控制结构阶段　　　　　　D. 内部控制整体框架阶段

2. 企业建立与实施内部控制,应当遵循(　　)等原则。
   A. 全面性原则　　　　　　　　　B. 重要性原则

　　C. 适应性原则　　　　　　　　　　　D. 制衡性原则

3. 可能产生风险的事项和情形包括(　　)。

　　A. 监管及经营环境的变化

　　B. 新员工的加入

　　C. 新信息系统的使用或对原系统进行升级

　　D. 业务快速发展

4. 下面观点中正确的有(　　)。

　　A. 建立健全内部控制是被审计单位管理层的责任

　　B. 建立内部控制在于消除一切错弊的发生

　　C. 内部控制存在固有的局限性

　　D. 建立健全被审计单位内部控制是注册会计师的责任

5. 下面属于内部控制要素的有(　　)。

　　A. 控制环境　　　　B. 风险评估过程　　C. 控制活动　　　　D. 信息系统与沟通

6. 注册会计师在了解被审计单位的内部控制时,需要了解的被审计单位的控制活动主要包括(　　)。

　　A. 风险评估　　　　　　　　　　　B. 授权和业绩评价

　　C. 实物控制　　　　　　　　　　　D. 职责分离

7. 实物控制是为了保证资产与记录的安全而采取的各项措施,包括(　　)。

　　A. 实物防护措施

　　B. 对接触资产与记录设置授权

　　C. 对访问计算机程序和数据文件设置授权

　　D. 账实定期核对

8. 按控制目的的不同,内部控制可分为(　　)。

　　A. 会计控制　　　　B. 管理控制　　　　C. 补偿性控制　　　D. 自动控制

9. 按照控制功能的不同,内部控制可划分为(　　)。

　　A. 管理控制　　　　B. 发现式控制　　　C. 补偿性控制　　　D. 预防式控制

10. 按照控制时序的不同,内部控制可划分为(　　)。

　　A. 原因控制　　　　B. 过程控制　　　　C. 结果控制　　　　D. 手工控制

(四)综合题

1. 东方贸易公司就员工职责分工问题寻求咨询服务。该公司有3位员工必须分担下列工作。

(1)记录并保管总账。

(2)记录并保管应付账款明细账。

(3)记录并保管应收账款明细账。

(4)记录货币资金日记账。

(5)保管、填写支票。

(6)发出销货退回及折让的贷项通知单。

(7)调节银行存款日记账与银行存款对账单。

(8)保管并送存现金收入。

上述工作中,除(6)、(7)两项工作量较小外,其余各项工作量大体相当。

　　要求:假如这3位员工都具备相当的能力,而且只需要他们做上述所列的工作。请根据上述资料,说明应如何将这8项工作分配给3位员工,才能达到内部控制制度的要求。

　　2.大兴公司是一个中小型贸易企业,在一次审计中发现出纳员李红有以下舞弊行为。

　　从公司收发室截取了A公司给公司分期付款的3600元支票,存入了由她负责的公司零用金银行存款账户中。然后,在该存款账户中以支付劳务费为由开了一张以自己为收款人的3600元支票,签名后从银行中兑取了现金。在与客户对账时,李红将"应收账款—A公司"账户余额扣减3600元后作为对账金额发给A公司对账单,表示3600元已经收到。12天后,李红编制了一笔会计分录,借记"银行存款",贷记"应收账款—A公司"3600元,将"应收账款—A公司"账户调整到正确余额,但银行存款账面余额却比银行对账单多列了3600元。月底,在编制银行存款余额调节表时,李红在调节表上虚列了两笔未达账项(企业已收款,银行未办理收款账项),将银行存款余额调节表调平。

　　要求:就上述情况分析大兴公司内部控制制度中存在的重要缺陷,并提出进一步改进的建议。

我国企业内部控制规范体系

引导案例：

河南省贯彻实施企业内部控制规范体系纪实

日前，河南省财政厅、省证监局、省审计厅、省国资委联合下发了《关于贯彻实施企业内部控制规范体系有关问题的通知》，采取以下五项措施，促进企业内部控制规范体系的顺利实施：

（一）加强组织领导。

（二）循序渐进，稳步推动，制定了企业内控规范体系实施时间表。

（三）加强审计监督和日常监管，审计机关在审计过程中，按照审计署发布的《审计机关内控测评标准》，充分调查了解被审计单位相关内部控制及其执行情况，测试被审计单位相关内部控制的健全性、合理性和有效性，推动企业内部控制规范体系的贯彻落实。证券监督管理部门将把上市公司的内部控制建设情况纳入上市公司日常监管的范围，对内控制度的建立和运行实施有效的外部监督。国资管理部门要将已施行《基本规范》及《配套指引》的国有企业内部控制建设情况纳入国有及国有控股企业领导班子和领导人员考核评价的重要内容，并将内部控制建设情况纳入国有及国有控股企业年度财务决算范围。财政部门要把企业内部控制规范体系贯彻实施情况纳入财政监督范围。

（四）积极开展试点工作。选择3～5户企业作为实施内部控制试点单位，为推动这项工作的顺利开展积累经验。

（五）加强专业指导。成立了由学术、实务、注册会计师、政府有关部门专家等组成的"企业内部控制专家组"，为企业实施内部控制提供咨询服务和技术支持。

要求：试回答，从上述资料中你都读到了什么？你能否阐述企业内部控制规范体系全面实施和推广的重大意义。

第一节　企业内部控制规范体系概述

一、我国企业内部控制规范体系的形成过程

1997年爆发亚洲金融危机后第二次修订会计法，实现了几项重大突破，其中重点强化单位内部会计监督。21世纪初，财政部依法制定发布了单位内部会计控制规范体系，包括

基本规范和若干具体规范,并自发布之日起实施,发挥了应有的作用。2004年年底和2005年6月,国务院领导就强化我国企业内部控制问题作出重要批示,要求"由财政部牵头,联合有关部委,积极研究制定一套完整公认的企业内部控制指引"。2006年7月15日,根据国务院领导的有关批示,财政部、国资委、证监会、审计署、银监会、保监会六部门联合发起成立企业内部控制标准委员会,秘书处设在财政部会计司,旨在研究制定具有统一性、公认性和科学性的企业内部控制规范体系。组织若干工作组,以内部会计规范为基础,对我国不同地区的各类企业,进行了深入的调查研究,广泛听取大中型企业尤其是高管人员的建议,同时到欧美等发达国家进行企业内部控制考察。2008年5月22日,财政部等六部门联合发布了《企业内部控制基本规范》。这在我国企业内部控制建设史上具有里程碑意义。2010年4月26日,财政部等六部门联合发布了《企业内部控制配套指引》,连同此前发布的《企业内部控制基本规范》,标志着我国"以防范风险和控制舞弊为中心,以控制标准和评价标准为主体,结构合理,层次分明,衔接有序,方法科学,体系完备"的企业内部控制规范体系建成,这是继我国企业会计准则、审计准则体系建成并有效实施之后的又一项重大系统工程,在我国企业内控建设史上具有里程碑意义。这套规范于2011年1月1日起首先在境内外同时上市的公司施行;2012年1月1日起扩大到在上海证券交易所、深圳证券交易所主板上市的公司施行;在此基础上,择机在中小板和创业板上市公司施行。同时,鼓励非上市大中型企业施行。

二、我国企业内部控制规范体系的构成

目前,我国企业内部控制规范体系由《企业内部控制基本规范》和《企业内部控制配套指引》构成,其中前者是基础和统领,后者是具体应用和操作要求。在《企业内部控制配套指引》中,有18项是企业内部控制应用指引,内容上涵盖了内部环境、控制活动和其他几方面,另外两项分别是《企业内部控制评价指引》和《企业内部控制审计指引》,如图2-1所示。

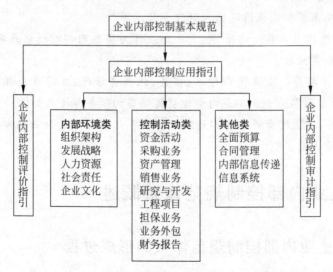

图2-1 我国企业内部控制规范体系的结构

当前的企业内部控制规范体系,在控制理念上相对于以往发生了重大变化,如强调内部控制的发展观念,强化过程控制和综合控制,由单纯的合规控制转变为以合规控制为基础,逐步强化和发展管理控制、价值控制。

第二节　企业内部控制规范主要内容

一、《企业内部控制基本规范》的主要内容

《企业内部控制基本规范》由财政部等五部委于 2008 年 5 月发布,该规范对企业内部控制的概念、原则、目标和要素进行了科学和严谨的界定和要求,对于加强和规范企业内部控制,提高企业经营管理水平和风险防范能力,促进企业可持续发展,维护社会主义市场经济秩序和社会公众利益起到指导作用。

《企业内部控制基本规范》共计 7 章 50 条。该规范对企业内部控制的目标、原则和要素进行了比较系统和完整的阐述,对企业内部控制基本概念、原理方面的理论问题进行了科学的界定,特别是就内部控制所包括的内部环境(也称控制环境,以下本书均采用"控制环境"提法)、风险评估、控制活动、信息与沟通、内部监督等要素进行了详尽和完整的阐述和要求。

在控制环境上,要求企业建立规范的公司治理结构和内部职能机构,突出企业内部审计机制建设,建立有效的人力资源政策,打造先进的企业文化,强化法制教育等。

在风险评估上,要求企业关注重要的风险因素,准确识别与实现控制目标相关的内部风险和外部风险,综合运用风险规避、风险降低、风险分担和风险承受等风险应对策略。

在控制活动上,要求企业结合风险评估的结果,通过手工控制与自动控制、预防性控制与发现性控制相结合的方法,综合运用授权审批控制、会计系统控制、财产保护控制、预算控制、运营分析控制、绩效考评控制等措施来加强风险的控制。

在信息与沟通上,要求企业多渠道、多方式获取企业内外部信息,并加强信息在企业内外部的沟通,充分利用信息技术促进信息的集成和利用,建立有效的反舞弊机制等。

在内部监督上,要求企业制定内部控制缺陷认定标准,强化日常监督和专项监督,定期对内部控制的有效性进行自我评价等。

2010 年 4 月财务部等五部委发布《企业内部控制配套指引》,包括 18 项《企业内部控制应用指引》和《企业内部控制评价指引》、《企业内部控制审计指引》,其中《企业内部控制应用指引》从内部环境、控制活动、控制手段三大方面对企业内部控制建设提出了系统和完整的要求与安排,该配套指引连同《企业内部控制基本规范》共同构建了中国企业内部控制规范体系。以下将就《企业内部控制配套指引》情况分别进行介绍。

二、《企业内部控制应用指引》主要内容

(一)控制环境类应用指引

(1)《企业内部控制应用指引》第 1 号——组织架构。指出企业至少应当关注组织架构设计与运行中的下列风险:①治理结构形同虚设,缺乏科学决策、良性运行机制和执行力,可能导致企业经营失败,难以实现发展战略;②内部机构设计不科学,权责分配不合理,可

能导致机构重叠、职能交叉或缺失、推诿扯皮,运行效率低下。应对风险的策略包括科学设计治理结构、内部机构,并确保治理结构、内部机构高效运行。

(2)《企业内部控制应用指引》第2号——发展战略。指出企业制定与实施发展战略至少应当关注下列风险:①缺乏明确的发展战略或发展战略实施不到位,可能导致企业盲目发展,难以形成竞争优势,丧失发展机遇和动力;②发展战略过于激进,脱离企业实际能力或偏离主业,可能导致企业过度扩张,甚至经营失败;③发展战略因主观原因频繁变动,可能导致资源浪费,甚至危及企业的生存和持续发展。应对风险的策略包括由战略委员会基于机会、威胁的判断和自身优势、劣势的分析制定发展战略,发展战略的实施应渗透到日常工作中并加强监控。

(3)《企业内部控制应用指引》第3号——人力资源。指出企业人力资源管理至少应当关注下列风险:①人力资源缺乏或过剩、结构不合理、开发机制不健全,可能导致企业发展战略难以实现;②人力资源激励约束制度不合理、关键岗位人员管理不完善,可能导致人才流失、经营效率低下或关键技术、商业秘密和国家机密泄露;③人力资源退出机制不当,可能导致法律诉讼或企业声誉受损。应对风险的策略是从人力资源引进、开发、使用、退出等环节的规范入手,促进企业人力资源的持续优化。

(4)《企业内部控制应用指引》第4号——社会责任。指出企业至少应当关注在履行社会责任方面的下列风险:①安全生产措施不到位,责任不落实,可能导致企业发生安全事故;②产品质量低劣,侵害消费者利益,可能导致企业巨额赔偿、形象受损,甚至破产;③环境保护投入不足,资源耗费大,造成环境污染或资源枯竭,可能导致企业巨额赔偿,缺乏发展后劲,甚至停业;④促进就业和员工权益保护不够,可能导致员工积极性受挫,影响企业发展和社会稳定。应对风险的策略是全力加强风险防控机制建设,提高认识,明确责任。

(5)《企业内部控制应用指引》第5号——企业文化。指出加强企业文化建设至少应当关注下列风险:①缺乏积极向上的企业文化,可能导致员工丧失对企业的信心和认同感,企业缺乏凝聚力和竞争力;②缺乏开拓创新、团队协作和风险意识,可能导致企业发展目标难以实现,影响可持续发展;③缺乏诚实守信的经营理念,可能导致舞弊事件的发生,造成企业损失,影响企业信誉;④忽视企业间的文化差异和理念冲突,可能导致并购重组失败。应对风险的策略是发挥企业关键人员的推动作用,推进企业文化建设进程,并加强企业文化的评估作用。

(二)控制活动类应用指引

(1)《企业内部控制应用指引》第6号——资金活动。指出企业资金活动至少应当关注下列风险:①筹资决策不当,引发资本结构不合理或无效融资,可能导致企业筹资成本过高或债务危机;②投资决策失误,引发盲目扩张或丧失发展机遇,可能导致资金链断裂或资金使用效益低下;③资金调度不合理、营运不畅,可能导致企业陷入财务困境或资金冗余;④资金活动管控不严,可能导致资金被挪用、侵占、抽逃或遭受欺诈。应对风险的策略主要是加强筹资、投资和营运资金的反腐机制构建,保持企业稳健经营,主动规避财务风险。

(2)《企业内部控制应用指引》第7号——采购业务。指出企业采购业务至少应当关注下列风险:①采购计划安排不合理,市场变化趋势预测不准确,造成库存短缺或积压,可能导致企业生产停滞或资源浪费;②供应商选择不当,采购方式不合理,招投标或定价机制不科学,授权审批不规范,可能导致采购物资质次价高,出现舞弊或遭受欺诈;③采购验收不规范,付款审核不严,可能导致采购物资、资金损失或信用受损。应对风险的策略主要是严格采购过程管理、审慎选择付款方式和加强会计控制等。

（3）《企业内部控制应用指引》第 8 号——资产管理。指出企业资产管理至少应当关注下列风险：①存货积压或短缺,可能导致流动资金占用过量、存货价值贬损或生产中断；②固定资产更新改造不够、使用效能低下、维护不当、产能过剩,可能导致企业缺乏竞争力、资产价值贬损、安全事故频发或资源浪费；③无形资产缺乏核心技术、权属不清、技术落后、存在重大技术安全隐患,可能导致企业法律纠纷,缺乏可持续发展能力。应对风险的策略主要是全面加强对存货、固定资产和无形资产的风险管控,促进企业在保障资产安全的前提下,提高资产使用效能。

（4）《企业内部控制应用指引》第 9 号——销售业务。指出企业销售业务至少应当关注下列风险：①销售政策和策略不当,市场预测不准确,销售渠道管理不当等,可能导致销售不畅、库存积压、经营难以为继；②客户信用管理不到位,结算方式选择不当,账款回收不力等,可能导致销售款项不能收回或遭受欺诈；③销售过程存在舞弊行为,可能导致企业利益受损。应对风险的策略主要是加大市场开发力度以促进销售；加强信用管理和货款回收,确保应收款项可回收性。

（5）《企业内部控制应用指引》第 10 号——研究与开发。指出企业开展研发活动至少应当关注下列风险：①研究项目未经科学论证或论证不充分,可能导致创新不足或资源浪费；②研发人员配备不合理或研发过程管理不善,可能导致研发成本过高、舞弊或研发失败；③研究成果转化应用不足、保护措施不力,可能导致企业利益受损。应对风险的策略主要是建立研究项目的立项、研究、开发、保护制度并严格执行。

（6）《企业内部控制应用指引》第 11 号——工程项目。企业工程项目至少应当关注下列风险：①立项缺乏可行性研究或可行性研究流于形式,决策不当,盲目上马,可能导致难以实现预期效益或项目失败；②项目招标暗箱操作,存在商业贿赂,可能导致中标人实质上难以承担工程项目、中标价格失实及相关人员涉案；③工程造价信息不对称,技术方案不落实,概预算脱离实际,可能导致项目投资失控；④工程物资质次价高,工程监理不到位,项目资金不落实,可能导致工程质量低劣,进度延迟或中断；⑤竣工验收不规范,最终把关不严,可能导致工程交付使用后存在重大隐患。应对风险的策略主要是全面梳理与工程项目有关的立项、设计、招标、建设和竣工验收等环节中的薄弱环节,加强以工程质量管理和反腐败机制构建为中心的过程管理。

（7）《企业内部控制应用指引》第 12 号——担保业务。指出企业办理担保业务至少应当关注下列风险：①对担保申请人的资信状况调查不深、审批不严或越权审批,可能导致企业担保决策失误或遭受欺诈；②对被担保人出现财务困难或经营陷入困境等状况监控不力,应对措施不当,可能导致企业承担法律责任；③担保过程中存在舞弊行为,可能导致经办审批等相关人员涉案或企业利益受损。应对风险的策略主要是强化担保前的调查评估与审批程序执行,以及关注担保期间于企业不利的变化以应对等。

（8）《企业内部控制应用指引》第 13 号——业务外包。指出企业的业务外包至少应当关注下列风险：①外包范围和价格确定不合理,承包方选择不当,可能导致企业遭受损失；②业务外包监控不严、服务质量低劣,可能导致企业难以发挥业务外包的优势；③业务外包存在商业贿赂等舞弊行为,可能导致企业相关人员涉案。应对风险的策略主要是强化承包方选择环节控制,以及在业务外包实施期间加强与承包方的沟通与监督等。

(9)《企业内部控制应用指引》第14号——财务报告。指出企业编制、对外提供和分析利用财务报告,至少应当关注下列风险:①编制财务报告违反会计法律法规和国家统一的会计准则制度,可能导致企业承担法律责任和声誉受损;②提供虚假财务报告,误导财务报告使用者,造成决策失误,干扰市场秩序;③不能有效利用财务报告,难以及时发现企业经营管理中存在的问题,可能导致企业财务和经营风险失控。应对风险的策略主要是突出加强以真实可靠性为核心的报表编制管理,同时做好及时对外提供和分析利用等工作。

(三)其他类应用指引

(1)《企业内部控制应用指引》第15号——全面预算。指出企业实行全面预算管理,至少应当关注下列风险:①不编制预算或预算不健全,可能导致企业经营缺乏约束或盲目经营;②预算目标不合理、编制不科学,可能导致企业资源浪费或发展战略难以实现;③预算缺乏刚性、执行不力、考核不严,可能导致预算管理流于形式。应对风险的策略是"高规格"组织预算编制,细化预算执行中的目标分解、业务和项目运行、预算管理和执行单位协同配合工作机制,严格预算管理委员会组织下的预算考核。

(2)《企业内部控制应用指引》第16号——合同管理。指出企业合同管理至少应当关注下列风险:①未订立合同、未经授权对外订立合同、合同对方主体资格未达要求、合同内容存在重大疏漏和欺诈,可能导致企业合法权益受到侵害;②合同未全面履行或监控不当,可能导致企业诉讼失败、经济利益受损;③合同纠纷处理不当,可能损害企业利益、信誉和形象。应对风险的策略是做好与合同订立有关的合同主体资格审定、文本起草、审核、签署等工作,以及与合同履行有关的补充协议签订、合同变更、纠纷、付款、登记、评估等事项和制度。

(3)《企业内部控制应用指引》第17号——内部信息传递。指出企业内部信息传递至少应当关注下列风险:①内部报告系统缺失、功能不健全、内容不完整,可能影响生产经营有序运行;②内部信息传递不通畅、不及时,可能导致决策失误、相关政策措施难以落实;③内部信息传递中泄露商业秘密,可能削弱企业核心竞争力。应对风险的策略是明确内部信息传递的重要媒介——内部报告,并着力利用内部报告进行风险评估和应对,以及建立内部报告的保密制度、评估制度等。

(4)《企业内部控制应用指引》第18号——信息系统。指出企业利用信息系统实施内部控制至少应当关注下列风险:①信息系统缺乏或规划不合理,可能造成信息孤岛或重复建设,导致企业经营管理效率低下;②系统开发不符合内部控制要求,授权管理不当,可能导致无法利用信息技术实施有效控制;③系统运行维护和安全措施不到位,可能导致信息泄露或毁损,系统无法正常运行。应对风险的策略是依托现代信息技术,加强企业信息系统的开发、运行与维护。

三、《企业内部控制评价指引》主要内容

企业内部控制评价是指企业董事会或类似权力机构对内部控制有效性进行全面评价、形成评价结论、出具评价报告的过程。为了促进企业全面评价内部控制的设计与运行情况,规范内部控制评价程序和评价报告,揭示和防范风险,根据有关法律法规和《企业内部控制基本规范》,制定本指引。本指引从内部控制评价的内容、程序,以及缺陷的认定和评价报告

等几方面对内部控制评价进行了规范。

（一）内部控制评价的内容

围绕控制环境、风险评估、控制活动、信息与沟通、内部监督等要素,确定内部控制评价的具体内容,对内部控制设计与运行情况进行全面评价。

（二）内部控制评价的程序

内部控制评价的程序一般包括制定评价工作方案、组成评价工作组、实施现场测试、认定控制缺陷、汇总评价结果、编报评价报告等环节。企业内部控制评价部门应当拟认评价工作方案,组成内部控制评价工作组,组织实施现场测试。

（三）内部控制缺陷的认定

内部控制缺陷包括设计缺陷和运行缺陷。内部控制缺陷按其影响程度分为重大缺陷、重要缺陷和一般缺陷。企业内部控制评价部门应当编制内部控制缺陷认定汇总表,对内部控制缺陷及其成因、表现形式和影响程度进行综合分析和全面复核。

（四）内部控制评价报告

内部控制评价报告应当分别对内部环境、风险评估、控制活动、信息与沟通、内部监督等要素进行设计,对内部控制评价过程、内部控制缺陷认定及整改情况、内部控制有效性的结论等相关内容作出披露。企业应当以 12 月 31 日作为年度内部控制评价报告的基准日。

四、《企业内部控制审计指引》主要内容

内部控制审计是指会计师事务所接受委托,对特定基准日内部控制设计与运行的有效性进行审计。为了规范注册会计师执行企业内部控制审计业务,明确工作要求,保证执业质量,根据《企业内部控制基本规范》《中国注册会计师鉴证业务基本准则》及相关执业准则,制定本指引。本指引从计划审计工作、实施审计工作、评价控制缺陷、完成审计工作、出具审计报告及记录审计工作等方面对内部控制审计进行了规范。有关《企业内部控制审计指引》的详细内容和精神,将在以后各章节中陆续介绍。

为了规范注册会计师执行内部控制审计业务,明确工作要求,提高执业质量,维护公众利益,2011 年 10 月 11 日中国注册会计师协会印发《企业内部控制审计指引实施意见》(以下简称《实施意见》)。

《实施意见》是在已发布的《企业内部控制审计指引》的基础上,对执行内部控制审计的审计业务约定书签定、计划审计工作、审计实施过程、连续审计的考虑、控制缺陷的评价、完成审计工作、内部控制审计报告、整合审计的进一步考虑、项目质量控制复核、记录审计工作等关键环节的要求进行提醒、补充和细化,对注册会计师执行企业内部控制审计业务具有较强的指导意义。

本章小结

我国《企业内部控制基本规范》界定了内部控制定义、目标、原则和要素,在企业内部控制规范体系中居基础和统领地位。企业内部控制应用指引由控制环境类、控制活动类和其

他类等共计 18 项指引组成,应用指引形成企业内部控制规范体系的具体内容。此外,与应用指引同时发布的还有《企业内部控制评价指引》《企业内部控制审计指引》。为了进一步规范内部控制审计实务,后又出台《企业内部控制审计实施意见》。

习题

一、思考题

1. 试述我国企业内部控制规范体系的产生和发展历程。

2. 简述我国企业内部控制规范体系的构成。

3.《企业内部基本规范》的主体部分包括哪些方面?

4. 简述《企业内部控制应用指引》中关于控制环境类应用指引的构成,并讨论这些指引所关注的风险是哪些?

5. 简述《企业内部控制应用指引》中关于控制活动类应用指引的构成,并讨论这些指引所关注的风险是哪些?

6. 结合自己的理解来谈一谈对"全面预算"的理解,并指出企业实施全面预算应秉承哪些方面的策略?

7. 针对社会上存在的虚假和无效合同欺诈现象,谈谈你对企业加强合同管理方面的建议。

8. 简述《企业内部控制评价指引》包括哪些主要内容,并谈谈你对内部控制缺陷的理解。

二、实训题

(一)判断题

1. 企业内部控制规范体系建成,是继我国企业会计准则、审计准则体系建成并有效实施之后的又一项重大系统工程。　　　　　　　　　　　　　　　　　　　　(　　)

2.《企业内部控制基本规范》的出台和发布时间晚于《企业内部控制审计指引》。(　　)

3. 在企业内部控制应用指引中,控制环境类指引占据主要地位,控制活动类和其他类指引居次要地位。　　　　　　　　　　　　　　　　　　　　　　　　(　　)

4.《企业内部控制评价指引》是用来约束注册会计师的审计行为的。　　　(　　)

5. 在信息与沟通上,《企业内部控制基本规范》中提到:企业应多渠道、多方式获取企业内外部信息,并加强信息在企业内外部的沟通,以及建立有效的反舞弊机制等。(　　)

6. "促进就业"与企业的社会责任无关。　　　　　　　　　　　　　　(　　)

7. 销售业务控制的核心就是加大市场开发力度以促进销售,而不必考虑信用管理和货款回收。　　　　　　　　　　　　　　　　　　　　　　　　　　　　(　　)

8. 与工程项目有关的立项、设计、招标、建设和竣工验收等多个环节均需加强相关内部控制建设。　　　　　　　　　　　　　　　　　　　　　　　　　　　　(　　)

9. 企业应充分保证预算编制的"弹性",而不必在乎其"刚性"。　　　　　(　　)

10. 应对风险的策略是做好与合同订立有关的合同主体资格审定、文本起草、审核、签

署、变更等工作。 (   )

（二）单项选择题

1. 我国财政部等六部门联合发布《企业内部控制基本规范》的时间是(   )。

    A. 2006 年 2 月 15 日   B. 2006 年 7 月 15 日

    C. 2008 年 5 月 22 日   D. 2010 年 4 月 26 日

2. 《企业内部控制基本规范》及配套指引在境内外同时上市的公司施行的时间是(   )。

    A. 2011 年 1 月 1 日   B. 2011 年 7 月 1 日

    C. 2012 年 1 月 1 日   D. 2013 年 1 月 1 日

3. 下列指引能够对注册会计师执行内部控制审计产生约束作用的是(   )。

    A. 《企业内部控制基本规范》   B. 18 项企业内部控制应用指引

    C. 《企业内部控制评价指引》   D. 《企业内部控制审计指引》

4. 《企业内部控制基本规范》共计(   )。

    A. 8 章 62 条   B. 7 章 50 条   C. 6 章 45 条   D. 5 章 36 条

5. 企业文化建设关键要靠(   )。

    A. 企业关键人员的推动作用   B. 企业基层员工的推动作用

    C. 企业外部监管部门的推动作用   D. 社会改革的推动作用

6. 加强存货、固定资产及无形资产控制的核心是(   )。

    A. 保障资产安全

    B. 在保障资产安全的前提下，提高资产使用效能

    C. 提高资产使用效能

    D. 保证资产的变现能力

7. 在工程施工建设进程中，(   )对工程建设的监控作用至关重要。

    A. 工程技术人员   B. 工程施工人员

    C. 企业财会人员   D. 工程监理

8. 企业内部信息传递的重要形式和载体是(   )。

    A. 口头说明   B. 内部报告

    C. 会议纪要   D. 会计凭证和账簿

9. 报表编制管理的核心是(   )。

    A. 合理性   B. 适应性   C. 规范性   D. 真实可靠性

10. 下列关于《企业内部控制审计指引》的说法中不正确的是(   )。

    A. 与《企业内部控制评价指引》同时发布

    B. 与 18 项企业内部控制应用指引同时发布

    C. 与《企业内部控制基本规范》同时发布

    D. 根据《企业内部控制基本规范》《中国注册会计师鉴证业务基本准则》及相关执业准则，制定本指引

（三）多项选择题

1. 我国企业内部控制规范体系的构成包括(   )。

    A. 《企业内部控制基本规范》   B. 18 项企业内部控制应用指引

  C.《企业内部控制评价指引》   D.《企业内部控制审计指引》

 2. 在 18 项企业内部控制应用指引中,属于内部环境构建方面的有(　　)。

  A. 组织架构   B. 发展战略

  C. 人力资源   D. 社会责任

 3. 我国企业内部控制规范体系在控制理念上相对于以往发生了重大变化,体现在(　　)。

  A. 强调内部控制的发展观念

  B. 强化过程控制和综合控制

  C. 由单纯的合规控制转变为以合规控制为基础

  D. 逐步强化和发展管理控制和价值控制

 4. 在控制环境上,《企业内部控制基本规范》提出的要求包括(　　)。

  A. 企业建立规范的公司治理结构和内部职能机构

  B. 突出企业内部审计机制建设

  C. 建立有效的人力资源政策

  D. 打造先进的企业文化及强化法制教育等

 5. 企业制定与实施发展战略至少应当关注的风险有(　　)。

  A. 缺乏明确的发展战略或发展战略实施不到位

  B. 发展战略过于激进,脱离企业实际能力或偏离主业

  C. 发展战略因主观原因频繁变动

  D. 发展战略相对稳定和持续

 6. 人力资源管理的流程由以下(　　)等环节组成。

  A. 引进   B. 开发   C. 使用   D. 退出

 7. 企业筹资决策不当,可能会引发资本结构不合理或无效融资,可能导致的后果是(　　)。

  A. 筹资成本过高   B. 债务危机

  C. 资金链断裂   D. 资金使用效益较高

 8. 存货积压或短缺,可能导致的后果有(　　)。

  A. 流动资金占用过量   B. 存货价值贬损

  C. 生产中断   D. 存货价值飞涨

 9. 与合同履行有关的事项和制度主要包括(　　)。

  A. 补充协议签订 B. 合同变更 C. 纠纷、付款等 D. 登记、评估等

 10.《内部控制评价指引》中主要规范的内容和事项有(　　)。

  A. 内部控制评价的内容   B. 内部控制评价的程序

  C. 内部控制缺陷的认定   D. 内部控制评价报告

内部控制审计概论

引导案例：

从一则历史资料中追寻企业内部控制审计的影踪。

一般来看，内部控制审计的提出最早要算 2002 年美国《萨班斯—奥克斯利法案》第 404 条款中提及的"要求上市公司管理当局评估财务报告内部控制的有效性"有关内容，此后美国上市公司会计监督委员会于 2004 年 4 月 9 日正式发布了题为"连同财务报表审计的财务报告内部控制审计"的第 2 号审计准则。要求被证券交易法所认定为首次递交的公司，在会计年度结束于 2004 年 12 月 31 日或之后的就要遵循《萨班斯—奥克斯利法案》第 404 条款的规定，对外报告和披露内部控制审计情况（其他公司直至会计年度结束于 2005 年 12 月 31 日或之后的才遵循内部控制报告和披露的规定）……

要求：讨论你对"连同财务报表审计的财务报告内部控制审计"这句话的理解，你认为企业内部控制审计的产生与财务报表审计具有怎样的关系？

第一节　企业内部控制审计概述

根据我国《企业内部控制审计指引》第二条，内部控制审计是指会计师事务所接受委托，对特定基准日内部控制设计与运行的有效性进行审计。内部控制审计的过程包括确认和评价企业控制设计及控制运行缺陷和缺陷等级，分析缺陷形成原因，提出改进内部控制建议等。与传统的财务会计报表审计相比，内部控制审计是注册会计师为企业提供的一项新业务或附加业务。

一、内部控制审计的产生和发展

1．内部控制审计在国外的产生和发展

内部控制是企业的一项重要管理活动，主要试图解决三方面的基本问题，即财务报告及相关信息的可靠性、资产的安全完整及对法律法规的遵循，安然、世通等一系列公司财务报表舞弊事件发生后，人们认识到健全有效的内部控制对预防此类事件的发生至关重要。各国政府监管机构、企业界和会计职业界对内部控制的重视程度也进一步提升，从注重财务报告本身可靠性转向注重对保证财务报告可靠性机制的建设，也就是通过过程的有效保证结果的有效。资本市场上的投资者甚至社会公众要求企业披露其与内部控制相关的信息，并

要求经过注册会计师审计以增强信息的可靠性。1991年美国颁布《联邦储蓄保险公司法案》,要求资产高于2亿美元的金融机构管理层提供内部控制有效性评价报告,同时要求此类金融机构"聘请独立审计师出于鉴证之目的而对其内部控制进行评估并报告结果"。

2001年12月,美国最大的能源公司(安然公司)申请破产保护后,一些大公司相继爆出丑闻。特别是2002年6月美国世纪通公司会计丑闻被认为彻底打垮了美国投资者对美国资本市场的信心。为了改变这一局面,2002年7月,美国国会和政府通过了《萨班斯—奥克斯利法案》,第一次对财务报告内部控制的有效性提出了明确的要求。该法案涉及内部控制的条款主要有以下几条。

(1) 第103款规定,对管理层财务报告内部控制评估的审计师报告,需要评价公司的内部控制政策和程序是否包括详细程度合理的记录,以准确公允地反映公司的资产交易和处置情况;内部控制是否合理保证公司对发生的交易活动进行了必要的记录,以满足财务报告编制符合公认会计原则的要求;是否合理保证公司的管理层和董事会对公司的收支活动进行了合理授权。

(2) 第302款规定,公司首席执行官和首席财务官应当对所提交的年度或季度报告签署书面证明,证明中涉及内部控制的内容包括:签字人员有责任建立和维护一套内部控制程序,并且这套内部控制程序的设计应当确保企业内部其他管理人员都能够知道公司及其纳入合并范围的子公司的所有重大信息,尤其在定期报告编制期间;保证在财务报告编制之前90天内已经对公司内部控制的有效性进行了评价;将关于内部控制有效性的结论反映在报告中;向外部审计师和公司董事会下的审计委员会报告了在内部控制设计或运行中对公司财务信息的记录、加工、汇总,以及报告产生不利影响的所有重大控制缺陷和重要控制弱点。

(3) 第404款规定,根据1934年证券交易法中13(a)或15(d)款要求递交年报的公司,管理层需要对财务报告的内部控制进行报告。同时,该条款要求这些公司的审计师对管理层的评估进行认证和报告。

2006年,日本颁布《金融机构与交易法》,借鉴美国模式建立了日本公众公司的内部控制审计制度;同年,欧盟修订"欧洲议会和欧盟理事会指令",明确要求注册会计师应向公司审计委员会报告财务报告内部控制的重大缺陷。通过实施企业内控审计识别、分析、认定、报告内部控制,尤其是重大缺陷,是注册会计师审计的重要职责。

2. 内部控制审计在国内的引进和发展

1996年,财政部发布《独立审计具体准则第9号——内部控制和审计风险》,首次提出内部控制审计概念。2002年美国出台的《萨班斯—奥克斯利法案》为我国重视和加强企业内部控制,以及发展内部控制审计事业提供了参照。2002—2006年这一时期,国内学术界和审计实践界对内部控制审计含义探讨出的代表性观点有以下两点。

(1) 认为内部控制审计是从传统的会计事项为基础的详细审计转化和发展过来的一种新型审计方式,指出内部控制审计的定义是以内部控制为对象,在评审被审计单位内部控制制度的基础上,决定抽查会计资料的内容、范围和程序,据以进行符合性和实质性测试的一种审计方法。

（2）认为内部控制审计是传统审计向管理审计发展过程中的一种延伸审计方法，指出内部控制审计是审计组织在开展财务收支审计、任期经济责任审计、经济效益审计等管理型审计项目过程中的伴生品，是以促进企业加强管理、提高效益为目的的一种建设性的审计方式，是对客户的一种附加服务。

2006 年 2 月我国《注册会计师审计准则》中，明确提出注册会计师要按照风险导向审计理念，提高对企业内部控制的重视，深入了解被审计单位内部控制及严格按照要求执行控制测试，更加强调控制测试与实质性测试的综合运用，这为后来的内部控制审计发展奠定基础。为了支持和促进我国注册会计师行业跨越式发展，维护国家经济信息安全，2009 年 10 月，国务院办公厅转发财政部《关于加快发展我国注册会计师行业的若干意见》中，明确提出"在巩固财务会计报告审计、资本验证、涉税鉴证等业务的基础上，积极向企事业单位内部控制、管理咨询、并购重组、资信调查、专项审计、业绩评价、司法鉴定、投资决策、政府购买服务等相关业务领域延伸，推动大型会计师事务所业务转变和升级，加速向高端型、高附加值、国际化业务发展"。

2010 年 4 月，随着我国《企业内部控制审计指引》的制定，内部控制审计工作正式摆上工作日程，从而完成了从认识、吸收到付诸实践的过程。今后，随着内部控制审计事业的日益发展，内部控制审计必将不断走向成熟和完善。

二、内部控制审计相关概念

所谓内部控制审计，是指会计师事务所接受委托，对特定基准日内部控制设计与运行的有效性进行审计。

1．企业内部控制审计基于特定基准日

注册会计师基于基准日（如年末 12 月 31 日）内部控制的有效性发表意见，而不是对财务报表涵盖的整个期间（如一年）的内部控制的有效性发表意见。但这并不意味着注册会计师只关注企业基准日当天的内部控制，而是要考察企业一个时期内（足够长的一段时间）内部控制的设计和运行情况。

基准日不是一个简单的时点概念，而是体现内部控制这个过程向前的延续性。注册会计师所采用的内部控制审计的程序和方法，也体现了这种延续性。

2．对财务报告内部控制关注度大于非财务报告内部控制关注度

注册会计师应当对财务报告内部控制的有效性发表审计意见，并对内部控制审计过程中注意到的非财务报告内部控制的重大缺陷，在内部控制审计报告中增加"非财务报告内部控制重大缺陷描述段"予以披露。

一般认为，财务丑闻的频发导致监管部门要求对企业内部控制进行强制审计，所以，内部控制审计的基本出发点之一是，为了保证企业财务信息的可靠性和投资者利益。正因为如此，许多国家要求注册会计师对企业内部控制中与财务报告相关的控制（财务报告内部控制）进行审计。但是，如果企业仅关注财务报告内部控制，就不利于内部控制规范的全面实施及企业风险管控能力的提升，因此，内控审计指引第四条第二款规定，注册会计师应当对

财务报告内部控制的有效性发表审计意见，并对内部控制审计过程中注意到的非财务报告内部控制的重大缺陷，在内部控制审计报告中增加"非财务报告内部控制重大缺陷描述段"予以披露。

财务报告内部控制是指企业为了合理保证财务报告及相关信息的真实完整而设计和运行的内部控制，以及用于保护资产安全的内部控制中与财务报告可靠性目标相关的控制。非财务报告内部控制是指除财务报告内部控制之外的其他控制，通常是为了合理保证经营的效率效果、遵守法律法规、实现发展战略而设计和运行的控制，以及用于保护资产安全的内部控制中与财务报告可靠性目标无关的控制。

三、企业内部控制审计与财务报表审计关系

企业内部控制审计制度的确立，改变了企业在上市或再融资时才委托注册会计师对内部控制进行审计的局面，使得企业内部控制审计与财务报告审计一样，成为经常性、周期性业务，上市公司每年要与年报一同公布企业内部控制审计报告。

财务报告审计是为了提高财务报告的可信度，重在审计"结果"，而内部控制审计是对保证企业财务报告质量的内在机制的审计，重在审计"过程"。如果发现被审计单位内部控制存在重大缺陷，注册会计师需要对整改后的控制考察足够长的时间后，才能得出控制是否有效的结论，进而决定是否签发无保留意见的审计报告。但内部控制审计的根本目的还是要保证报表的可靠性。

内部控制审计是会计师事务所接受委托，对特定基准日企业内部控制设计与运行的有效性进行审计，并发表审计意见。审计内容包括企业治理结构、机构设置、企业文化、人力资源政策等内部控制环境因素，以及企业识别风险的评估程序、应对风险的具体措施、信息传递有效性、保证内部控制规范建设和有效运行的机制等，全面评价企业设计和运行的内部控制是否能够合理保证财务报告及相关信息的合法、真实、完整，以及用于保护资产安全的内部控制是否可靠。

虽然与财务报表审计在具体目标、保证程度、评价要求、报告类型等属性上存在实质性差异，但在技术层面和实务工作中，两者审计模式、程序、方法等存在着相同之处，风险识别、评估、应对等大量工作内容相近，有很多的基础工作可以共享，在一项审计中发现的问题还可以为另一项审计提供线索和思路。

基于上述原因，两项审计完全可以整合进行。由同一家事务所进行整合审计，不仅有利于提高审计效果和效率，降低审计成本，减少重复劳动，而且可以避免审计判断出现不一致的情形，降低企业聘请不同事务所实施审计的负担。

四、内部控制审计的局限性

由于内部控制存在固有限制，因此存在不能防止和发现错报的可能性，并且由于情况变化可能导致内部控制变得不恰当，或对控制政策和程序遵循的程度降低，因此根据内部控制审计结果推测未来内部控制的有效性具有一定风险。另外，内部控制审计工作不能对被审计单位内部控制整体不存在重大缺陷提供绝对保证。

第二节　整合审计的基础、意义和互动关系

一、企业内部控制审计与财务报表审计整合的基础和意义

目前,比较一致的观点认为企业内部控制审计与财务报表审计应当整合进行。一般将这两种审计整合进行的审计模式称为"整合审计"。

(一)整合的基础

1.对内部控制的共同关注

内部控制审计要求对企业控制设计和运行的有效性进行测试,财务报表审计中也要求了解企业的内部控制,并在需要时测试控制,这是两种审计的相同之处,也是整合审计中应整合的部分。

2.对重要性的确定和风险评估趋同

财务报告内部控制审计与财务报表审计通常使用相同的重要性,在实务中两者很难分开。因为注册会计师在审计财务报表时,需要获得的信息在很大程度上依赖注册会计师对内部控制有效性得出的结论。注册会计师可以利用在一种审计中获得的结果为另一种审计中的判断和拟实施的程序提供信息。另外,审计准则所要求的风险导向审计与内部控制规范体系所要求的风险评估,在理念和方法上是趋于一致的,因此,整合审计具有较好的基础。

(二)整合的意义

将企业内部控制审计与财务报表审计整合进行,其基本意义在于符合成本效益原则。尽管从法规的角度为如何进行内部控制审计和财务报表审计提供了选择,但从审计的成本效益观念上看,内部控制审计与财务报表审计更适宜整合进行。在审计实务中,一般内部控制审计和财务报表审计要在规定的时间内一同完成,同时企业要在同一时间同时公布审计报告和内部控制审计报告,因此,企业聘请两家会计师事务所分别对其内部控制和财务报表进行审计,无论是从审计时间、审计成本还是从审计协调上来看,都是不可取的。

鉴于整合审计在节约审计及提高审计综合效益方面的优越性,比较一致的观点认为企业内部控制审计与财务报表审计更适宜整合进行,而且,在审计实施过程中注册会计师应重点关注与财务报告相关的内部控制。

二、企业内部控制审计与财务报表审计整合的互动关系

《企业内部控制审计指引》规定,注册会计师可以将内部控制审计与财务报表审计整合进行,既可以整合审计,也可以单独进行内部控制审计。理解这一规定,要明确两点:一是内部控制审计与财务报表审计是两种不同的审计业务,两种审计的目标不同;二是内部控制审计与财务报表审计可以整合起来进行。鉴于两种审计的目标不同,审计指引要求在整合审计中,注册会计师对内部控制设计与运行的有效性进行测试,要同时实现以下两个

目标。

（1）获取充分、适当的证据,支持其在内部控制审计中对内部控制有效性发表的意见。

（2）获取充分、适当的证据,支持其在财务报表审计中对控制风险的评估结果。

整合审计的要点,就是在内部控制审计中获取充分、适当的证据,支持注册会计师在财务报表审计中对内部控制的风险评估结果;同时,在财务报表审计中获取充分、适当的证据,支持注册会计师在内部控制审计中对内部控制的有效性发表意见。整合审计的互动关系如图 3-1 所示。

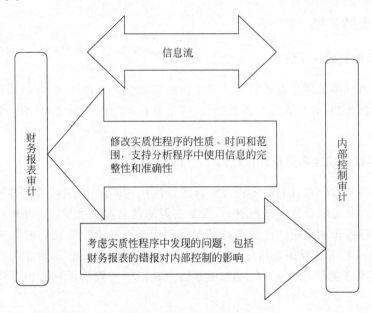

图 3-1　整合审计的互动关系示意图

在图 3-1 中,对整合审计互动关系的理解关键在于两方面:一是实施财务报表审计时,注册会计师可以利用内部控制审计的结果来修改实质性程序的性质、时间和范围,并且可以利用该结果来支持分析程序中所使用信息的完整性和准确性。在确定实质性程序的性质、时间和范围时,注册会计师需要慎重考虑识别出控制缺陷。二是实施内部控制审计时,注册会计师需要评估财务报表审计时实质性程序中发现问题的影响。最重要的是,注册会计师需要重点考虑财务报表审计中发现的财务报表错报,考虑这些错报对评价内部控制有效性的影响。

从美国公共会计公司(会计师事务所)整合进行财务报表审计和财务报告内部控制审计的通常作法来看,内部控制审计团队一般先于财务报表审计团队 1～2 个月的时间进入被审计单位,在对财务报告内部控制有效性进行总体评价的基础上,对实施财务报表审计的性质、时间和范围作出适当调整和完善后,通过对财务报表的实质性分析复核,再来验证财务报表内部控制的有效性。

从第五章起,我们将在整合审计的背景下,来探讨企业内部控制审计有关的具体问题。

本章小结

根据《萨班斯-奥克斯利法案》精神,企业管理层必须每年对财务报告内部控制进行报告,同时要求这些公司的审计师对管理层的评估进行认证和报告。在国内,随着 2010 年《企业内部控制审计指引》的制定和发布,内部控制审计工作正式摆上工作日程。内部控制审计是指会计师事务所接受委托,对特定基准日内部控制设计与运行的有效性进行审计。企业内部控制审计与财务报表审计可以整合进行,称为整合审计。财务报表审计与内部控制审计具有互动关系,实施财务报表审计时,注册会计师可以利用内部控制审计的结果来修改实质性程序的性质、时间和范围,并且可以利用该结果来支持分析程序中所使用的信息的完整性和准确性。实施内部控制审计时,注册会计师需要评估财务报表审计时实质性程序中发现问题的影响。

习题

一、思考题

1. 简述企业内部控制审计在国内外的产生和发展历程。

2. 企业内部控制审计的特征有哪些？如何理解这些特征？

3. 企业内部控制审计与财务报表审计进行整合的基础有哪些？意义如何？

4. 试述在整合审计背景下企业内部控制审计与财务报表审计的互动关系如何？

二、实训题

（一）判断题

1. 企业内部控制审计的主体是政府审计组织及其人员。　　　　　　　　（　　）

2. 企业内部控制审计是对某一会计年度跨度内的内部控制设计与运行的有效性进行审计。　　　　　　　　　　　　　　　　　　　　　　　　　　　　　（　　）

3. 2006 年 2 月我国《注册会计师审计准则》中,明确提出注册会计师要按照风险导向审计理念。　　　　　　　　　　　　　　　　　　　　　　　　　　　　（　　）

4. 恰当的审计程序是指审计程序的性质、时间和范围是恰当的。　　　（　　）

5. 内部控制审计工作能够对被审计单位内部控制整体不存在重大缺陷提供绝对保证。　　　　　　　　　　　　　　　　　　　　　　　　　　　　　　　（　　）

6. 财务报告内部控制审计与财务报表审计通常使用相同的重要性,在实务中两者很难分开。　　　　　　　　　　　　　　　　　　　　　　　　　　　　　（　　）

7. 审计准则所要求的风险导向审计与内部控制规范体系所要求的风险评估,在理念和方法上是格格不入的。　　　　　　　　　　　　　　　　　　　　　　（　　）

8. 注册会计师可以将企业内部控制审计与财务报表审计整合进行,既可以整合审计,也可以单独进行内部控制审计。　　　　　　　　　　　　　　　　　　（　　）

9. 企业内部控制审计与财务报表审计更适宜整合进行。　　　　　　　（　　）

10. 在整合审计过程中,对企业内部控制审计有利,但对财务报表审计是无益的。

　　　　　　　　　　　　　　　　　　　　　　　　　　　　　　　（　　）

（二）单项选择题

1. 2002 年 7 月,(　　　),第一次对财务报告内部控制的有效性提出了明确的要求。

　　A.《联邦储蓄保险公司法案》　　　　B.《萨班斯-奥克斯利法案》

　　C.《金融机构与交易法》　　　　　　D. 欧洲议会和欧盟理事会指令

2. 我国内部控制审计概念最早提出的时间是在(　　　)。

　　A. 1996 年　　　　B. 2001 年　　　　C. 2006 年　　　　D. 2008 年

3. 下列关于企业内部控制审计与财务报表审计的关联性的说法中,不正确的是(　　　)。

　　A. 在财务报表审计中所获取的证据能够为内部控制审计所利用

　　B. 现代意义上的财务报表审计也离不开对企业内部控制的了解和测试

　　C. 内部控制审计与财务报表审计不能进行整合

　　D. 在企业内部控制审计中,注册会计师应主要关注与财务报表相关的内部控制

4. (　　　)是指在实现内部控制审计目标,注册会计师根据审计准则和职业判断实施的恰当的审计程序的总和。

　　A. 内部控制审计的主体　　　　　　B. 内部控制审计的对象

　　C. 内部控制审计的范围　　　　　　D. 内部控制审计的程序

5. 企业内部控制体系覆盖企业经营和管理的方方面面,使企业内部控制审计的范围具有(　　　)。

　　A. 确定性　　　　B. 独立性　　　　C. 扩展性　　　　D. 关联性

6. 将企业内部控制审计与财务报表审计整合进行,其基本意义在于(　　　)。

　　A. 符合成本效益原则

　　B. 符合权责发生制原则

　　C. 符合财务报表审计重于内部控制审计原则

　　D. 符合内部控制审计重于财务报表审计原则

7. 在企业内部控制审计实施过程中注册会计师应重点关注(　　　)。

　　A. 与财务报告相关的内部控制

　　B. 与财务报告无关的内部控制

　　C. 设计有效的内部控制

　　D. 运行有效的内部控制

8. 在整合审计中,企业内部控制审计与财务报表审计的整合实际上是传递(　　　)。

　　A. 实物流　　　　B. 技术流　　　　C. 人员流　　　　D. 信息流

9. 实施企业内部控制审计时,注册会计师需要评估财务报表审计时实质性程序中发现问题的影响。最重要的是(　　　)。

　　A. 重点考虑财务报表审计中发现的财务报表错报,考虑这些错报对评价内部控制有效性的影响

　　B. 重点考虑财务报表审计中发现的财务报表错报,考虑这些错报是否为重大错报

　　C. 重点考虑财务报表审计中发现的内部控制中的差错,考虑这些差错对评价内部控制有效性的影响

　　D. 重点考虑财务报表审计中发现的内部控制中的差错,考虑这些差错是否为重大缺陷

10. 整合审计的要点,就是在内部控制审计中获取充分、适当的证据,支持注册会计师在财务报表审计中对内部控制的风险评估结果;同时,在财务报表审计中获取充分、适当的证据,支持注册会计师在内部控制审计中对内部控制的有效性发表意见。这实际上是发生在两种审计之间的一种(　　)关系。

    A. 互斥　　　　　B. 互动　　　　　C. 先后　　　　　D. 以上都不对

(三) 多项选择题

1. 下列属于《萨班斯-奥克斯利法案》第 404 款规定内容的是(　　)。

    A. 公司首席执行官和首席财务官应当对所提交的年度或季度报告签署书面证明

    B. 管理层需要对财务报告的内部控制进行报告

    C. 审计师对管理层的评估进行认证和报告

    D. 审计师对被审计单位内部控制有效性负主要责任

2. 内部控制审计除了具备独立性、权威性等审计的一般特征之外,还具有以下三方面突出特征(　　)。

    A. 与财务报表审计的关联性　　　　　B. 审计范围的扩展性和审计时间的延伸性

    C. 内部控制审计的局限性　　　　　　D. 与财务报表审计的无关性

3. 在整合审计中,注册会计师应当对内部控制设计与运行的有效性进行测试,以同时实现两种审计目标(　　)。

    A. 获取充分、适当的审计证据,支持在内部控制审计中对内部控制有效性发表的意见

    B. 获取充分、适当的审计证据,支持在内部控制审计中对内部控制客观性发表的意见

    C. 获取充分、适当的证据,支持在财务报表审计中对固有风险的评估结果

    D. 获取充分、适当的证据,支持在财务报表审计中对控制风险的评估结果

4. 下列关于企业内部控制审计的说法中正确的是(　　)。

    A. 内部控制审计的范围是指在实现内部控制审计目标,注册会计师根据审计准则和职业判断实施的恰当的审计程序的总和

    B. 企业的内部控制是否存在缺陷尤其是重大缺陷,需要在一段时期的持续和一贯的表现来验证

    C. 注册会计师在对特定基准日内部控制的有效性发表意见前,需要获取内部控制在一段足够长的时间有效运行的证据

    D. 注册会计师可以针对拟了解和测试的控制的性质和重要程度来考虑审计范围

5. 下列给出了企业内部控制审计存在局限性的理由,其中正确的是(　　)。

    A. 由于内部控制存在固有限制,存在不能防止和发现错报的可能性

    B. 由于情况变化可能导致内部控制变得不恰当,或者对控制政策和程序遵循的程度降低

    C. 内部控制审计工作不能对被审计单位内部控制整体不存在重大缺陷提供绝对保证

    D. 根据内部控制审计结果推测未来内部控制有效性的准确性较高

6. 企业内部控制审计与财务报表审计进行整合的基础可以是（　　　）。

    A. 对内部控制的共同关注　　　　　　B. 对重要性的确定趋同

    C. 对风险评估的趋同　　　　　　　　D. 审计目标相同

7. 企业内部控制审计与财务报表审计应整合的部分有（　　　）。

    A. 了解企业的内部控制的设计

    B. 在需要的情况下对内部控制的运行有效性进行测试

    C. 对交易和事项实施实质性程序

    D. 对账户余额和列报实施实质性程序

8. 下列关于企业内部控制审计与财务报表审计的说法中正确的是（　　　）。

    A. 内部控制审计与财务报表审计是两种不同的审计业务

    B. 内部控制审计与财务报表审计的目标不同

    C. 内部控制审计与财务报表审计可以整合起来进行

    D. 在整合审计中，注册会计师对内部控制设计与运行的有效性进行测试具有双重目标

9. 实施财务报表审计时，注册会计师可以利用内部控制审计的结果来（　　　）。

    A. 修改实质性程序的性质、时间和范围

    B. 修改控制测试的性质、时间和范围

    C. 支持分析程序中所使用的信息的完整性和准确性

    D. 支持函证程序中所使用的信息的完整性和准确性

10. 下列关于整合审计作法中比较可行的有（　　　）。

    A. 内部控制审计团队先于财务报表审计团队 1～2 个月的时间进入被审计单位

    B. 内部控制审计团队对财务报告内部控制有效性进行总体评价，财务报表审计团队据以对实施财务报表审计的性质、时间和范围做出适当的调整和完善

    C. 通过对财务报表的实质性分析复核，来验证财务报表内部控制的有效性

    D. 将内部控制审计与财务报表审计结论进行整合，形成一份总的审计报告

第四章 注册会计师执行审计业务的规范体系

引导案例：

安达信由兴至衰带给我们什么

安达信公司(Arthur Andersen)成立于1913年,由美国芝加哥大学教授阿瑟·安达信先生创建,自成立以来,一直以其稳健诚信的形象被公认为同行业中的"最佳精英"。从安然公司成立时起,安达信就开始担任安然公司的外部审计工作。20世纪90年代中期,安达信与安然签署了一项补充协议,安达信包揽安然的内部审计工作。不仅如此,安然公司的咨询业务也全部由安达信负责。

后来,安然公司被曝1997～2001年通过非法手段虚报利润达5.86亿美元,在与关联公司的内部交易中不断隐藏债务和损失,管理层从中非法获益。该消息引起美国资本市场的巨大动荡,媒体和公众将讨伐的目光对准负责对安然公司提供审计和咨询服务的安达信公司。人们纷纷指责其没有尽到应有的职责,并对其独立性表示怀疑。此后,安达信的声誉严重受损,业务量也大幅度下降。安达信宣布从2002年8月31日起停止从事上市公司的审计业务,此后2000多家上市公司客户陆续离开安达信。同时,安达信关闭了全国各地绝大多数办事处,员工人数也从2.8万人下降到目前的不足2000人,面临破产,最后拍卖却无人收购。

要求：试讨论站在安达信规范执业角度,其由兴至衰的关键是什么?

第一节 注册会计师执业准则体系

一、注册会计师执业准则体系

我国财政部于2006年2月15日发布并于2007年1月1日实施了《中国注册会计师执业准则》,共48项。中国注册会计师执业准则体系受注册会计师职业道德守则统御,包括注册会计师业务准则和会计师事务所质量控制准则,如图4-1所示。注册会计师业务准则包括鉴证业务准则和相关服务准则,如图4-2所示。一般认为,鉴证业务准则在注册会计师业务准则中居主要地位,其中的审计准则又成为注册会计师业务准则的最重要部分,注册会计师执行会计报表审计、企业内部控制审计及验资等审计业务,必须按照审计准则有关要求执业。目前,《企业内部控制审计指引》在地位上等同于审计准则。

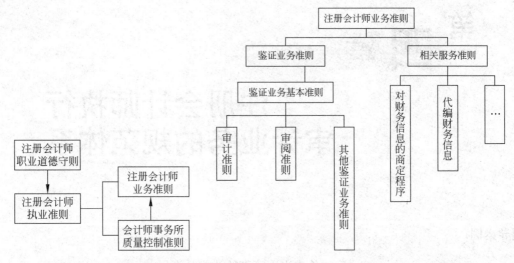

图 4-1　注册会计师执业准则体系　　　　图 4-2　注册会计师业务准则体系

二、鉴证业务

(一)鉴证业务五要素

所谓鉴证业务,是指注册会计师对鉴证对象信息提出结论,以增强除责任方之外的预期使用者对鉴证对象信息信任程度的业务。鉴证业务一般包含三方关系、鉴证对象、标准、证据和鉴证报告五要素。

(1)三方关系。三方关系分别是注册会计师、责任方和预期使用者。注册会计师是指取得注册会计师证书并在会计师事务所执业的人员,有时也指其所在的会计师事务所。责任方是指下列组织或人员:①在直接报告业务中,对鉴证对象负责的组织或人员;②在基于责任方认定的业务中,责任方是指对鉴证对象信息负责并可能同时对鉴证对象负责的组织或人员。预期使用者是指预期使用鉴证报告的组织或人员。

(2)鉴证对象。鉴证对象具有多种不同的表现形式,如财务或非财务的业绩或状况、物理特征、系统与过程、行为等。在鉴证业务中,存在着不同类型的鉴证对象,相应的鉴证对象信息也具有多种不同的形式。同样,不同的鉴证对象也具有不同的特征。

(3)标准。标准即用来对鉴证对象进行评价或计量的基准。运用职业判断对鉴证对象做出评估或计量,离不开适当的标准。例如,要评价消费者满意度这一鉴证对象,某些责任方或注册会计师可能会以消费者投诉的次数作为衡量标准。

(4)证据。获取充分、适当的证据是注册会计师提出鉴证结论的基础。

(5)鉴证报告。注册会计师应当针对鉴证对象信息在所有重大方面是否符合适当的标准,以书面报告的形式发布能够提供一定保证程度的结论。

(二)鉴证业务分类

鉴证业务按照预期使用者获取鉴证对象信息的方式不同,可分为基于责任方认定的业务和直接报告业务。在基于责任方认定的业务中,责任方对鉴证对象进行评价或计量,鉴证对象信息以责任方认定的形式为预期使用者获取。例如,注册会计师开展的财务报表审计业务,就属于基于责任方认定的业务。在直接报告业务中,审计人员直接对鉴证对象进行评价或计量,或者从责任方获取对鉴证对象评价或计量的认定,而该认定无法为预期使用者获取,预期使用者只能通过阅读鉴证报告获取鉴证对象信息。例如,注册会计师开展的企业内部控制审计业务就属于直接报告业务。

鉴证业务按照保证程度的不同,可分为合理保证的鉴证业务和有限保证的鉴证业务。合理保证的鉴证业务,其目标是审计人员将鉴证业务风险降至该业务环境下可接受的低水平,以此作为以积极方式提出结论的基础。例如,注册会计师开展的财务报表审计业务和企业内部控制审计业务均属于合理保证的鉴证业务。有限保证的鉴证业务,其目标是审计人员将鉴证业务风险降至可接受的水平,以此作为以消极方式提出结论的基础。例如,注册会计师开展的财务会计报表审阅业务就属于有限保证的鉴证业务。

第二节　注册会计师职业道德守则

注册会计师职业道德是指审计人员在执业过程中应遵循的道德要求和道德标准,包括职业品德、职业纪律、专业胜任能力和职业责任等。注册会计师为实现执业目标,必须遵守一系列前提或基本原则。这些基本原则包括诚信、独立、客观、专业胜任能力和应有关注、保密、职业行为,以及其他相关内容。

一、诚信

诚信是指诚实、守信,即一个人言行与内心思想一致,不虚假;能够履行与别人的约定而取得对方的信任。诚信原则要求注册会计师应当在所有的职业关系和商业关系中保持正直和诚实,秉公处事、实事求是。

二、独立

独立是指不受外来力量控制、支配,按照一定之规行事,是注册会计师执行鉴证业务的灵魂。独立性包括实质上的独立和形式上的独立。

所谓实质上独立,就是要求注册会计师与委托人及被审计单位之间必须毫无利害关系,保持独立的精神态度和意志。例如,某注册会计师拥有被审计单位3％的股权,即注册会计师与客户有直接经济利益关系,实质上不独立,因此注册会计师应回避。

所谓形式上独立,就是指在第三者面前,注册会计师与委托人及被审计单位之间保持一种独立的身份。审计机构和审计人员必须在第三者面前呈现一种独立于被审计单位的身份,即在他人看来审计机构和审计人员是独立的。一是组织上独立,是指审计机构与被审计单位没有组织上的隶属关系,审计机构单独设置;二是人员方面独立,是指审计人员必须有自主性,依法审计,公正无私,不偏不倚,不受委托人和被审计单位的干涉和影响;三是工作上的独立,是指审计人员依法独立行使审计监督权,独立做出职业判断,客观公正地报告审计结果;四是经济上的独立,是指审计机构与被审计单位没有财政上受制约的关系,其履行职责所必需的经费,应当列入国家预算,由政府予以保证。

可能损害独立性的因素主要包括:①自身利益威胁。例如,鉴证业务项目组成员与鉴证客户存在重要的密切商业关系时,就会形成自身利益的威胁。②自我评价威胁。例如,鉴证业务项目组成员现在是或最近曾是客户的董事或高级管理人员时,就会形成自我评价威胁。③过度推介威胁。例如,在鉴证客户与第三方发生诉讼或纠纷时,注册会计师担任该客户的辩护人时,就会形成过度推介威胁。④密切关系威胁。例如,审计小组成员与客户某成员存在直系亲属或近亲属关系,而该员工所处职位能够对业务对象产生重大影响时,就会形成密切关系威胁。⑤外界压力威胁。例如,会计师事务所坚持不同意审计客户对某项交易的会计处理,审计客户可能不将计划中的非鉴证服务合同提供给该会计师事务所时,就会形成外界压力威胁。

三、客观

注册会计师应当力求公平,不因成见或偏见、利益冲突和他人影响而损害其客观性。客观是指注册会计师对有关事项的调查、判断和意见的发表应当基于客观的立场,实事求是,不为他人所左右,也不得因个人好恶影响其分析、判断的客观性。

四、专业胜任能力和应有关注

注册会计师应当具有专业知识、技能或经验,能够胜任承接的工作。注册会计师不能宣称自己拥有本不具备的专业知识或经验。专业胜任能力可分为两个独立的阶段:一是专业胜任能力的获取;二是专业胜任能力的保持。如果注册会计师没有能力提供专业服务的某些特定部分,可以向其他注册会计师、律师、精算师、工程师、地质专家、评估师等专家寻求技术建议。

注册会计师在提供专业服务时,应保持应有的职业关注。应有的职业关注要求注册会计师在执业过程中保持职业谨慎,以质疑的思维方式评价所获取证据的有效性,并对产生怀疑的证据保持警觉。

五、保密

注册会计师有义务对其在专业服务中获得的有关客户的信息予以保密。注册会计师应当始终遵守保密原则,除非有专门的信息披露授权,或者具有法定或专业披露责任。

注册会计师只有在法律法规允许、为法律诉讼出示文件或提供证据、向有关监管机构报告发现的违法行为,以及出于会员履行必要义务的情况下才可以披露客户的有关信息。

六、职业行为

职业行为原则要求注册会计师应当遵守相关法律法规,避免发生任何注册会计师已知悉或应当知悉的有损职业声誉的行为。如果认定某一行为将有可能对职业声誉产生负面影响,注册会计师应当避免这种行为。职业行为要求注册会计师履行对社会、客户及同行的必要责任。例如,注册会计师应致力维护社会公众利益,应竭诚为客户服务,应对执行业务过程中知悉的商业秘密保密,不以收费形式为客户提供鉴证服务,应当与同行保持良好的工作关系并配合同行工作等。

七、其他相关内容

其他相关内容包括在收费与佣金方面，以及广告、业务宣传及承揽业务等方面应当注意的事项。例如，注册会计师不得以服务成果的大小或实现特定目的来决定收取费用的高低；不得降低收费而以牺牲审计质量为代价来应对业务竞争；不得从事有损于或可能有损于其独立性、客观性、公正性或职业声誉的业务或活动；不得利用新闻媒体或以其他方式对其能力进行广告宣传，不得采用欺诈、强迫、利诱等方式招揽业务，不得以个人名义承接业务。

第三节　注册会计师法律责任

注册会计师法律责任是指注册会计师或会计师事务所在履行审计职责的过程中，因损害法律上的义务关系所应承担的法律后果。

一、注册会计师法律责任的成因

注册会计师法律责任产生的原因有违约、过失和欺诈。

（一）违约

违约是指合同的一方或多方未能达到合同条款的要求。当违约给他人造成损失时，注册会计师应负违约责任。例如，注册会计师未能在约定的时间内完成审计业务，或者违反了为客户保密的规定。

（二）过失

过失是指在一定条件下注册会计师未能保持应有的职业怀疑态度。当过失给他人造成损失时，注册会计师应负违约责任。通常将过失按其严重程度不同分为一般过失和重大过失。

（1）一般过失又称普通过失，是指注册会计师没有完全遵循审计准则的要求执业。例如，未对特定审计项目取得充分、适当的审计证据就出具审计报告的情况。

（2）重大过失是指连起码的职业谨慎都没有保持。对注册会计师而言，则是指根本没有遵循专业准则或没有按专业准则的基本要求进行审计。

（三）欺诈

欺诈又称舞弊，是指为了达到欺骗或坑害他人的目的，注册会计师明知已审计财务报表有重大错误，却在审计报告中加以虚假的陈述，发表不恰当的审计意见。

二、注册会计师法律责任的类型

注册会计师法律责任主要包括行政责任、民事责任和刑事责任。

（一）行政责任

行政责任是指审计人员违反有关部门法规的规定，并给有关各方造成经济等方面的损害后，政府主管部门或纪律组织对其所追究的具有行政性质的责任。对于个人来说，追究的行政责任包括警告、暂停营业、吊销注册会计师证书等；对于审计机构而言,追究行政责任包括警告、没收违法所得、罚款、暂停营业、撤销等。

(二) 民事责任

民事责任是指审计人员或审计机构因违反合同或法定民事义务所引起的法律后果,依法承担赔偿经济损失的法律责任,主要包括赔偿经济损失、支付违约金等。

(三) 刑事责任

刑事责任是指审计人员由于重大过失、欺诈行为违反了刑法,所应承担的相应的法律责任,主要包括管制、拘留、判刑、剥夺政治权利,以及罚金、没收财产等。一般情况下,因违约和一般过失可能使审计人员负行政责任和民事责任；因重大过失和欺诈可能使审计人员负民事责任和刑事责任。

注册会计师的职业性质决定了注册会计师行业极易遭受法律诉讼。注册会计师要避免法律诉讼,就必须在执业时尽可能不发生过失,防止欺诈。

本章小结

中国注册会计师执业准则体系由注册会计师业务准则和会计师事务所质量控制准则构成,并受注册会计师职业道德守则统御和影响。鉴证业务基本准则中对鉴证业务及其分类进行界定,规定鉴证业务具有三方关系、鉴证对象、标准、证据和鉴证报告等五要素。我国注册会计师职业道德规范包括诚信、独立、客观、专业胜任能力和应有关注、保密、职业行为及其他相关内容。注册会计师法律责任的成因包括违约、过失和欺诈,注册会计师法律责任包括行政责任、民事责任和刑事责任。

习题

一、思考题

1. 鉴证业务关系人包括哪些？什么是注册会计师？
2. 什么是注册会计师职业道德？简述注册会计师职业道德的基本要求。
3. 如何理解独立原则？应从哪些方面保持独立性？
4. 简述注册会计师法律责任的成因。
5. 普通过失与重大过失有什么区别？
6. 简述注册会计师法律责任的种类。
7. 注册会计师应采取哪些措施来避免法律诉讼？

二、实训题

(一) 判断题

1. 注册会计师若与被审计单位的某位员工有亲属关系,则不得执行该客户的审计业务。　　　　　　　　　　　　　　　　　　　　　　　　　　　　(　)

2. 注册会计师应当尽量避免与不正直客户打交道。　　　　　　　　　(　)

3. 注册会计师在向社会公众传递信息时,只要做到客观即可。　　　　(　)

4. 注册会计师依照审计准则进行审计,应能发现被审计单位财务报表中存在的所有错误或舞弊,并在审计报告中加以揭示。　　　　　　　　　　　　　　　（　　）

5. 注册会计师不得在承接审计业务的同时,为被审计单位提供代为编制会计报表等专业服务。　　　　　　　　　　　　　　　　　　　　　　　　　　　　　　（　　）

6. 会计师事务所在任何情况下不得对外泄露审计过程中所涉及的商业秘密等有关内容。　　　　　　　　　　　　　　　　　　　　　　　　　　　　　　　　　（　　）

7. 判断注册会计师是否有过失的关键是看注册会计师是否按照执业准则的要求执业。　　　　　　　　　　　　　　　　　　　　　　　　　　　　　　　　　　（　　）

8. 如果注册会计师未查出被审计单位财务报表中的错报,则注册会计师应当承担法律责任。　　　　　　　　　　　　　　　　　　　　　　　　　　　　　　　　　（　　）

9. 一般情况下,因违约可能使注册会计师承担民事责任,情节严重者应负刑事责任。
　　　　　　　　　　　　　　　　　　　　　　　　　　　　　　　　　　　（　　）

10. 行政责任不是导致注册会计师承担法律责任的原因,而是注册会计师法律责任的种类。　　　　　　　　　　　　　　　　　　　　　　　　　　　　　　　　　　（　　）

（二）单项选择题

1. 注册会计师执业准则体系的核心是（　　）。

    A. 审计准则　　　　　　　　　　　　B. 审阅准则

    C. 其他鉴证业务准则　　　　　　　　D. 质量控制准则

2. 下列行为中,不违反职业道德规范的是（　　）。

    A. 承接了主要工作需由事务所以外的专家完成的业务

    B. 按服务成果的大小收取审计费用

    C. 不以个人名义承接业务

    D. 对自身业务能力进行广告宣传

3. （　　）要求注册会计师应当以勤勉尽责的态度执行鉴证业务,在执业过程中保持职业怀疑态度。

    A. 独立原则　　　B. 应有的专注　　　C. 保密原则　　　D. 客观原则

4. 职业道德守则要求注册会计师保持实质上和形式上的独立性,以下关于对独立性的陈述不正确的是（　　）。

    A. 实质上的独立性要求注册会计师在提出结论时不受损于职业因素影响

    B. 实质上的独立性要求注册会计师不能与客户之间存在任何经济利益关系

    C. 如果注册会计师在形式上不独立,则很可能被推定为其诚信、客观或职业怀疑态度已经受到损害

    D. 注册会计师在执行鉴证业务时必须在实质上独立和形式上独立

5. 审计准则要求审计人员应保持合理的职业谨慎,就是要求审计人员必须（　　）。

    A. 严格遵循审计准则各项要求

    B. 保持超然独立的态度

    C. 具备从事审计工作必要的技能和知识

    D. 谨慎小心地从事审计工作

6. 会计师事务所对无法胜任或不能按时完成的业务，应当（　　　）。

　　A. 聘请其他专业人员帮助

　　B. 将审计业务转包给其他会计师事务所

　　C. 适当减少业务收费

　　D. 拒绝接受委托

7. 以下关于注册会计师过失的说法不正确的是（　　　）。

　　A. 过失是指在一定条件下，缺少应具有的合理谨慎

　　B. 普通过失是指注册会计师没有完全遵循专业准则的要求

　　C. 重大过失是指注册会计师没有按专业准则的基本要求执行审计

　　D. 注册会计师一旦出现过失就要赔偿损失

8. （　　　）是指注册会计师没有完全遵循执业准则的要求执业。

　　A. 普通过失　　　　B. 重大过失　　　　C. 欺诈　　　　D. 违约

9. 会计师事务所给他人造成经济损失时，应予以赔偿，这表示会计师事务所要承担（　　　）。

　　A. 行政责任　　　　B. 刑事责任　　　　C. 民事责任　　　　D. 道德责任

10. （　　　）是指为了达到欺骗或坑害他人的目的，注册会计师明知已审计的财务报表有重大错报，却加以虚假的陈述，发表不恰当的意见。

　　A. 违约　　　　B. 一般过失　　　　C. 重大过失　　　　D. 欺诈

（三）多项选择题

1. 注册会计师执业准则体系包括（　　　）。

　　A. 相关服务准则　　　　　　　　B. 注册会计师职业道德规范

　　C. 会计师事务所质量控制准则　　D. 鉴证业务准则

2. 下列准则属于鉴证业务准则范畴的有（　　　）。

　　A. 审阅准则　　　　　　　　　　B. 审计准则

　　C. 职业道德准则　　　　　　　　D. 事务所质量控制准则

3. 审计的独立性表现在（　　　）。

　　A. 组织上独立　　B. 人员上独立　　C. 执业上独立　　D. 经济上独立

4. 根据注册会计师的专业胜任能力要求，注册会计师（　　　）。

　　A. 应当保持应有的职业怀疑态度

　　B. 不得对未来事项可实现程度作出保证

　　C. 应接受后续教育

　　D. 不得按服务成果的大小收取各项费用

5. 注册会计师应当对在执业过程中获知的客户信息保密，但在（　　　）情况下可以披露客户的有关信息。

　　A. 取得客户的授权

　　B. 根据法规要求，为法律诉讼准备文件或提供证据或向监管机构报告发现的违反法规的行为

　　C. 接受同业复核及注册会计师协会和监管机构依法进行的质量检查

　　D. 另一客户提出查看的要求

6. 按照注册会计师职业道德规范的要求,注册会计师对客户所负的责任有(　　)。

    A. 按照业务约定书完成审计业务

    B. 提交管理建议书

    C. 按服务成果的大小决定收费标准的高度

    D. 对执行业务过程中知悉的商业秘密保密

7. 下列各项中,符合注册会计师职业道德规范的有(　　)。

    A. 会计师事务所没有以降低收费的方式招揽业务

    B. 会计师事务所为争取更多的客户对其能力做广告宣传

    C. 会计师事务所允许其他事务所的某注册会计师以本所的名义承办业务

    D. 会计师事务所没有雇用正在其他事务所执业的注册会计师

8. 注册会计师因为以下原因可能导致承担法律责任的有(　　)。

    A. 重大过失　　　B. 欺诈　　　C. 行政责任　　　D. 违约

9. 注册会计师的法律责任按其性质分为(　　)。

    A. 民事责任　　　B. 行政责任　　　C. 违约责任　　　D. 刑事责任

10. 注册会计师有可能承担的行政责任包括(　　)。

    A. 暂停执业　　　　　　　　　　B. 没收违法所得并罚款

    C. 吊销注册会计师证书　　　　　D. 警告

(四)综合题

1. 分析下列每一事项中注册会计师为保持独立性是否应该回避,为什么?

(1)注册会计师付华拥有天通公司超过 5％的股权,天通公司聘请付华审计其 2009 年度的财务报表。

(2)注册会计师付华长期为天通公司代理记账和代编财务报表,天通公司聘请付华审计其 2009 年度的财务报表。

(3)注册会计师付华曾担任过天通公司的财务总监,离任一年后天通公司聘请他审计其 2009 年度的财务报表。

(4)天通公司聘请注册会计师付华审计其 2009 年度的财务报表,付华妻子的弟弟担任天通公司的独立董事。

(5)注册会计师付华已经担任天通公司年度财务报表审计业务的项目经理 7 年了,2009 年天通公司仍聘请付华审计其财务报表。

2. 大龙会计师事务所接受委托,承办 V 银行 2008 年度财务报表审计业务,并于 2009 年年底与 V 银行签订了审计业务约定书。大龙会计师事务所指派 A 和 B 注册会计师为该审计项目负责人。假定存在以下情况。

(1)V 银行由于财务困难,应付 A 会计师事务所 2007 年度审计费用 100 万元一直没有支付。经双方协商,大龙会计师事务所同意 V 银行延期至 2008 年年底支付。在此期间,V 银行按银行同期贷款利率支付资金占用费。

(2)V 银行由于财务人员短缺,2008 年向大龙会计师事务所借用一名注册会计师,由该注册会计师将经会计主管审核的记账凭证录入计算机信息系统。大龙会计师事务所未将该注册会计师包括在 V 银行 2008 年度财务报表审计项目组。

(3)B 注册会计师的妹妹在 V 银行财务部从事会计核算工作,但非财务部负责人,B 注册会计师未予以回避。

(4) 由于计算机专家李先生曾在 V 银行信息部工作,且参与了其现行计算机信息系统的设计,大龙会计师事务所特聘李先生协助测试 V 银行的计算机信息系统。

(5) 大龙会计师事务所与 V 银行信贷评审部进行业务合作:由信贷评审部介绍需要审计的贷款客户,大龙会计师事务所负责审计工作,最后由信贷评审部复核审计质量。鉴于双方各自承担的工作,相关审计收费由双方各按 50% 比例分配。

(6) A 注册会计师妻子的弟弟担任 V 银行的独立董事,A 注册会计师未予以回避。

要求:根据以上情况,分别判断大龙会计师事务所和 A、B 注册会计师是否违反中国注册会计师职业道德规范的相关规定,并简要说明理由。

第五章 审计目标

引导案例：

注册会计师对某公司物流管理的内部控制审计，着重对其原料、半成品、产成品等存货管理进行审计调查，并给予审计评价。在审计初期，审计人员先到现场实地察看，在车间现场看到铝线东一大卷、西一大卷，有的铝线甚至放在车间安全道上。如此存放，引起了审计人员的重视，随后重点对物资管理部门、财务部门进行走访。经调查了解到铝线采购回来后，在制品车间内，业务员将铝线实物交由物资管理部门人员清点卷数时，同时传递《送货单》（单据上没有重量记载）。铝线出库时，物管部门凭《发货结算清单》在铝线的实物账上同时登记出库、入库量。抽查物管部门的实物账，发现只有数量，没有单价、金额，数量的记载有时是吨位，有时是卷数。经核对财务账与实物账，发现年底财务账结余 29.420 吨，实物账结余 29.280 吨，两者相差 0.140 吨。

要求：此次审计所发现有关实物保管与金额计量准确相关的控制是否存在缺陷？试进一步说明该缺陷与存货项目的什么目标相关？

第一节 审计总目标

审计目标是在一定历史环境下，人们通过审计实践活动所期望达到的境地或最终结果。审计目标一般划分为审计总目标与具体审计目标两个层次。概括地说，审计的总目标就是审查和评价被审计对象的真实性、合法性、公允性、合理性和效益性，决定着审计的方向；具体审计目标是细分性目标，它通常代表着审计的分项目标或分阶段目标，决定着审计的实施步骤和路线。

一、企业内部控制审计总目标

企业内部控制审计总目标与企业内部控制目标具有某种联系。

现代企业内部控制的目标是合理保证企业经营管理合法合规、资产安全、财务报告及相关信息真实完整，提高经营效率和效果，促进企业实现发展战略。企业内部控制目标的制定，为确定内部控制缺陷提供了重要依据，即内部控制缺陷应为实现内部控制目标过程中反映出的缺陷。

企业内部控制审计业务属于会计师事务所开办的一项鉴证业务。由会计师事务所及其注册会计师人员实施的企业内部控制审计，其宗旨在于通过审查企业在实现内部控制目标的过程中的控制缺陷,来鉴证企业内部控制有效性,进而促进企业加强管理,改善经营,推动企业实现发展战略。

企业内部控制的缺陷按其成因分为设计和运行两方面缺陷,称为设计缺陷和运行缺陷。相应地,企业内部控制的有效性包括设计有效性和运行有效性。

(1) 如果某项控制由拥有必要授权和专业胜任能力的人员按照规定的程序与要求执行,能够实现控制目标,表明该项控制的设计是有效的。

(2) 如果某项控制正在按照设计运行,执行人员拥有必要授权和专业胜任能力,能够实现控制目标,表明该项控制的运行是有效的。

企业内部控制在设计和运行过程中的缺陷形式多样,内容繁杂,这就需要注册会计师具备一定专业胜任能力和客观性,保持应有的职业怀疑态度,恰当地运用职业判断,重点关注企业内部控制主要缺陷和重要缺陷。

受审计委托人需要、专业胜任能力及审计成本等方面制约,企业内部控制审计不可能也没有必要对企业所有内部控制进行审计。同时,审计委托人往往倾向于了解某个企业某一特定基准日的财务报告内部控制的缺陷情况,来结合对该企业会计报表及其审计报告的了解和分析,为其经济决策提供依据,因此,对特定基准日的财务报告内部控制的有效性发表审计意见,按照审计准则的规定根据审计结果对财务报表出具审计报告,并与管理层和治理层沟通,就成为现今注册会计师执行企业内部控制审计的总目标。

二、企业内部控制审计的前提条件

内部控制审计的前提条件得到满足,是注册会计师承接或保持一项内部控制审计业务的必要前提。如果内部控制审计的前提条件未得到满足,注册会计师通常不应承接拟实施的内部控制审计业务。在确定内部控制审计的前提条件是否得到满足时,注册会计师应当确定以下两点。

(1) 确定被审计单位采用的内部控制标准是否适当。

(2) 就被审计单位认可并理解其责任与管理层和治理层达成一致意见。

被审计单位应当认可并理解的责任包括以下几方面。

(1) 按照适用的内部控制标准,设计、执行和维护有效的内部控制,以使财务报表不存在由于舞弊或错误导致的重大错报。

(2) 按照适用的内部控制评价标准对内部控制进行评价并编制内部控制评价报告。

(3) 向注册会计师提供必要的工作条件,包括允许注册会计师接触与内部控制的设计、执行和维护相关的所有信息(如运行记录、授权文件等),向注册会计师提供内部控制审计所需要的其他信息,允许注册会计师在获取审计证据时不受限制地接触其认为必要的人员。

三、企业内部控制责任与注册会计师审计责任的关系

内部控制审计指引第三条规定,建立健全和有效实施内部控制,评价内部控制的有效性是企业董事会的责任。按照指引的要求,在实施审计工作的基础上对内部控制的有效性发表审计意见,是注册会计师的责任。

内部控制本身有效与否是企业的内部控制责任,是否遵循内部控制审计指引开展内部控制审计并发表恰当的审计意见是注册会计师的审计责任。因此,注册会计师在实施内部控制审计之前,应当在业务约定书中明确双方的责任;在发表内部控制审计意见之前,应当取得经企业签署的内部控制书面声明。

四、应对舞弊风险的要求

根据《企业内部控制审计指引》第十三条规定,注册会计师在测试企业层面控制和业务流程、应用系统或交易层面的控制时,应当评价内部控制是否足以应对舞弊风险。

在整合审计中计划和实施内部控制审计工作时,注册会计师应当考虑财务报表审计中对舞弊风险的评估结果。在识别并测试企业层面控制及选择其他控制进行测试时,注册会计师应当评价被审计单位的控制是否足以应对已识别的、由于舞弊导致的重大错报风险,并评价为应对管理层凌驾于控制之上的风险而设计的控制。

被审计单位为应对这些风险可能采取的控制包括以下几方面。

(1)针对重大的非常规交易的控制,尤其是针对导致会计处理延迟或异常的交易的控制。

(2)针对期末财务报告流程中编制的分录和作出调整的控制。

(3)针对关联方交易的控制。

(4)与管理层的重大估计相关的控制。

(5)能够减弱管理层伪造或不恰当操纵财务结果的动机及压力的控制。

为应对管理层凌驾于控制之上的风险而设计的控制,对任何被审计单位都是重要的。在小型被审计单位,由于高级管理层更多参与控制活动的实施和期末财务报告过程,因此为应对管理层凌驾于控制之上的风险而设计的控制显得尤为重要。在小型被审计单位,为应对管理层凌驾于控制之上的风险而设计的控制可能与较大或较复杂的被审计单位不同。

如果在内部控制审计中识别出旨在防止或发现舞弊的控制存在缺陷,注册会计师应当考虑该缺陷可能对拟实施审计程序的性质、时间安排和范围产生的影响,并按照《中国注册会计师审计准则第 1141 号——财务报表审计中与舞弊相关的责任》的规定,在财务报表审计中制定应对重大错报风险的方案时考虑这些缺陷。

第二节 具体审计目标

企业内部控制审计的总目标对企业内部控制具体审计目标有较大影响。企业内部控制具体审计目标,主要是依据财务报表具体审计目标制定。

一、财务报表审计具体目标及与管理层认定的关系

财务报表具体审计目标与被审计单位管理层认定具有对应关系。

所谓认定,是指管理层对财务报表组成要素的确认、计量、列报做出的明确或隐含的表达。认定与审计目标密切相关。

财务报表审计具体目标包含 3 个层次,即与各类交易和事项相关的审计目标、与期末账户余额相关的审计目标、与列报相关的审计目标,如表 5-1～表 5-3 所示。

表 5-1   与各类交易和事项相关的认定与具体审计目标的关系

名称	有关交易和事项的认定	对应的审计目标	针对的具体问题
发生	记录的交易和事项已发生,且与被审计单位有关	已记录的交易是真实的	财务报表要素的高估
完整性	所有应当记录的交易和事项均已记录	已发生的交易确实已经记录	财务报表要素的低估
准确性	与交易和事项有关的金额及其他数据已恰当记录	已记录的交易是按正确的金额反映的	金额计算与钩稽关系
截止	交易和事项已记录于正确的会计期间	接近资产负债表日的交易记录于恰当的期间	交易所属的会计期间
分类	交易和事项已记录于恰当的账户	记录的交易经过适当的分类	事项涉及的会计科目

表 5-2   与期末账户余额相关的认定与具体审计目标的关系

名称	有关期末账户余额的认定	对应的审计目标	针对的具体问题
存在	记录的资产、负债和所有者权益是存在的	已记录的金额确实存在	财务报表要素的高估
完整性	所有应当记录的资产、负债和所有者权益均已记录	已存在的金额均已记录	财务报表要素的低估
权利和义务	记录的资产由被审计单位拥有或控制,记录的负债是被审计单位应当履行的偿还义务	资产归属于被审计单位,负债属于被审计单位的义务	对资产的权利与对负债的义务
计价和分摊	资产、负债和所有者权益以恰当的金额包括在财务报表中,与之相关的计价或分摊调整已恰当记录	资产、负债和所有者权益以恰当的金额包括在财务报表中,相关的计价或分摊调整已恰当记录	金额计算与钩稽关系

表 5-3   与列报相关的认定与具体审计目标的关系

名称	有关列报与披露的认定	对应的审计目标	针对的具体问题
发生及权利和义务	披露的交易、事项和其他情况已发生且与被审计单位有关	未发生或与客户无关的交易、事项未包括在财务报表中	不应包括的没有包括
完整性	所有应当包括在财务报表中的披露均已包括	应当披露的事项包括在财务报表中	应当包括的已经包括
分类和可理解性	财务信息已被恰当地列报和描述,且披露内容表述清楚	财务信息已被恰当地描述且披露内容表述清楚	描述恰当、表达清楚
准确性和计价	财务信息和其他信息已公允披露,且金额恰当	财务信息和其他信息已公允披露且金额恰当	披露公允、金额准确

二、企业内部控制审计具体目标及与财务报表审计具体目标的关系

有什么样的财务报表具体审计目标,就需要制定什么样相应的企业内部控制具体审计目标,在整合审计中,后者的实现程度影响着前者实现程度,二者的对应关系如表 5-4~表 5-6 所示。

表5-4 与各类交易和事项相关的财务报表审计具体目标与企业内部控制审计具体目标的关系

名 称	有关交易和事项的认定	对应的财务报表 具体审计目标	对应的企业内部 控制具体审计目标
发生	记录的交易和事项已发生,且与被审计单位有关	已记录的交易是真实的	与交易和事项的真实记录有关的控制是有效的
完整性	所有应当记录的交易和事项均已记录	已发生的交易确实已经记录	与交易和事项的完整记录有关的控制是有效的
准确性	与交易和事项有关的金额及其他数据已恰当记录	已记录的交易是按正确的金额反映的	与交易和事项的金额的正确记录与计算的控制是有效的
截止	交易和事项已记录于正确的会计期间	接近资产负债表日的交易记录于恰当的期间	与交易和事项的会计期间归属期划分的控制是有效的
分类	交易和事项已记录于恰当的账户	记录的交易经过适当的分类	与交易和事项的正确分类的控制是有效的

表5-5 与期末账户余额相关的财务报表审计具体目标与企业内部控制审计具体目标的关系

名 称	有关期末账户余额的认定	对应的财务报表 具体审计目标	对应的企业内部 控制具体审计目标
存在	记录的资产、负债和所有者权益是存在的	已记录的金额确实存在	与期末账户余额真实存在有关的控制是有效的
完整性	所有应当记录的资产、负债和所有者权益均已记录	已存在的金额均已记录	与期末账户余额完整反映有关的控制是有效的
权利和义务	记录的资产由被审计单位拥有或控制,记录的负债是被审计单位应当履行的偿还义务	资产归属于被审计单位,负债属于被审计单位的义务	与资产、负债权责的正确归属有关的控制是有效的
计价和分摊	资产、负债和所有者权益以恰当的金额包括在财务报表中,与之相关的计价或分摊调整已恰当记录	资产、负债和所有者权益以恰当的金额包括在财务报表中,相关的计价或分摊调整已恰当记录	与资产、负债和所有者权益余额的正确计算与钩稽关系记录有关的控制是有效的

表5-6 与列报相关的财务报表审计具体目标与企业内部控制审计具体目标的关系

名 称	有关列报与披露的认定	对应的财务报表 具体审计目标	对应的企业内部 控制具体审计目标
发生及权利和义务	披露的交易、事项和其他情况已发生且与被审计单位有关	未发生或与客户无关的交易、事项未包括在财务报表中	与真实记录和正确归属有关的控制是有效的
完整性	所有应当包括在财务报表中的披露均已包括	应当披露的事项包括在财务报表中	与完整披露有关的控制是有效的
分类和可理解性	财务信息已被恰当地列报和描述,且披露内容表述清楚	财务信息已被恰当地描述且披露内容表述清楚	与财务信息的恰当描述和清楚披露有关的控制是有效的
准确性和计价	财务信息和其他信息已公允披露且金额恰当	财务信息和其他信息已公允披露且金额恰当	与财务信息和其他信息已公允披露且金额恰当有关的控制是有效的

事实上，企业内部控制具体审计目标还应包括非财务报告内部控制审计方面的目标。非财务报告内部控制方面的具体审计目标，在历次审计中会因为审计对象的差异和审计实施过程中的其他情况，如受到审计时间、审计风险、审计专业人员配备等因素的影响，存在较大的不确定性，这需要注册会计师合理运用职业判断，来科学设计和安排针对非财务报告内部控制的具体审计目标。

第三节　利用他人的工作

作为控制监督要素的组成部分，被审计单位需要对内部控制有效性进行日常监督和专项监督。前者包括内部审计人员的例行检查等，后者包括被审计单位每年进行的内部控制评价工作。执行内部控制监督工作的人员包括管理层、内部审计人员，或者在管理层或审计委员会指导下工作的其他第三方，以下简称他人。他人的工作与注册会计师的审计工作在技术方法上有共通之处，在工作成果上可资借鉴。在内部控制审计中，注册会计师应当结合对他人的胜任能力和客观性，以及对与控制相关的风险的考虑，在最大可能限度内利用其工作，以提高审计效率。因此，注册会计师应当评价在多大程度上利用他人的工作以减少本应由注册会计师执行的工作。

一、对专业胜任能力和客观性的考虑

注册会计师依赖他人工作的程度，取决于执行工作人员的专业胜任能力和客观性。不同类型测试工作的可信赖程度图如图 5-1 所示。

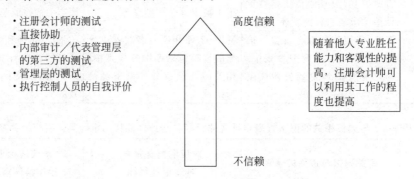

图 5-1　不同类型测试工作的可信赖程度图

如果被审计单位人员对执行内部控制负责或对所测试信息的完整性和准确性负责，注册会计师不应利用这些人员执行测试工作，因为其不具有足够的客观性。相反，如果执行测试的人员不对控制的执行或测试信息的完整性和准确性负责，则注册会计师可以考虑利用其工作。

被审计单位内部负责监督、稽核或合规工作的人员，如内部审计人员，通常拥有较高的专业胜任能力和客观性。注册会计师可以考虑更多地利用这些人员的相关工作。此外，向注册会计师提供直接帮助的人员，其工作也比支持管理层测试工作的人员更有利用价值。

在整合审计的内部控制测试中，注册会计师不应利用负有会计和财务报表编制职责人员的工作,包括负有执行和监督企业财务报告内部控制的特别职责的人员(如首席财务官、公司主管或其他管理层成员)的工作。

表 5-7 所示为注册会计师根据他人的专业胜任能力和客观性评价可利用其工作的程度提供指引。

表 5-7　他人工作可利用程度评价表

客观性 专业胜任能力	高	中	低
高	最大程度	中等程度	不依赖
中	较大程度	较小程度	不依赖
低	不依赖	不依赖	不依赖

表 5-7 将所要利用其工作的人员的专业胜任能力和客观性的评价由高到低分别划分为高、中、低 3 个档次。评估结果和利用该人员的工作程度的关系如下。

(1) 拟利用其工作的人员的专业胜任能力和客观性越强,注册会计师就能越多地利用其工作。

(2) 无论人员的专业胜任能力如何,注册会计师都不应当利用客观程度较低的人员的工作;同样,无论人员的客观程度如何,注册会计师都不应当利用专业胜任能力较低的人员的工作。

二、对利用内部审计人员工作的特殊考虑

1. 评价内部审计人员的专业胜任能力

在评价内部审计人员的专业胜任能力时,注册会计师不仅要考虑其是否具备职业资格,还要评价其工作。在计划审计工作阶段,注册会计师需要对内部审计人员的专业胜任能力进行初步评估,评估时可以考虑下列因素。

(1) 被审计单位雇佣、晋升及选派内部审计人员的标准和程序。

(2) 内部审计人员的职业资格(包括专业证书)、教育水平和与其职责相关的专业经验。

(3) 内部审计人员接受培训的深度和广度,包括参加正式课程和研讨会的频率、在职培训的性质和相关工作领域的实践经验。

(4) 是否存在衡量内部审计人员工作表现的标准,被审计单位对内部审计人员工作表现的考核评价。

(5) 内部审计的计划及程序,包括内部审计人员对重要事项的关注、对以前年度审计结果的考虑,以及在内部审计人员的检查下被审计单位经营和发展情况。

(6) 被审计单位对内部审计进行监督的人员对内部审计人员的监督和检查的程度和适当性,包括监督人员对审计计划和程序、工作进度监控,以及内部审计工作结果和报告审阅的参与程度。

(7) 内部审计人员工作底稿的完整性和质量,包括支持工作结论的文档的完整性及质量,以及是否出具工作报告或整改建议。

通过向管理层和内部审计人员询问、利用以前与内部审计人员的接触和共同工作的体会、审阅员工档案、审阅内部审计人员工作底稿和报告的充分性及技术方面的准确性、与其探讨审计方法和问题,以及检查内部审计人员的建议是否被采纳等方式获得。

2. 评价内部审计人员的客观性

注册会计师一般应在审计计划阶段考虑或更新对内部审计人员客观性的评价,评价时可以从以下几方面来考虑。

(1) 内部审计人员直接汇报对象的级别,以及此人是否独立于被审计的活动。

(2) 内部审计人员直接汇报对象是否具备足够高的地位以保证内部审计覆盖足够的审计范围,并且能够对内部审计人员发现的问题和建议给予充分的考虑和实施。

(3) 内部审计人员能够接近最高管理层和董事会的程度,被审计单位高级管理人员和董事会对内部审计活动的参与程度,董事会或审计委员会对内部审计人员的雇佣决定的影响程度。

(4) 内部审计人员审核被审计单位运营的权力及该权力履行的程度。

(5) 内部审计人员相对被审计单位经营活动而言的独立性(如果内部审计人员在运营方面做出决定或处理之后将要进行审计,内部审计人员的判断将不够客观)。

(6) 内部审计人员对测试对象保持客观性的政策规定。

(7) 防止内部审计人员对与自己有关联关系的人员担任重要或对内部控制敏感的职位进行审计或执行控制测试的政策规定。

(8) 防止内部审计人员对其近期所从事或将要被指派由其负责内部控制领域进行审计的政策规定。

(9) 内部审计人员报告所有重大审计发现并做出适当的整改方案的能力。

虽然内部审计人员不能独立于被审计单位,但是他们仍然可能公正、客观地履行他们的职责。决定内部审计人员客观性的一个重要因素是他们能否独立于被审计单位行使其职能。此外,内部审计人员的客观性也可能受到与被审计对象私人关系的影响,注册会计师需要予以警惕。

3. 利用内部审计人员的工作成果

无论是否计划利用内部审计人员的工作成果,注册会计师都应当在计划审计工作时查阅内部审计发现的问题,主要有以下几方面。

(1) 识别内部控制的重大变化。

(2) 提供特定控制整改或弱化的证据。

(3) 识别新的交易。

(4) 提供信息以验证注册会计师对企业内部控制的评估,包括对内部审计职能本身的评估。

审阅内部审计所发现问题还可协助注册会计师判断内部审计人员的工作是否与注册会计师拟执行的内部控制审计相关,从而帮助注册会计师决定是否利用内部审计人员的工作成果。总体而言,内部审计人员工作的客观性越高,注册会计师就越有可能利用内部审计人员的工作或接受内部审计人员的直接协助。

三、相关控制风险对利用他人工作程度的影响

注册会计师利用他人工作的程度还受到与被测试控制相关的风险的影响。图 5-2 所示为与被测试控制相关的风险和注册会计师利用内部审计人员或其他人员测试工作成果的程度之间的关系。

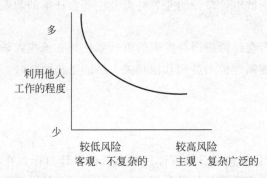

图 5-2　与被测试控制相关的风险和注册会计师利用他人工作程度之间的关系

随着与审计领域相关的风险的增加,注册会计师需要更多地依赖自己的工作。在执行财务报告内部控制审计时,注册会计师通常可以更大程度地利用那些专业胜任能力和客观性强并且所测试的控制更加客观(如常规交易和相对简单的非常规交易)的人员的工作。对于重大会计估计等比较主观或涉及领域比较广泛的控制,注册会计师也可以利用专业胜任能力和客观性强的人员的工作,但是通常会限于较小的程度。在确定其他人员的工作是否可以利用时,注册会计师应当运用职业判断。与某项控制相关的风险越高,注册会计师应当越多地亲自对该项控制进行测试。

此外,无论其他人员实施测试的性质是询问、观察、检查还是重新执行,注册会计师在就内部控制设计和执行的有效性获取审计证据时都可以利用他们的工作。然而,其他人员测试的性质不同,从利用其工作中获取证据的数量也不同。

四、管理层内部控制评价与注册会计师内部控制审计之间的关系

注册会计师应当了解被审计单位管理层对内部控制的自我评价工作,以了解被审计单位内部控制、实施风险评估程序并确定利用他人工作的范围。

管理层自我评价过程的质量,尤其是执行自我评价工作的人员的专业胜任能力和客观性,对注册会计师确定能够在多大程度上利用他人的工作,以及注册会计师需要执行的工作起着重要的作用。正因为如此,注册会计师执行的财务报告内部控制审计工作与管理层内部控制评价工作相互配合显得非常重要。

建立健全有效的内部控制是被审计单位的责任。通常来说,管理层对内部控制有效性的自我评价工作需要在注册会计师开始内部控制审计工作之前启动,且最好保证内部控制设计缺陷及内部控制运行缺陷尽早整改完毕,以预留足够长的平稳运行期。

一般而言,注册会计师在每个年度的较早时期就要同管理层就内部控制自我评价工作进行沟通,包括自我评价工作的进度安排、工作范围、工作方法、样本选取的方法及数量,并

获取必要的管理层自我评价文档。上述步骤及文档的获取主要帮助注册会计师确定其进行内部控制审计的时间安排,以及注册会计师在多大程度上可以利用被审计单位的内部控制评价工作。如果管理层就内部控制自我评价工作定期召开会议,注册会计师可以要求参加会议,以便及时了解内部控制自我评价工作的实际进展及前期遇到的问题。

注册会计师在执行内部控制审计时,需要对内部控制自我评价人员的专业胜任能力和客观性进行判断,并根据被审计单位的业务特点及注册会计师的职业判断,确定在多大程度上可以利用自我评价工作。

值得强调的是,注册会计师应当对发表的审计意见独立承担责任,其责任不因为利用企业内部审计人员、内部控制评价人员和其他相关人员的工作而减轻。

本章小结

企业内部控制审计目标包括总体审计目标和具体审计目标。在整合审计下,企业内部控制审计目标,即为对特定基准日的财务报告内部控制的有效性发表审计意见,按照审计准则的规定根据审计结果对财务报表出具审计报告,并与管理层和治理层沟通。有什么样的财务报表具体审计目标,就需要制定相应的企业内部控制具体审计目标。企业内部控制具体审计目标还应包括非财务报告内部控制审计方面的目标。在内部控制审计中,注册会计师应当结合对他人的胜任能力和客观性,以及对与控制相关的风险的考虑,在最大可能限度内利用其工作,以提高审计效率。

习题

一、思考题

1. 试述企业内部控制审计的总目标。

2. 如何理解企业内部控制审计工作的前提条件。在确定内部控制审计的前提条件是否得到满足时,注册会计师应该如何应对?

3. 企业内部控制审计有关舞弊风险应对有哪些要求?

4. 试述企业内部控制具体审计目标与财务报表具体审计目标有什么联系? 试用自己的理解进行阐述。

5. 注册会计师是否可以利用企业内部控制自我评价工作? 应注意哪些方面的情况?

二、实训题

(一)判断题

1. 企业内部控制审计总目标与财务报表审计总体目标相同。　　　　　　　　(　　)

2. 注册会计师执行企业内部控制审计的总体目标是对特定基准日的财务报告内部控制的有效性发表审计意见。　　　　　　　　　　　　　　　　　　　　(　　)

3. 企业内部控制审计的总体目标对其具体审计目标没有影响。　　　　　　(　　)

4. 企业内部控制的缺陷按其重要程度可分为设计和运行两方面缺陷。　　(　　)

5. 企业内部控制审计不可能也没有必要对企业所有内部控制进行审计。　(　　)

6. 财务报表具体审计目标与企业内部控制具体审计目标具有对应关系。 （ ）

7. 建立健全和有效实施内部控制,评价内部控制的有效性是注册会计师的责任。
（ ）

8. 企业内部控制具体审计目标不包括非财务报告内部控制审计方面的目标。 （ ）

9. 存货定期盘点控制失效,与存货项目发生认定相关。 （ ）

10. 与某项控制相关的风险越高,注册会计师应当越多地亲自对该项控制进行测试。
（ ）

(二) 单项选择题

1. 企业内部控制的有效性是指(   )。

    A. 设计有效性   B. 运行有效性

    C. 设计有效性和运行有效性   D. 以上都不对

2. 下列关于特定基准日的说法中,不正确的是(   )。

    A. 内部控制审计基准日,即注册会计师评价内部控制在某一时日是否有效所涉及
        的基准日。

    B. 注册会计师对特定基准日内部控制的有效性发表意见,并不意味着只测试基准
        日这一天的内部控制。

    C. 特定基准日强调一个时点概念,强调在特定日期内部控制的状态,而不必考虑此
        前的有效性,以及向前的延续性。

    D. 特定基准日一般为企业会计报表日。

3. 所谓(   )是指被审计单位管理层对财务报表各组成要素的确认、计量、列报与披
露做出的明确或隐含的表达。

    A. 认定   B. 管理层责任   C. 治理层责任   D. 审计目标

4. (   )目标是确定财务报表各项目所列金额或账户余额是否是真实的,没有虚报。
它是由管理层关于存在或发生认定推导得出的。

    A. 发生   B. 完整性   C. 所有权   D. 准确性

5. 健全的销货控制下,要求根据经批准的销售单供货和发货,这主要是与(   )有关
的控制。

    A. 交易和事项的真实记录

    B. 交易和事项的完整记录

    C. 交易和事项的金融的正确记录与计算

    D. 交易和事项的会计期间归属期划分

6. 在被审计单位设定的以下控制目标中,与发生认定无关的是(   )。

    A. 确保没有记录虚构或重复的销售

    B. 保证货物运送给正确的收货人

    C. 保证发货单据只有在实际发货时才开具

    D. 保证发票正确反映了发货的数量

7. 为测试被审计单位与权利和义务认定有关的控制的有效性,注册会计师需要确定的
企业内部控制具体审计目标是(   )。

    A. 与期末账户余额真实存在有关的控制是有效的

B. 与期末账户余额完整反映有关的控制是有效的

C. 与资产、负债权责的正确归属有关的控制是有效的

D. 与资产、负债和所有者权益余额的正确计算与钩稽关系记录有关的控制是有效的

8. 被审计单位内部审计人员的例行检查属于(   )。

    A. 日常监督   B. 专项监督   C. 审计监督   D. 外部监督

9. 下列有关内部控制审计中有关被审计单位与注册会计师责任说法中,不正确的是(   )。

A. 建立健全和有效实施内部控制,评价内部控制的有效性是企业董事会的责任

B. 按照指引的要求,在实施审计工作的基础上对内部控制的有效性发表审计意见,是注册会计师的责任

C. 内部控制本身有效与否是企业的内部控制责任,是否遵循内部控制审计指引开展内部控制审计并发表恰当的审计意见是注册会计师的审计责任

D. 注册会计师在发表内部控制审计意见之前,应当取得企业董事长的内部控制口头声明

10. 注册会计师适宜在(   )需要同管理层就内部控制自我评价工作进行沟通,包括自我评价工作的进度安排、工作范围、工作方法、样本选取的方法及数量,并获取必要的管理层自我评价文档。

A. 签订内部控制审计业务约定书之前

B. 每个会计年度较早时期

C. 每个会计年度较晚时期

D. 出具内部控制报告的时期

(三) 多项选择题

1. 企业内部控制审计的目标可分成两个层次,分别是(   )。

    A. 总体审计目标   B. 基本审计目标

    C. 具体审计目标   D. 内部控制目标

2. 企业内部控制具体审计目标可分成 3 个层次,分别是(   )。

A. 与各类交易和事项相关的认定有关控制的有效性

B. 与期末账户余额相关的认定有关控制的有效性

C. 与列报相关的认定有关控制的有效性

D. 与财务报表重大错报有关控制的有效性

3. 某公司 2010 年 12 月 31 日资产负债表流动资产项下列示存货 1 000 000 万元,则明确的认定包括(   )。

A. 记录的存货是存在的

B. 记录的存货的正确余额是 1 000 000 元

C. 所有应列报的存货都包括在财务报表中了

D. 记录的存货全部由本公司所拥有且使用不受任何限制

4. 下列有关对财务报表认定的表述中,不正确的提法有(   )。

A. "存在"认定主要与财务报表组成要素的低估有关

B. "完整性"认定主要与财务报表组成要素的高估有关

C. "权利和义务"认定只与资产负债表组成要素有关

D. "计价和分摊"认定只与利润表组成要素有关

5. 下列关于企业内部控制具体审计目标的说法中,正确的是( )。

A. 企业内部控制具体审计目标,主要是依据财务报表具体审计目标制定的

B. 在整合审计中,企业内部控制具体审计目标的实现程度影响着财务报表具体审计目标的实现程度

C. 企业内部控制具体审计目标还应包括非财务报告内部控制审计方面的目标

D. 注册会计师制定非财务报告内部控制方面的具体审计目标,不允许运用职业判断

6. 在确定内部控制审计的前提条件是否得到满足时,注册会计师应当( )。

A. 确定被审计单位采用的内部控制标准是否适当

B. 就被审计单位认可并理解其责任与管理层和治理层达成一致意见

C. 评估其财务报告是否存在重大错报风险

D. 评估其内部控制是否存在重大缺陷

7. 被审计单位应当认可并理解的责任包括( )。

A. 按照适用的内部控制标准,设计、执行和维护有效的内部控制,以使财务报表不存在由于舞弊或错误导致的重大错报

B. 按照适用的内部控制评价标准对内部控制进行评价并编制内部控制评价报告

C. 向注册会计师提供必要的工作条件

D. 编制审计工作底稿

8. 被审计单位为应对这些风险可能采取的控制包括( )。

A. 针对重大的非常规交易的控制,尤其是针对导致会计处理延迟或异常的交易的控制

B. 针对期末财务报告流程中编制的分录和作出的调整的控制

C. 针对关联方交易的控制

D. 能够减弱管理层伪造或不恰当操纵财务结果的动机及压力的控制

9. 下列关于利用他人工作说法中,可判定为正确的有( )。

A. 面对较低风险且较客观、不复杂的情况,利用他人工作程度较高

B. 面对较低风险且较客观、不复杂的情况,利用他人工作程度较低

C. 面对较高风险且较主观、复杂广泛的情况,利用他人工作程度较高

D. 面对较高风险且较主观、复杂广泛的情况,利用他人工作程度较低

10. 在内部控制审计中,注册会计师在利用他人工作时,应当注意( )。

A. 专业胜任能力与客观性

B. 对内部审计工作的考虑

C. 相关控制风险对利用他人工作程度的影响

D. 以上都不对

(四)综合题

1. 请根据下表中描述的内容即相关认定的含义,填写表5-8。

要求：第一空白列填写认定的名称，第二空白列指出该认定归属于三大类认定（三大类认定：与各类交易和事项相关的认定、与期末账户余额有关的认定、与列报有关的认定）中哪类认定。

表 5-8　综合题 1

认定的含义	认定名称	所属类别
记录的交易和事项已发生，且与被审计单位有关		
所有应当包括在财务报表中的披露均已包括		
与交易和事项有关的金额及其他数据已恰当记录		
披露的交易、事项和其他情况已发生，且与被审计单位有关		
交易和事项已记录于正确的会计期间		
资产、负债和所有者权益以恰当的金额包括在财务报表中，与之有关的计价或分摊调整已恰当记录		
财务信息和其他信息已公允披露，且金额恰当		
所有应当记录的交易和事项均已记录		
记录的资产由被审计单位拥有或控制，记录的负债是被审计单位应当履行的偿还义务		
交易和事项已记录于恰当的账户		
所有应当记录的资产、负债和所有者权益均已记录		
记录的资产、负债和所有者权益是存在的		
财务信息已被恰当的列报和描述，且披露内容表达清楚		

2. 完成表 5-9。

表 5-9　综合题 2

控制措施	所属控制活动类型	相关的认定类型
将存货放入加锁的仓库并由称职的保管员来管理		
应收账款总账与明细账由不同的人来记录		
赊销产品需要经过信用部门审批		
定期评价职能部门的业绩		
在采购业务活动中采用大量的凭证和记录		
采用自动化程序以审核当日各账户记账准确性		
银行存款记账与编制银行存款余额调节表职能由不同人员承担		
发行股票须经过董事会批准		
委托信托投资公司保管投资资产		

第六章

审计计划

引导案例:

从嘉佳会计师事务所的经历中感悟审计计划的重要地位

嘉佳会计师事务所对实业发展有限责任公司进行审计。该公司成立于 2002 年 6 月,注册资本 1000 万元,业务范围包括物流等。至 2008 年 8 月 31 日,公司资产 2615 万元,负债 243 万元,净资产 2372 万元。公司总经理任期为 2002 年 6 月至 2009 年 8 月,需对总经理进行任期经济责任审计。嘉佳会计师事务所 5 名从业人员对此项目进行了审计,其中一人负责银行存款审计,审计时间为 2009 年 11 月 7 日至 11 月 12 日,审计收费 5 万元。

嘉佳会计师事务所出具了长式审计报告,列示了经审计确认的 2008 年 8 月 31 日的资产负债和 2002 年 6 月至 2009 年 8 月的利润表,并对公司内部控制进行了正面评价,未对货币资金内部控制提出疑问。审计报告出具不久,公司发现,出纳采用伪造银行对账单等手段贪污公款 80 万元,即银行存款少 80 万元,并将此情况通报嘉佳会计师事务所。

嘉佳会计师事务所在自查过程中发现对实业发展有限责任公司银行存款审计的项目组织管理方面存在如下问题:没有将反舞弊内部控制是否健全有效纳入审计目标体系,审计计划阶段仅有业务约定书,没有编制审计计划,导致现场审计工作产生了重大失误。

要求: 讨论审计计划对审计成败的重要性和决定意义。

第一节 初步业务活动

一、初步业务活动的目的和内容

在计划内部控制审计工作前,注册会计师需要开展初步业务活动,以实现下列目的。

(1)确保项目组具备执行内部控制审计业务所需的独立性和专业胜任能力。

(2)不存在因管理层诚信问题而可能影响注册会计师接受或保持该项内部控制审计业务的意愿的事项。

(3)内部控制审计的前提条件已得到满足。

(4)注册会计师与被审计单位之间不存在对业务约定条款的误解。

针对上述目的,注册会计师在本期内部控制审计业务开始前应当开展下列初步业务活动。

（1）针对客户关系和具体审计业务的接受或保持实施相应的质量控制程序。

（2）评价会计师事务所和项目组遵守相关职业道德要求的情况。

（3）确定内部控制审计的前提条件是否得到满足。

（4）就内部控制审计业务约定条款与被审计单位管理层达成一致意见，并单独签订内部控制审计业务约定书。

（5）根据项目需要，挑选合适的人员，建立项目组。

二、内部控制审计业务约定书

如果决定接受或保持内部控制审计业务，注册会计师应当就审计业务约定条款与管理层达成一致意见，并签订单独的内部控制审计业务约定书，以记录该审计业务约定条款，避免双方对审计业务的理解产生分歧。

内部控制审计业务约定书至少应当包括下列内容。

（1）内部控制审计的目标和范围。

（2）注册会计师的责任。

（3）被审计单位的责任。

（4）指出被审计单位采用的内部控制标准。

（5）提及注册会计师拟出具的内部控制审计报告的形式和内容，以及对在特定情况下出具的内部控制审计报告可能不同于预期形式和内容的说明。

（6）审计收费。

内部控制审计业务约定书的格式和内容可能因被审计单位和业务的具体情况而异，如果需要，内部控制审计业务约定书还可以包括其他条款，例如：

（1）详细说明内部控制审计工作的范围，包括提及适用的法律法规、内部控制审计标准。

（2）说明由于内部控制的固有局限性，存在不能防止和发现错报的可能性，以及由于情况的变化可能导致内部控制变得不恰当，或者对控制政策和程序的遵循程度降低，根据内部控制审计结果推测未来内部控制的有效性具有一定风险。

（3）计划和执行内部控制审计工作的安排，包括项目组的构成。

（4）企业确认将提供必要的书面声明。

（5）管理层同意告知注册会计师在被审计单位评价基准日之后至审计报告日之前内部控制是否发生变化，或者出现可能对内部控制产生重要影响的其他因素。

（6）对审计涉及的其他人员（包括被审计单位的内部审计人员、其他人员，以及在管理层或治理层指导下的第三方）工作的安排。

附录 6-1 提供了内部控制审计业务约定书的参考格式。注册会计师可根据业务的具体情况作出必要修改。

三、项目组的建立

在进行初步业务活动时，项目合伙人需要统筹考虑审计工作，挑选相关领域的人员组成项目组，同时组织对项目组成员进行培训，以合理安排内部控制审计工作。项目组成员应当符合以下要求。

（1）具有执行性质和复杂程度类似的内部控制审计业务的经验。

（2）了解企业内部控制相关规范和指引要求。

（3）了解《企业内部控制审计指引》《企业内部控制审计指引实施意见》和中国注册会计师执业准则的相关要求。

（4）拥有与企业所处行业相关的知识。

（5）具有职业判断能力。

此外，注册会计师需要对开展审计工作中需要，但当前项目组成员不具备的技能作出评估，并针对此情况制定计划以获取相关资源。例如，当项目组成员不具备与企业信息系统环境相关的知识技能时，注册会计师需要获得信息技术专业人员的协助以测试与信息系统相关的内部控制。

附录 6-1 内部控制审计业务约定书

甲方：ABC 股份有限公司

乙方：××会计师事务所

兹由甲方委托乙方对截至 20×1 年 12 月 31 日的财务报告内部控制进行审计，经双方协商，达成以下约定：

一、内部控制审计的目标和范围

乙方接受甲方委托，对甲方截至 20×1 年 12 月 31 日按照《企业内部控制基本规范》和相关规定建立的财务报告内部控制进行审计并对其有效性发表审计意见。

二、甲方的责任

1. 根据《中华人民共和国会计法》及《企业内部控制基本规范》，甲方有责任设计、执行和维护有效的内部控制，制定本公司的内部控制制度并组织其实施，并对本公司内部控制的有效性进行自我评价，披露年度自我评价报告。

2. 甲方应当及时为乙方的审计工作提供与审计有关的所有记录、文件和所需的其他信息（如果在审计过程中需要补充资料，亦应及时提供），并保证所提供资料的真实性和完整性。

3. 甲方应确保乙方不受限制地接触其认为必要的甲方内部人员和其他相关人员。

［下段适用于集团内部控制审计业务，使用时需根据客户/约定项目的特定情况修改，如果加入此段，应相应修改本约定书第一项关于业务范围的表述，并调整下面其他条款的编号。］

［4. 为满足乙方对甲方财务报告内部控制的有效性发表审计意见的需要，甲方须确保：

乙方和对组成部分内部控制执行相关工作的组成部分注册会计师之间的沟通不受任何限制。

乙方及时获悉组成部分注册会计师与组成部分治理层和管理层之间的重要沟通（包括就内部控制重大缺陷进行的沟通）。

乙方及时获悉组成部分治理层和管理层与监管机构就与内部控制有关的事项进行的重要沟通。

在乙方认为必要时，允许乙方接触组成部分的信息、组成部分管理层或组成部分注册会计师（包括组成部分注册会计师的工作底稿），并允许乙方对组成部分的内部控制执行相关工作。]

4. 甲方管理层应对其作出的与内部控制审计有关的声明予以书面确认。

5. 甲方应为乙方派出的有关工作人员提供必要的工作条件和协助,乙方将于外勤工作开始前提供主要事项清单。

6. 甲方应按照本约定书的约定及时足额支付审计费用,以及乙方人员在审计期间的交通、食宿和其他相关费用。

7. 乙方的审计不能减轻甲方及甲方管理层的责任。

三、乙方的责任

1. 乙方的责任是在执行审计工作的基础上对甲方财务报告内部控制的有效性发表审计意见。乙方根据《企业内部控制审计指引》及相关中国注册会计师执业准则的规定执行审计工作。该指引及相关执业准则要求注册会计师遵守中国注册会计师职业道德守则,计划和执行审计工作以对甲方在所有重大方面是否保持了有效的财务报告内部控制获取合理保证。

[下段适用于集团内部控制审计业务,使用时需根据客户/约定项目的特定情况修改,如果加入此段,应相应修改本约定书第一项关于业务范围的表述,并调整下面其他条款的编号。]

[2. 对不由乙方执行相关工作的组成部分内部控制,乙方不单独出具报告;有关的责任由对该组成部分执行相关工作的组成部分注册会计师及其所在的会计师事务所承担。]

2. 审计工作涉及实施审计程序,以获取与财务报告内部控制有关的审计证据。选择的审计程序取决于乙方的判断,包括评估重大缺陷存在的风险,根据评估的风险测试和评价内部控制设计和运行的有效性。审计工作还包括实施乙方认为必要的其他程序。

3. 内部控制具有固有局限性,存在不能防止和发现错报的可能性;此外,由于情况的变化可能导致内部控制变得不恰当,或者对控制政策和程序遵循程度降低,因此,根据内部控制审计结果推测未来内部控制的有效性具有一定风险。

4. 在审计过程中,乙方若发现甲方存在内部控制重大缺陷、重要缺陷,应以书面形式向甲方治理层或管理层通报。但乙方通报的各种事项,并不代表已全面说明所有可能存在的缺陷或已提出所有可行的改进建议。甲方在实施乙方提出的改进建议前应全面评估其影响。未经乙方书面许可,甲方不得向任何第三方提供乙方出具的沟通文件。

5. 按照约定时间完成审计工作,出具审计报告。乙方应于20×2年×月×日前出具审计报告。

6. 除下列情况外,乙方应当对执行业务过程中知悉的甲方信息予以保密:(1)法律法规允许披露,并取得甲方的授权;(2)根据法律法规的要求,为法律诉讼、仲裁准备文件或提供证据,以及向监管机构报告发现的违法行为;(3)在法律法规允许的情况下,在法律诉讼、仲裁中维护自己的合法权益;(4)接受注册会计师协会或监管机构的执业质量检查,答复其询问和调查;(5)法律法规、执业准则和职业道德规范规定的其他情形。

四、审计收费

1. 本次审计服务的收费是以乙方各级别工作人员在本次工作中所耗费的时间为基础计算的。乙方预计本次审计服务的费用总额为人民币××万元。

2. 甲方应于本约定书签署之日起××日内支付×%的审计费用,其余款项于[审计报告草稿完成日]结清。

3. 如果由于无法预见的原因,致使乙方从事本约定书所涉及的审计服务实际时间较本约定书签订时预计的时间有明显增加或减少时,甲、乙双方应通过协商,相应调整本部分第一段所述的审计费用。

4. 如果由于无法预见的原因,致使乙方人员抵达甲方的工作现场后,本约定书所涉及的审计服务中止,甲方不得要求退还预付的审计费用;如上述情况发生于乙方人员完成现场审计工作,并离开甲方的工作现场之后,甲方应另行向乙方支付人民币××元的补偿费,该补偿费应于甲方收到乙方的收款通知之日起××日内支付。

5. 与本次审计有关的其他费用(包括交通费、食宿费等)由甲方承担。

五、审计报告和审计报告的使用

1. 乙方按照《企业内部控制审计指引》规定的格式和类型出具审计报告。

2. 乙方向甲方致送审计报告一式×份。

3. 甲方在提交或对外公布乙方出具的审计报告时,不得对其进行修改。当甲方认为有必要修改内部控制制度时,应当事先通知乙方,乙方将考虑有关的修改对审计报告的影响,必要时,将重新出具审计报告。

六、本约定书的有效期间

本约定书自签署之日起生效,并在双方履行完本约定书约定的所有义务后终止。但其中第三项第六段,第四、五、七、八、九、十项并不因本约定书终止而失效。

七、约定事项的变更

如果出现不可预见的情况,影响审计工作如期完成,或者需要提前出具审计报告,甲、乙双方均可要求变更约定事项,但应及时通知对方,并由双方协商解决。

八、终止条款

1. 如果根据乙方的职业道德及其他有关专业职责、适用的法律法规或其他任何法定的要求,乙方认为已不适宜继续为甲方提供本约定书约定的审计服务,乙方可以采取向甲方提出合理通知的方式终止履行本约定书。

2. 在本约定书终止的情况下,乙方有权就其于终止之日前对约定的审计服务项目所做的工作收取合理的费用。

九、违约责任

甲、乙双方按照《中华人民共和国合同法》的规定承担违约责任。

十、适用法律和争议解决

本约定书的所有条款均应适用中华人民共和国法律进行解释,并受其约束。本约定书履行地为乙方出具审计报告所在地,因本约定书引起的或与本约定书有关的任何纠纷或争议(包括关于本约定书条款的存在、效力或终止,或者无效之后果),双方协商确定采取以下第__种方式予以解决:(1)向有管辖权的人民法院提起诉讼;(2)提交××仲裁委员会仲裁。

十一、双方对其他有关事项的约定

本约定书一式两份,甲、乙双方各执一份,具有同等法律效力。

ABC 股份有限公司(盖章)　　　　　　××会计师事务所(盖章)

授权代表:(签名并盖章)　　　　　　授权代表:(签名并盖章)

二○×一年×月×日　　　　　　　　二○×一年×月×日

第二节 总体审计策略与具体审计计划

为了保证审计目标的实现,注册会计师需要编制审计计划。审计计划分为总体审计策略和具体审计计划两个层次。合理的审计计划有助于注册会计师关注重点审计领域、及时发现和解决潜在的问题,以及恰当地组织和管理审计工作,以使审计工作更加有效。同时,充分的审计计划还可以帮助注册会计师对项目组成员进行恰当分工和指导监督,并复核其工作,还有助于协调其他注册会计师和专家的工作。计划审计工作是一项持续的过程,编制总体审计策略和具体审计计划是计划审计工作的重要和关键工作。

一、总体审计策略

审计项目组需要制定总体审计策略,用以确定审计范围、时间和方向,并指导具体审计计划的制定。

总体审计策略的制定应当兼顾会计报表审计与企业内部控制审计的双重需要,来科学配置各项审计资源,特别是要合理配置时间和安排人员,实现审计效率和效果的统一。注册会计师可根据需要,考虑是否为企业内部控制审计专门制定总体审计策略,对于既参加企业内部控制审计又参加会计报表审计的人员,要加强两项审计的工作协调,加强相关的业务督导。

1. 评价应关注的重大事项和重点领域

注册会计师应当评价下列事项对内部控制、财务报表及审计工作的影响。
(1) 与企业相关的风险。
(2) 相关法律法规和行业概况。
(3) 企业组织结构、经营特点和资本结构等相关重要事项。
(4) 企业内部控制最近发生变化的程度。
(5) 与企业沟通过的内部控制缺陷。
(6) 重要性、风险等与确定内部控制重大缺陷相关的因素。
(7) 对内部控制有效性的初步判断。
(8) 可获取的与内部控制有效性相关的证据的类型和范围。

注册会计师应当以风险评估为基础,选择拟测试的控制,确定测试所需收集的证据。内部控制的特定领域存在重大缺陷的风险越高,给予该领域的审计关注就越多。

2. 对企业内部控制自我评价工作的利用

注册会计师应当对企业内部控制自我评价工作进行评估,判断企业内部审计人员、内部控制评价人员和其他相关人员的工作可利用的程度,相应减少可能本应由注册会计师执行的工作。

注册会计师利用企业内部审计人员、内部控制评价人员和其他相关人员的工作,应当对其专业胜任能力和客观性进行充分评价。

与某项控制相关的风险越高,可利用程度就越低,注册会计师应当更多地对该项控制亲自进行测试。

注册会计师应当对发表的审计意见独立承担责任,其责任不因为利用企业内部审计人员、内部控制评价人员和其他相关人员的工作而减轻。

3. 企业内部控制审计的总体审计策略示例

企业内部控制审计总体审计策略参考格式如表 6-1 所示。

表 6-1 企业内部控制审计总体审计策略参考格式

被审计单位:	索引号:
项目:	特定基准日/期间:
编制:	复核:
日期:	日期:
	审计范围
报告要求	企业内部控制基本规范、企业内部控制应用指引
适用的内部控制规范、指引	企业内部控制基本规范、企业内部控制应用指引第××号、××号……
适用的审计准则	中国注册会计师审计准则
与财务报告相关的行业特别规定	如监管机构发布的有关信息披露法规、特定行业主管部门发布的与财务报告相关的法规等
需审计的集团内组成部分的数量及所在地点	
需要阅读的含有已审计财务报表文件中的其他信息	如上市公司年报
制定审计策略需考虑的其他事项	如单独出具报告的子公司范围等
	重要性
重要性确定方法	**重要性确定结果**
按照《中国注册会计师审计准则第 1221 号——重要性》,并根据《企业内部控制审计指引》有关规定确定	
	报告目标、时间安排及所需沟通
(1) 对外报告	时间
(2) 执行审计时间安排	时间
[期中审计,包括:	
一 制订总体审计策略及具体审计计划	
二 制订具体审计计划	
三 ……]	
[期末审计,包括:	
一 穿行测试	

续表

二　……]	
(3) 所需沟通	时间
[与管理层及治理层的会议]	
[项目组会议(包括预备会和总结会)]	
[与专家或有关人士的沟通]	
[与其他注册会计师沟通]	
[与前任注册会计师沟通]	
[……]	

人员安排		
职位	姓名	主要职责

对专家或有关人士工作的利用(如适用)
对企业内部控制自我评价工作的利用
对会计报表实质性程序所发现重大错报结果的利用
对其他注册会计师工作的利用
对专家工作的利用

二、具体审计计划

注册会计师应当为审计工作制订具体审计计划。具体审计计划是依据总体审计策略制定的,比总体审计策略更加详细,其内容包括为获取充分、适当的审计证据以将审计风险降至可接受的水平,项目组成员拟实施的审计程序的性质、时间和范围。

可以说,为获取充分、适当的审计证据,而确定审计程序的性质、时间和范围的决策,是具体审计计划的核心。具体审计计划包括风险评估程序、计划实施的进一步审计程序和其他审计程序。

(一)风险评估程序

具体审计计划应当包括按照《中国注册会计师审计准则第1211号——了解被审计单位及其环境并评估重大错报风险》的规定,以及按照《企业内部控制审计指引》中有关评估被审计单位与内部控制有关的风险方面要求,旨在识别和评估财务报表重大错报风险、财务报告内部控制风险及其他与内部控制有关的风险。注册会计师应当以风险评估为基础,选择拟测试的控制,确定测试所需收集的证据。内部控制的特定领域存在重大缺陷的风险越高,给予该领域的审计关注就越多。注册会计师计划应当合理确定风险评估程序的性质、时间和范围。

(二)计划实施的进一步审计程序

风险评估程序主要针对企业整体控制而实施,与风险评估程序相比,进一步审计程序更加具有针对性和细节性,包括调查(了解)控制设计、测试控制运行(也称控制测试),以及用于识别和发现报表错报的实质性程序。其中,实质性程序在整合审计中一般不必实施,因为可以在项目组的协调下直接从其他注册会计师那里获得审计结果。而对于单独进行的企业内部控制审计,当注册会计师认为必要且无法从其他注册会计师获取时需要实施。

注册会计师应当把握重要性原则,重点对企业生产经营活动中的重要业务与事项的控制进行测试。注册会计师应当根据与内部控制相关的风险,确定拟实施审计程序的性质、时间和范围,获取充分、适当的证据。

在实务中,注册会计师通常单独编制一套包括具体程序的"进一步审计程序表"来体现,待具体实施审计程序时,注册会计师将基于所计划的具体审计计划,进一步记录所实施的审计程序及结果,并最终形成有关进一步审计程序的审计工作底稿。

(三)计划其他审计程序

具体审计计划应当包括根据审计准则的规定,注册会计师针对审计业务需要实施的其他审计程序。包括上述"进一步审计程序"的计划中没有涵盖的,但根据其他审计准则的要求,注册会计师应当执行的既定程序。

(四)审计过程中对计划的更改

计划审计工作并非审计业务的一个孤立阶段,而是一个持续的、不断修正的过程,贯穿于整个审计业务的始终。注册会计师应当在审计过程中对总体审计策略和具体审计计划做出必要的更新和修改。

(五)指导、监督与复核

对项目组成员工作的指导、监督与复核的性质、时间和范围主要取决于下列因素。
(1)被审计单位的规模和负责程度。
(2)审计领域。
(3)重大错报风险。
(4)执行审计工作的项目组成员的素质和专业胜任能力。

第三节　审计重要性与审计风险

在计划审计工作过程中,需要做出很多关键决策,包括确定可接受的审计风险水平和重要性、配置项目人员等。本节着重介绍审计重要性与审计风险相关原理,以及在企业内部控制审计实施过程中的应用。

一、审计重要性

审计重要性是审计学的一个基本概念,它来源于会计报表审计并广泛运用于各种审计过程中。下面先来了解其基本含义和重要性水平的界定标准和方法。

(一)审计中重要性的含义

审计重要性取决于在具体环境下对会计报表错报金额和性质的判断。如果一项错报单独或连同其他错报可能影响财务报表使用者依据财务报表做出的经济决策,则该项错报是重大的。

为了更清楚地理解重要性的概念,需要注意把握以下几点。

（1）判断一项错报重要与否，应视其对财务报表使用者依据财务报表做出经济决策的影响程度而定。如果财务报表中的某项错报足以改变或影响财务报表使用者的相关决策，则该项错报就是重要的，否则就不重要。

（2）重要性受到错报的性质或数量的影响，或者受到两者的共同影响。

① 所谓数量方面，是指错报的金额大小。一般而言，金额大的错报比金额小的错报更重要。仅从数量角度考虑，重要性水平只是提供了一个门槛或临界点。在该门槛或临界点之上的错报就是重要的，反之，该错报则不重要。

② 所谓性质方面，是指错报的性质。在有些情况下，某些金额的错报从数量上看并不重要，但从性质上考虑，则可能是重要的。对于某些财务报表披露的错报，难以从数量上判断是否重要，则应从性质上考虑其是否重要。

（3）判断一个事项对财务报表使用者是否重大，是将使用者作为一个群体对共同性的财务信息的需求来考虑的。没有考虑错报对个别特定使用者可能产生的影响，因为个别特定使用者的需求可能极其不同。

（4）重要性的确定离不开具体环境。由于不同的被审计单位面临不同的环境，不同的报表使用者有着不同的信息需求，因此注册会计师确定的重要性也不相同。某一金额的错报对某被审计单位的财务报表来说是重要的，而对另一个被审计单位的财务报表来说可能不重要。例如，10 万元的错误对于一个小规模的企业来说，可能是重要的，而对一个大规模企业来说，则可能是不重要的。

（5）对重要性的评估需要运用职业判断。影响重要性的因素很多，注册会计师应当根据被审计单位面临的环境，并综合考虑其他因素，合理确定重要性水平。不同的注册会计师在确定同一被审计单位财务报表层次和认定层次的重要性水平时，得出的结果可能不同。主要是因为对影响重要性的各因素的判断存在差异。因此，注册会计帅需要运用职业判断来合理评估重要性。

（二）审计中重要性水平的确定

在计划审计工作时，注册会计师应当确定一个可接受的重要性水平，以发现在金额上重大的错报。注册会计师在确定计划的重要性水平时，需要考虑对审计单位及其环境的了解，以及审计的目标、财务报表各项目的性质及其相互关系，财务报表项目的金额及其波动幅度。同时，还应从数量和性质两个方面合理界定重要性水平。

1. 从数量上考虑重要性

注册会计师应当考虑财务报表层次和各类交易、账户余额、列报认定层次的重要性。

（1）财务报表层次的重要性水平。财务报表层次的重要性水平即总体重要性水平。财务报表的累计错报金额超过这一重要性水平，就可能造成财务报表使用者的判断失误，应当认为是重要的；反之，则认为错报金额不重要。

注册会计师通常采用固定比率法计算和评估财务报表层次的重要性水平。注册会计师一般先选择一个恰当的基准（被审计单位规模越大，这个比率要求越小），再选用适当的百分比乘以该基准，从而得出财务报表层次的重要性水平。

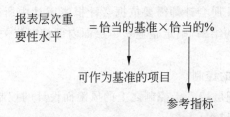

当同一时期各个财务报表的重要性水平不相同时,应取最低的作为财务报表层次的重要性水平。实务中用来判断重要性水平的一些参考数值,如表 6-2 所示。

表 6-2　判断重要性水平的参考数值

	指　　标	比　　例
1	税前净利润	5%～10%
2	资产总额	0.5%～1%
3	净资产	1%
4	营业收入	0.5%～1%

(2) 各类交易、账户余额、列报认定层次的重要性水平。财务报表的信息来源于各账户和交易,因此还需要确定账户与交易层次的重要性水平,这一层次的重要性水平也称为"可容忍错报"。可容忍错报的确定以注册会计师对财务报表层次重要性水平的初步评估为基础。它是在不导致财务报表存在重大错报的情况下,注册会计师对各类交易、账户余额、列报确定的可接受的最大错报。低于这一水平的错报是可容忍的;反之,高于这一水平的错报是不可接受的。

在确定各类交易、账户余额、列报认定层次的重要性水平时,注册会计师应当考虑以下主要因素。

① 各类交易、账户余额、列报的性质及错报的可能性。

② 各类交易、账户余额、列报的重要性水平与财务报表层次重要性水平的关系。

2. 从性质上考虑重要性

在某些情况下,金额相对较少的错报可能会对财务报表产生重大影响。下面描述了可能构成重要性的因素。

(1) 对财务报表使用者需求的感知。

(2) 获利能力趋势。

(3) 因没有遵守贷款契约、合同约定、法规条款和法定的或常规的报告要求而产生错报的影响。

(4) 关联方关系。

(5) 通过一个账户处理大量的、复杂的和相同性质的个别交易。

(6) 可能的违法行为、违约和利益冲突。

(7) 个别极其重大但不同的错报抵消产生的影响。

(三) 企业内部控制审计中对审计重要性的应用

在企业内部控制审计中同样需要应用审计重要性理论和方法。

在计划审计工作中,注册会计师需要依据会计报表审计中所确定的财务报表层次重要性水平,并结合风险评估的结果,确定企业整体层面内部控制应关注的重要方面和事项。至少应当关注以下几方面。

(1) 与内部环境相关的控制。

(2) 针对董事会、经理层凌驾于控制之上的风险而设计的控制。

(3) 企业的风险评估过程。

(4) 对内部信息传递和财务报告流程的控制。

(5) 对控制有效性的内部监督和自我评价。

在测试内部控制设计和运行有效性时,注册会计师需要依据会计报表审计中所确定的各类交易、账户余额及列报认定层次的重要性水平,识别和发现企业内部控制在业务流程层面的设计和运行方面的重大缺陷。

在审计终结阶段,注册会计师在确定审计意见类型时,也需要考虑重要性水平。

二、审计风险

在执行审计业务时,注册会计师应当考虑重要性与审计风险的关系。

审计风险是指财务报表存在重大错报,而注册会计师发表不恰当审计意见的可能性。审计业务是一种保证程度高的鉴证业务,可接受的审计风险应当足够低,以使注册会计师能够合理保证所审计财务报表不含有重大错报。审计风险取决于重大错报风险和检查风险。

(一)重大错报风险

重大错报风险是指财务报表在审计前存在重大错报的可能性。注册会计师应从两个层次考虑重大错报风险。

1. 两个层次的重大错报风险

(1) 财务报表层次重大错报风险。财务报表层次的重大错报风险与财务报表整体存在广泛联系,可能影响多项认定。财务报表层次重大错报很可能来源于薄弱的控制环境,难以限于某类交易、账户余额、列报与披露,审计人员应当采取总体应对措施,如经济危机、管理层缺乏诚信、治理层形同虚设等,可能引发舞弊风险,与财务报表整体相关。

(2) 各类交易、账户余额、列报认定层次重大错报风险。认定层次的重大错报风险与特定的各类交易、账户余额、列报与披露相关。例如,被审计单位存在复杂的联营或合资,这一事项表明长期股权投资账户的认定可能存在重大错报风险。

2. 固有风险和控制风险

认定层次的重大错报风险又可以进一步细分为固有风险和控制风险。

(1) 固有风险。固有风险是指假设不存在相关的内部控制,某一认定发生重大错报的可能性,无论该错报单独考虑,还是连同其他错报构成重大错报。例如,会计人员在记录金额过程中多写或少写了一个零。

(2) 控制风险。控制风险是指某项认定发生了重大错报,无论该错报单独考虑,还是连同其他错报构成重大错报,而该错报没有被企业的内部控制及时防止、发现和纠正的可能性。例如,记录的金额多写了一个零却没有被复核人员所发现。控制风险取决于与财务报表编制有关的内部控制的设计和运行的有效性。由于控制的固有局限性,某种程序的控制风险始终存在。

需要说明的是,由于固有风险和控制风险不可分割地交织在一起,有时无法单独进行评估,本教材通常不再单独提到固有风险和控制风险,而只是将这两者合并称为"重大错报风险"。但这并不意味着,注册会计师不可以单独对固有风险和控制风险进行评估,相反,注册会计师既可以对两者进行单独评估,也可以对两者进行合并评估。

(二)检查风险

检查风险是指某一认定存在错报,该错报单独或连同其他错报是重大的,但审计人员没有发现各种错报的可能性。例如,记录的金额多写了一个零,复核没有发现、纠正,审计也未能检查出来。检查风险取决于审计程序设计的合理性和执行的有效性。由于注册会计师通常并不对所有的交易、账户余额和列报进行检查,以及其他原因,因此检查风险不可能降低为零。

其他原因包括注册会计师可能选择了不恰当的审计程序、审计过程执行不当,或者错误解读了审计结论。这些因素可以通过适当计划、在项目组成员之间进行恰当的职责分配、保持职业怀疑态度,以及监督、指导和复核助理人员所执行的审计工作得以解决。下面对固有风险、控制风险与检查风险进行比较,如表 6-3 所示。

表 6-3　固有风险、控制风险、检查风险的对比

类别	固有风险	控制风险	检查风险
概念	又称内在风险	又称制度风险	又称测试风险
特征	注册会计师无法控制、但可评估		注册会计师可控制

(三)企业内部控制审计中对审计风险的应用

审计风险有关理论和数学模型都产生于会计报表审计,但其却广泛应用于各种审计中,包括企业内部控制审计。

在审计计划阶段,注册会计师应当以风险评估为基础,确定重要账户、列报及其相关认定,选择拟测试的控制,以及确定针对所选定控制所需收集的证据。注册会计师应当对内部控制的固有风险进行评估,作为编制审计计划的依据之一;根据对控制风险评估的结果,调整计划阶段对固有风险的判断,这是个持续的过程。内部控制的特定领域存在重大缺陷的风险越高,给予该领域的审计关注就越多。注册会计师应当从关注可能造成财务报表错报的风险开始,分析这些风险事项和领域,然后针对这些事项和领域及对企业内部控制整体风险的了解,进一步确认相关的关键流程和控制。

在审计实施阶段,注册会计师应当从企业层面、业务层面两个方面了解内部控制相关的风险。注册会计师需要评价控制是否足以应对评估的每个相关认定的错报风险,并选择其中对形成审计结论具有重要影响的控制进行测试。是否选择某项控制进行测试取决于该项控制单独或合并起来是否足以应对相关认定的错报风险。注册会计师应当更多地关注高风险领域,而没有必要测试那些即使有缺陷,也不可能导致财务报表重大错报的控制。

注册会计师应当根据与内部控制相关的风险,确定拟实施审计程序的性质、时间和范围,获取充分、适当的证据。与内部控制相关的风险包括控制可能无效的风险和因控制无效

而导致重大缺陷的风险。与内部控制相关的风险越高,注册会计师需要获取的证据就越多。

本章小结

在计划内部控制审计工作前,注册会计师需要开展初步业务活动。整合审计下,会计师事务所需要与被审计单位单独签订内部控制审计业务约定书。注册会计师需要编制总体审计策略,用以确定审计范围、时间和方向,并指导具体审计计划的制定。具体审计计划是依据总体审计策略制定的,其内容包括为获取充分、适当的审计证据以将审计风险降至可接受的水平,项目组成员拟实施的审计程序的性质、时间和范围。具体审计计划包括风险评估程序、计划实施的进一步审计程序和其他审计程序。整合审计下,企业内部控制审计与财务报表审计具有相同的重要性。企业内部控制审计过程中,注册会计师应当根据与内部控制相关的风险,确定拟实施审计程序的性质、时间和范围,获取充分、适当的证据。

习题

一、思考题

1. 试述企业内部控制审计实施前,需要开展怎样的初步业务活动?

2. 整合审计中,会计师事务所是否需要单独与被审计单位签订内部控制审计业务约定书,该业务约定书有哪些必备条款?

3. 审计计划包括哪两个层次?

4. 什么是总体审计策略? 注册会计师在制定总体审计策略时,应关注的重大事项和重点领域有哪些?

5. 具体审计计划包括哪些形式?

6. 什么是审计重要性及审计风险? 试述审计重要性、审计风险理论在注册会计师执行企业内部控制审计过程中的应用。

二、实训题

(一)判断题

1. 连续审计情况下,注册会计师不需要开展初步业务活动。　　　　　　　　(　　)

2. 内部控制审计业务约定书可与财务报表审计业务约定书进行整合或合并。　(　　)

3. 总体审计策略用以确定审计范围、时间和方向,并指导具体审计计划的制定。(　　)

4. 注册会计师可通过审计程序的开展,将检查风险降低为零。　　　　　　　(　　)

5. 即使同一位注册会计师,在不同时间确定的同一被审计单位的重要性也可能是不同的。　　　　　　　　　　　　　　　　　　　　　　　　　　　　　　　(　　)

6. 审计重要性是客观存在的,因此,注册会计师不应当运用职业判断来合理确定重要性水平。　　　　　　　　　　　　　　　　　　　　　　　　　　　　　　(　　)

7. 整合审计下,企业内部控制审计与财务报表审计具有相同的重要性。　　　(　　)

8. 计划审计工作不是审计业务的一个孤立阶段,而是一个持续的、不断修正的过程,贯穿于整个审计过程的始终。　　　　　　　　　　　　　　　　　　　　　　　(　　)

9. 注册会计师对审计重要性水平估计得越高,所需收集的审计证据的数量就越少。

（　　）

10. 注册会计师可接受的审计风险水平越低,所需收集的审计证据数量就越多。（　　）

（二）单项选择题

1. 下列不属于注册会计师所开展的初步业务活动内容的有（　　）。

A. 针对客户关系和具体审计业务的接受或保持实施相应的质量控制程序

B. 评价会计师事务所和项目组遵守相关职业道德要求的情况

C. 确定内部控制审计的前提条件是否得到满足

D. 拟实施控制测试性质、时间和范围

2. 内部控制审计业务约定书签订双方一般是（　　）。

A. 被审计单位与会计师事务所　　　B. 被审计单位与注册会计师

C. 被审计单位总经理与会计师事务所　D. 被审计单位总经理与审计项目组组长

3. 在审计过程中,乙方若发现甲方存在内部控制重大缺陷、重要缺陷,应以（　　）形式向甲方（　　）通报。

A. 口头,治理层或管理层　　　　　B. 书面,治理层或管理层

C. 书面,治理层　　　　　　　　　D. 口头,管理层

4. 一般地,审计计划分为（　　）。

A. 总体审计策略与具体审计计划　　B. 总体审计目标与具体审计目标

C. 简易审计计划与复杂审计计划　　D. 初步审计计划与具体审计计划

5. 注册会计师在确定总体审计策略中的审计范围时,无须考虑的因素是（　　）。

A. 报告要求　　　　　　　　　　　B. 适用的内部控制规范、指引

C. 适用的审计准则　　　　　　　　D. 重要性水平

6. （　　）是指某项认定发生了重大错报,无论该错报单独考虑,还是连同其他错报构成重大错报,而该错报没有被企业的内部控制及时防止、发现和纠正的可能性。

A. 固有风险　　　　　　　　　　　B. 控制风险

C. 检查风险　　　　　　　　　　　D. 审计风险

7. 当同一时期各个财务报表的重要性水平不相同时,应取（　　）作为财务报表层次的重要性水平。

A. 最大值　　　B. 最小值　　　C. 算术平均数　　D. 0

8. 在审计风险一定条件下,重大错报风险与检查风险之间（　　）。

A. 呈同向变动　　　　　　　　　　B. 呈反向变动

C. 有时有关系有时无关系　　　　　D. 不存在关系

9. 如果某一审计项目可接受的审计风险为5％,重大错报风险为76％,则可接受的检查风险应为（　　）。

A. 12％　　　B. 6.6％　　　C. 8.92％　　　D. 13％

10. 重要性水平与审计证据的关系是（　　）。

A. 审计项目越重要,所需的证据越少

B. 重要性水平与所需证据没有关系

C. 重要性水平与所需证据成正比

D. 重要性水平越低,所需证据就会越多

(三)多项选择题

1. 在计划内部控制审计工作前,注册会计师需要开展初步业务活动,以实现(　　)目的。

　　A. 确保项目组具备执行内部控制审计业务所需的独立性和专业胜任能力

　　B. 不存在因管理层诚信问题而可能影响注册会计师接受或保持该项内部控制审计业务的意愿的事项

　　C. 内部控制审计的前提条件已得到满足

　　D. 注册会计师与被审计单位之间不存在对业务约定条款的误解

2. 项目组成员应当符合(　　)要求。

　　A. 具有执行性质和复杂程度类似的内部控制审计业务的经验

　　B. 了解企业内部控制相关规范、指引要求及《企业内部控制审计指引》《企业内部控制审计指引实施意见》和中国注册会计师执业准则的相关要求

　　C. 拥有与企业所处行业相关的知识

　　D. 具有职业判断能力

3. 内部控制审计业务约定书至少应当包括(　　)。

　　A. 内部控制审计的目标和范围

　　B. 注册会计师的责任及被审计单位的责任

　　C. 指出被审计单位采用的内部控制标准

　　D. 提及注册会计师拟出具的内部控制审计报告的形式和内容,以及对在特定情况下出具的内部控制审计报告可能不同于预期形式和内容的说明

4. 总体审计策略内容上包括(　　)。

　　A. 审计范围　　　B. 审计时间　　C. 审计方向　　D. 审计报告

5. 注册会计师在确定企业整体层面内部控制应关注的重要方面和事项时,应当关注(　　)。

　　A. 与内部环境相关的控制

　　B. 针对董事会、经理层凌驾于控制之上的风险而设计的控制

　　C. 企业的风险评估过程

　　D. 对内部信息传递和财务报告流程的控制

6. 注册会计师应当评价(　　)对内部控制、财务报表及审计工作的影响。

　　A. 与企业相关的风险

　　B. 相关法律法规和行业概况

　　C. 企业组织结构、经营特点和资本结构等相关重要事项

　　D. 企业内部控制最近发生变化的程度

7. 下列关于注册会计师对企业内部控制自我评价工作的利用方面的说明中,正确的有(　　)。

　　A. 注册会计师应当对企业内部控制自我评价工作进行评估,判断是否利用企业内部审计人员、内部控制评价人员和其他相关人员的工作及可利用的程度,相应减少可能本应由注册会计师执行的工作

B. 注册会计师利用企业内部审计人员、内部控制评价人员和其他相关人员的工作，应当对其专业胜任能力和客观性进行充分评价

C. 与某项控制相关的风险越高，可利用程度就越高，注册会计师应当尽可能少地对该项控制亲自进行测试

D. 注册会计师应当对发表的审计意见独立承担责任，其责任不因为利用企业内部审计人员、内部控制评价人员和其他相关人员的工作而减轻

8. 具体审计计划包括（　　）。

A. 风险评估程序　　　　　　　　　B. 计划实施的进一步审计程序

C. 其他审计程序　　　　　　　　　D. 以上都不对

9. 审计风险的构成要素包括（　　）。

A. 重大错报风险　　　B. 检查风险　　　C. 审计重要性　　　D. 合理保证

10. 注册会计师在审计实施阶段应用风险导向审计时，正确的做法有（　　）。

A. 应当从企业层面、业务层面两个方面了解内部控制相关的风险

B. 注册会计师需要评价控制是否足以应对评估的每个相关认定的错报风险，并选择其中对形成审计结论具有重要影响的控制进行测试

C. 是否选择某项控制进行测试取决于与被审计单位管理层沟通的结果

D. 注册会计师应当更多地关注高风险领域，同时也要测试那些即使有缺陷，也不可能导致财务报表重大错报的控制

（四）综合题

1. 某注册会计师在评估被审计单位的审计风险时，分别设计了以下 4 种情况，以帮助决定可接受的检查风险水平，如表 6-4 所示。

表 6-4　综合题 1

风险类别	情况一	情况二	情况三	情况四
可接受的审计风险	5%	3%	2%	4%
重大错报风险	30%	100%	40%	100%

请回答：

(1) 上述 4 种情况下的可接受检查风险水平分别是多少？

(2) 哪种情况需要注册会计师获取最多的审计证据？为什么？

2. A 和 B 注册会计师对 H 股份有限公司 2010 年度财务报表进行审计，其未经审计的有关会计的报表项目金额如表 6-5 所示。

表 6-5　综合题 2

会计报表项目名称	金额
资产总计	190000
股东权益合计	87000
主营业务收入	230000
利润总额	38000
净利润	24200

A 和 B 注册会计师决定以资产总额、净资产、主营业务收入和净利润作为判断基础,采用固定比率法,并假定资产总额、净资产、主营业务收入和净利润的固定百分比数值分别为 0.5%、1%、0.5%和 5%,在计算得出的 4 个计算结果中,两位注册会计师选取其中的最小值作为最终评估的财务报表层次重要性水平。

要求:

(1) 按照 A 和 B 注册会计师的做法计算确定 H 公司 2010 年度财务报表层次的重要性水平(请列出计算过程),并讨论该办法的可行性。

(2) 简要说明重要性水平与审计风险之间的关系。

第七章
审计证据与审计工作底稿

引导案例：

安达信对世界通信公司的重大审计失败案例

2003年，美国世界通信公司（WorldCom，简称世通）因会计丑闻事件破产。1989—2002年，美国著名会计师事务所安达信一直担任世界通信公司的审计师。就已经披露的资料来看，安达信对世界通信公司的财务舞弊负有不可推卸的重大过失审计责任。安达信对世界通信公司的审计，是一项可载入史册的典型的重大审计失败案例。

安达信向美国证券交易管理委员会（SEC）和司法部门提供的1999—2001年审计工作底稿表明，安达信在这三年里一直将世界通信公司评估为具有最高等级审计风险的客户。在编制1999—2001年度审计计划时，安达信对世界通信公司审计风险的评估表明：安达信的审计计划已经认识到世界通信公司的会计及财务报告具有重大的审计风险。这种风险主要源于世界通信公司制定了过于激进的收入和盈利目标。换言之，安达信已经意识到世界通信公司具有报表粉饰或财务舞弊的动机。尽管如此，面对如此高风险的审计客户，安达信却没有保持应有的职业审慎和职业怀疑，导致了没能发现世界通信公司巨额的会计造假案。

合理的职业怀疑意味着，注册会计师不得因为信任被审计单位管理当局的诚实而满足于获取不是完全令人信服的审计证据。但安达信对世界通信公司的线路成本、准备金计提和转回、收入确认和商誉减值等重大事项进行审计时，几乎完全依赖于世界通信公司高层的管理声明书，而不是建立在获取充分适当审计证据的基础上，以至世界通信公司审计委员会在2002年6月向安达信通报世界通信公司利用冲销线路成本虚构利润时，安达信向新闻媒体的解释是世界通信公司高层并没有在管理当局声明书中就此事告知安达信。可见，安达信的做法严重违反了美国公认审计准则（GAAS）关于应有的职业审慎和职业怀疑的相关规定，负有重大过失责任。

要求：试讨论如何理解案例中表述的"充分适当"的审计证据？如何理解案例中的"审计工作底稿"？

第一节　审计证据

注册会计师应当获取充分、适当的审计证据，以得出合理的审计结论，作为形成审计意见的基础。

一、审计证据的含义和种类

(一)审计证据的含义

审计证据是指注册会计师为了得出审计结论、形成审计意见而使用的所有信息,包括财务报告有关信息和其他信息。

审计证据的内容如图 7-1 所示。

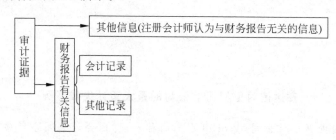

图 7-1   审计证据的内容

1. 财务报告有关信息

财务报告的形成包括交易和事项的发生和记录、账户余额记录及会计报表编制等步骤。财务报告有关信息存在于上述步骤进行过程中所形成的会计记录及其他记录中。会计记录是编制财务报表的基础,是注册会计师执行财务报表审计业务所获取审计证据的最重要组成部分,主要包括原始凭证、记账凭证、总分类账和明细分类账、未在记账凭证中反映的对财务报表的其他调整、手工计算表和电子计算表等。其他记录是注册会计师从被审计单位内部或外部获取的会计记录以外的记录,主要包括外部单位会计记录、企业内部控制手册、询证函的回函、分析师的报告、与竞争者的比较数据等。

2. 其他信息

注册会计师应将与财务报告无关的信息视为其他信息。其他信息也能反映被审计单位内部控制设计和运行方面的情况。注册会计师一般不将其他信息作为关注的重要方面,如反映被审计单位产品市场份额和经营业绩方面的数据。但是,对于其他信息能够反映的内部控制重大缺陷,注册会计师应当给予足够关注,并且在内部控制审计报告中增加"非财务报告内部控制重大缺陷描述段"予以披露。

(二)审计证据的种类

1. 按审计证据的形式分类

(1)实物证据。实物证据又称物证,是审计人员通过实地观察、检查等方法确定某些实物资产存在性的证据。通常对现金、有价证券、存货、固定资产等的审计需要实物证据。在审计实务中,实物证据一般是以各类盘点表的形式加以记录的。

通常实物证据被认为是最可靠的证据,具有很强的证明力。但实物证据也有一定的局限性。它仅适用于资产负债表中的部分资产项目,有些资产如应收账款、银行存款等,无法找到实物证据,而且有些资产即使通过实地观察、清点,也很难证明实物证据是否真实。

(2)书面证据。书面证据又称文件证据,是指审计人员获取的各种以书面记录为形式的证据。书面证据是审计证据的主要组成部分,它包括审计人员从被审计单位、其他单位取得,或者审计人员自己编制的各种以书面记录为形式的证据,如各种原始凭证、会计记录(记账凭证、会计账簿和各种明细表等)、各种会议记录和文件、各种合同、报告及函件等。

书面证据的可靠性取决于两个因素。首先取决于证据本身是否易于涂改和伪造。若易于涂改和改造,则可靠性差,审计人员执行审计的过程中应格外注意。其次取决于证据的来源。一般来说,来自企业外部直接交给审计人员的证据,可靠性最高。

(3)口头证据。口头证据又称陈述证据,是指被审计单位的人员或其他有关人员对审计人员的询问做口头答复所形成的证据。口头证据通常要形成书面记录,必要时应让被询问者签字确认。

口头证据并不能独立证明被审计事项的真相,但往往能够提供重要的审计线索,从而有利于对一些问题进行深入的调查研究,可以作为实物证据和书面证据的补充和旁证。

(4)其他证据。其他证据是指除上述几种类型证据之外的其他形式的各种证据。主要有以下几种形式。

① 被审计单位的管理条件和管理水平。被审计单位各种管理条件的优劣和管理水平的高低对被审计单位所提供资料的可靠程度会产生很大的影响。如果被审计单位管理条件较好和管理水平较高,其所提供的证据发生差错的可能性就较小,审计证据的质量就会比较高,注册会计师就可以获取相对较少的审计证据;否则,就需要更多地获取审计证据。

② 被审计单位管理人员的素质。被审计单位管理人员素质的高低在很大程度上将影响其所提供资料的可信赖程度。被审计单位管理人员的素质越高,其所提供的证据发生差错的可能性就越小,注册会计师就可以获取较少的审计证据;否则,就需要获取更多的审计证据。

③ 外部环境,如行业状况、市场供求与竞争、监管环境、环保要求等。环境证据也不属于基本证据,但它有助于审计人员了解被审计单位的状况及环境,在审计中也是不可缺少的证据。

2. 按审计证据的来源分类

(1)内部证据。内部证据是指由被审计单位内部编制和提供的审计证据,其证明力较弱。内部证据分以下两个层次。

① 被审计单位产生并经其处理、保存的证据,如被审计单位自制的原始凭证、记账凭证、账簿、试算平衡表、汇总表、管理层声明书、重要的计划、合同、会议记录等其他有关书面资料。

② 由被审计单位产生但经过外部单位处理或保存的证据,如被审计单位签发的支票、开出的收据和销货发票等。由于这些证据经过外部单位加工或审核,提高了可靠性,比单纯的内部证据的证明力强。

（2）外部证据。外部证据是指由被审计单位以外的单位或人士所编制的书面证据，其证明力较强，又可以分为以下三类。

① 由审计人员直接编制的审计证据，如审计人员通过分析性复核所做的各种分析表、计算表等。

② 产生于被审计单位外部并由其直接交给审计人员的审计证据，如应收账款函证的回函、被审计单位律师的证明函件、银行回函、保险公司的证明等。

③ 由被审计单位人员处理或保存的证据，如银行对账单、购货发票等。这类产生于外部的证据具有较强的证明力，但经被审计单位过手后，就有可能被处置不当或被修改，因而降低了其可靠程度。

二、审计证据的充分性与适当性

注册会计师应当保持职业怀疑态度，运用职业判断，评价审计据证的充分性和适当性。

（一）审计证据的充分性

审计证据的充分性是对审计证据数量的衡量，主要与注册会计师确定的样本量有关。例如，对某个审计项目实施某一选定的审计程序，从 1000 个样本中获得的证据要比从 500 个样本中获得的证据更充分。获取的审计证据应当充分，足以将审计风险限制在可接受的水平。

注册会计师需要获取的审计证据的数量受报表错报风险的影响，包括固有风险和控制风险的影响。例如，某账户固有风险越大，与之相关的内部控制就越重要，针对该项账户有关的内部控制审计所需要的证据就越多。

此外，审计证据质量越高，需要的审计证据数量可能越少。

（二）审计证据的适当性

审计证据的适当性是对审计证据质量的衡量，包括相关性和可靠性两层含义。

1. 审计证据的相关性

审计证据要有证明力，必须与注册会计师的审计目标相关。例如，注册会计师为测试被审计单位与销货交易真实记录有关的内部控制是否有效，就需要检查其销货交易有关的销售通知单、装运单、销售发票等凭证和单据，来获取证据以证实是否支持相关销货交易的真实记录。审计证据是否相关必须结合审计具体目标来考虑。

2. 审计证据的可靠性

审计证据的可靠性是指审计证据的可信程度。例如，注册会计师亲自检查存货内部控制所获得的证据，就比被审计单位管理层提供给注册会计师的存货内部控制情况更可靠。审计证据的可靠性取决于审计证据的来源和性质，并取决于取证环境的影响。其参考标准如下。

（1）外部证据比内部证据更可靠。

（2）书面证据比口头证据更可靠。

（3）直接获取的审计证据比间接获取或推论得出的审计证据更可靠。

（4）内部控制有效时内部生成的审计证据比内部控制薄弱时内部生成的审计证据更可靠。

（5）从原件获取的审计证据比从传真或复印件获取的审计证据更可靠。

（6）从不同来源获取的审计证据或不同性质的审计证据能够相互印证，则相关的审计证据具有更强的说服力。

（7）从不同来源获取的审计证据或获取的不同性质的审计证据不一致，可能表明某项审计证据不可靠，注册会计师应当追加必要的审计程序。

（三）充分性和适当性的关系

充分性和适当性是审计证据的两个重要特征，两者缺一不可，只有充分且适当的审计证据才是有证明力的。注册会计师需要获取的审计证据的数量也受审计证据质量的影响。审计证据质量越高，需要的审计证据可能越少。也就是说，审计证据的适当性会影响审计证据的充分性。需要注意的是，尽管审计证据的充分性和适当性相关，但如果审计证据的质量存在缺陷，那么注册会计师仅靠获取更多的审计证据可能无法弥补其质量的缺陷。审计证据并不是越多越好。

三、获取审计证据的审计程序

注册会计师面临的主要决策之一，就是通过实施审计程序，获取充分、适当的审计证据，以满足对财务报表发表意见。受到成本的约束，注册会计师不可能检查和评价所有可能获取的证据，因此对审计证据的充分性、适当性的判断是非常重要的。注册会计师利用审计程序获取审计证据涉及以下4个方面的决策：①选用何种审计程序；②对选定的审计程序，应当选取多大的样本规模；③应当从总体中选取哪些项目；④何时执行这些程序。

审计程序是指注册会计师在审计过程中某个时间，对将要获取的某类审计证据如何进行收集的详细指令。在设计审计程序时，注册会计师通常使用规范的措辞或术语，以使审计人员能够准确理解和执行。审计程序中的常用术语如下。

（一）检查记录或文件

检查记录或文件是指注册会计师对被审计单位内部或外部生成的，以纸质、电子或其他介质形式存在的记录或文件进行审查。检查记录或文件可提供可靠程度不同的审计证据，审计证据的可靠性取决于记录或文件的来源和性质。

（二）检查有形资产

检查有形资产是指注册会计师对资产实物进行的审查。检查有形资产大多数情况下适用于现金和存货，也适用于有价证券、应收票据和固定资产。

（三）观察

观察是指注册会计师查看相关人员正在从事的活动或执行的程序。例如，对客户执行的存货盘点或控制活动进行观察。观察提供的审计证据仅限于观察发生的时点，并且在相关人员已知被观察时，相关人员从事活动或执行程序可能与日常的做法不同，从而影响注册会计师对真实情况的了解。因此，注册会计师有必要获取其他类型的佐证证据。

（四）询问

询问是指注册会计师以书面或口头方式，向被审计单位内部或外部的知情人员获取财务信息和非财务信息，并对答复进行评价的过程。

知情人员对询问的答复可能为注册会计师提供尚未获悉的信息或佐证证据，也可能提供与已获悉信息存在重大差异的信息；注册会计师应当根据询问结果考虑修改审计程序或实施追加的审计程序。

询问本身不足以发现认定层次存在的重大错报，也不足以测试内部控制运行的有效性，注册会计师还应当实施其他审计程序获取充分、适当的审计证据。

（五）函证

函证是指注册会计师为了获取影响财务报表或相关披露认定的项目的信息，通过直接来自第三方对有关信息和现存状况的声明，获取和评价审计证据的过程。通过函证获取的证据可靠性较高，因此，函证是受到高度重视并经常被使用的一种重要程序。

函证通常适用于账户余额及其组成部分，但不一定限于这些项目。例如，为确认合同条款有没有发生变动及变化细节，注册会计师可以函证被审计单位与第三方签订的合同条款，注册会计师还可以向第三方函证是否存在影响被审计单位收入确认的背后协议或某项重大交易的细节。

注册会计师通常以资产负债表日为截止日，在资产负债表日后适当时间内实施函证。函证可分为积极式函证和消极式函证两种。

（1）积极式函证。积极式函证也称肯定式函证，是指对于印证事项，无论是否相符，都要求被询证单位或个人在限定的时间内回函。

（2）消极式函证。消极式函证也称否定式函证，是指对于印证事项，在不相符的情况下，才要求被询证单位或个人在限定的时间内回函。当同时存在下列情况时，注册会计师可考虑采用消极式函证的方式。

① 涉及大量余额较小的账户。

② 没有理由相信被询证者不认真对待函证。

③ 重大错报风险评估为低水平。

④ 预期不存在大量的错误。

在实务中，注册会计师可采用积极的或消极的函证方式实施函证，也可将两种方式结合使用。

（六）重新计算

重新计算是指注册会计师以人工方式或使用计算机辅助审计技术，对记录或文件中的数据计算的准确性进行核对。例如，计算销售发票和存货的总金额，计算总日记账和明细账，检查折旧费用和预付费用的计算，检查应纳税额的计算等。

（七）重新执行

重新执行是指注册会计师以人工方式或使用计算机辅助审计技术，重新独立执行作为被审计单位内部控制组成部分的程序或控制。例如，注册会计师利用被审计单位的银行存款日记账和银行对账单，重新编制银行存款余额调节表，并与被审计单位编制的银行存款余额调节表进行比较。

（八）分析程序

分析程序是指注册会计师通过研究不同财务数据之间，以及财务数据与非财务数据之间的内在关系，对财务信息作出评价。分析程序还包括调查识别出的、与其他相关信息不一致的或与预期数据严重偏离的波动和关系。

四、执行企业内部控制审计对获取审计证据的程序的考虑

注册会计师在整合审计过程中，为证实被审计单位内部控制设计和运行方面的证据，以测试其内部控制设计和运行的有效性，应当综合运用询问适当人员、观察经营活动、检查相关文件、穿行测试和重新执行等方法，同时，要考虑财务报表审计过程中所识别的被审计单位财务报表重大错报对相关内部控制有效性的影响。也就是说，对财务报表审计成果的直接利用是企业内部控制审计获取审计证据的重要方式。

所谓穿行测试，也称全程测试、了解性测试或穿行实验，是指在每一类交易循环中选择一项或若干项业务进行测试，以验证内部控制的实际运行是否与注册会计师所了解与描述的内部控制相一致。穿行测试实质上是将检查记录或文件、询问、观察等程序综合运用的一种方式。

第二节　审计工作底稿

审计工作底稿是指注册会计师对制订的审计计划、实施的审计程序、获取的相关审计证据，以及得出的审计结论做出的记录。审计工作底稿是审计证据的载体，具有法律效力，是注册会计师在审计过程中形成的审计工作记录和获取的资料。它形成于审计过程，也反映整个审计过程。为加强对审计工作底稿的管理，企业内部控制审计工作底稿与会计报表审计工作底稿应分别归档。

一、审计工作底稿的性质

（一）审计工作底稿的存在形式

审计工作底稿可以以纸质文档、电子文档或其他介质的形式存在。

（二）审计工作底稿包括的内容

审计工作底稿通常包括总体审计策略、具体审计计划、分析表、问题备忘录、重大事项概要、询证函回函、管理层声明书、核对表、有关重大事项的往来信件（包括电子邮件），以及对被审计单位文件记录的摘要或复印件等。此外，审计工作底稿通常还包括审计业务约定书、管理建议书、项目组内部或项目组与被审计单位举行的会议记录、与其他人士（如其他注册会计师、律师、专家等）的沟通文件及错报汇总表等。

二、审计工作底稿的要素和编制要求

注册会计师编制的审计工作底稿，应当使得未曾接触该项审计工作的有经验的专业人士清楚了解：按照审计准则的规定实施的审计程序的性质、时间和范围；实施审计程序的

结果和获取的审计证据；就重大事项得出的结论。

(一) 审计工作底稿的要素

(1) 被审计单位名称。

(2) 审计项目名称。

(3) 审计项目时间或期间。

(4) 审计过程记录。审计过程记录包括以下 3 个方面。

① 记录实施审计程序的性质、时间和范围。

② 记录特定项目或事项的识别特征。根据这一识别特征可以从总体中找到该项目或事项。

③ 记录重大事项。重大事项是指对整个审计工作和审计结论会产生重大影响的事项，通常包括以下几方面。

- 引起特别风险的事项。
- 实施审计程序的结果，该结果表明财务信息可能存在重大错报，或者需要修正以前对重大错报风险的评估和针对这些风险拟采取的应对措施。
- 导致注册会计师难以实施必要审计程序的情形。
- 导致出具非标准审计报告的事项。

(5) 审计结论。注册会计师恰当地记录审计结论非常重要，注册会计师需要根据所执行的审计程序及获取的审计证据得出结论，并以此作为对财务报表形成审计意见的基础。在记录审计结论时需注意，在审计工作底稿中记录审计程序和审计证据是否足以支持所得出并记录的审计结论。

(6) 审计标识及其说明。审计标识是注册会计师为了便于表达审计含义而采用的符号。为便于他人理解，注册会计师应在审计工作底稿中说明各种审计标识所代表的含义，审计标识应前后一致。

常用的审计标识有以下几种。

- Λ　纵加核对。
- $<$　横加核对。
- B　与上年结转数核对一致。
- T　与原始凭证核对一致。
- G　与总分类账核对一致。
- S　与明细分类账核对一致。
- T/B　与试算平衡表核对一致。
- C　已发询证函。
- C\　已收回询证函。

(7) 索引号及编号。在实务中，注册会计师可以按照所记录的审计工作的内容层次进行编号。例如，固定资产汇总表的编号为 C1，按类别列示的固定资产明细表的编号为 C1—1，以及列示单个固定资产原值及累计折旧的明细表编号，包括房屋建筑物(编号为 C1—1—1)、机器设备(编号为 C1—1—2)、运输工具(编号为 C1—1—3)及其他设备(编号为 C1—1—4)。

相互引用时，需要在审计工作底稿中交叉注明索引号。

下面举例说明不同审计工作底稿之间的相互索引，使相关审计工作底稿之间保持清晰的钩稽关系,固定资产汇总表工作底稿与固定资产明细表工作底稿如表 7-1 和表 7-2 所示。具体示例详见附件 7-1。

(8) 编制者姓名及编制日期。

(9) 复核者姓名及复核日期。

(10) 其他应说明事项。

表 7-1　固定资产汇总表(工作底稿索引号：**C1**)(节选)

工作底稿索引号	固定资产	20×2 年 12 月 31 日	20×1 年 12 月 31 日
C1—1	原值	×××　G	×××
C1—1	累计折旧	×××　G	×××
	净值	×××　T/B ∧	×××　B ∧

表 7-2　固定资产明细表(工作底稿索引号：**C1—1**)(节选)

工作底稿索引号	固定资产	期初余额	本期增加	本期减少	期末余额
	原值				
C1—1—1	1. 房屋建筑物	×××		×××	××× S
C1—1—2	2. 机器设备	×××	×××		××× S
自动控制		依赖信息系统的人工控制			人工控制
C1—1—3	3. 运输工具	×××			××× S
C1—1—4	4. 其他设备	×××			××× S
	小计	×××B ∧	××× ∧	××× ∧	×××<C1 ∧
	累计折旧				
C1—1—1	1. 房屋建筑物	×××			××× S
C1—1—2	2. 机器设备	×××	×××		××× S
C1—1—3	3. 运输工具	×××			××× S
C1—1—4	4. 其他设备	×××			××× S
	小计	××× B ∧	××× ∧	××× ∧	××× <C1 ∧
	净值	××× B ∧			××× C1 ∧

附件 7-1　×××业务××控制测试底稿

控制编号(为可选项)：

008

控制测试的类型：

自动控制	依赖信息系统的人工控制	人工控制
		是

拟实施的程序：在此处列示拟实施的测试程序。

对于询问和观察，在本部分记录其结果：

> 对所选取的月份，取得财务经理复核的当月产成品收发存明细表和接收产品列示的销售收
> 入明细表，并实施以下程序：
> 程序（1）：询问财务经理是否发现差异、差异的原因及解决办法；
> 程序（2）：检查是否有财务经理的复核签字；
> 程序（3）：检查由于差异而导致的调整分录及其入账记录（如有）。

1. 对总体进行定义

(1) 控制的性质：

(2) 对总体进行定义：

> 20××年1月到12月期间由账务经理执行的该控制。

(3) 总体的来源：

> 财务部门提出初步设计，董事会审定。

(4) 控制执行的频率（期间）：

> 每周一次。

(5) 总体中项目的总数

> 12个。

2. 对偏差进行定义

> 财务经理无法解释差异原因、解决过程与结果；财务经理没有在所复核的明细表上签字或留下手写注释
> 或其他证明其复核的证据；差异导致的调整项不准确、不完整或未记入正确的期间。

3. 确定所测试项目的数量并选取项目

填入所测试项目的数量。如果选择的并非最小样本规模，则应于此处记录基本理由。

询问	观察	检查	重新执行
是		是	

样本规模：3个。选取样本的方法：随意选取3月、8月和12月。

4. 实施测试并评估结果

详细的控制测试记录如下：

号码	样本明细	测试程序（1）	测试程序（2）	测试程序（3）	注释
1					
2					
3					

识别出的偏差：

未发现偏差。

5. 考虑扩大测试范围(如适用)

了解和评估识别出的例外的性质和起因,并确定是否可扩大测试范围,以及增加的样本规模。

不适用。对于每月一次的控制不允许任何偏差,因此不会扩大测试范围。

6. 控制缺陷(如适用)

偏差是否被视为控制缺陷：

本测试中未发现偏差,该控制运行有效。

(二)编制审计工作底稿的基本要求

(1)内容上做到资料翔实、重点突出、繁简得当、结论明确。

(2)形式上做到要素齐全、格式规范、标识一致、记录清晰。

三、审计工作底稿的复核

审计工作底稿的复核制度是会计师事务所对有关复核人员级别、复核程序与要点、复核人职责等做出的明文规定。

(一)项目组内部复核

《中国注册会计师审计准则》第 1121 号——《历史财务信息审计的质量控制》规定,由项目组内经验较多的人员(包括项目负责人)复核经验较少人员的工作时,复核人员应当考虑以下几方面。

(1)审计工作是否已按照法律法规、职业道德规范和审计准则的规定执行。

(2)重大事项是否已提请进一步考虑。

(3)相关事项是否已进行适当咨询,由此形成的结论是否得到记录和执行。

(4)是否需要修改已执行审计工作的性质、时间和范围。

(5)已执行的审计工作是否支持形成的结论,并已得到适当记录。

(6)获取的审计证据是否充分、适当,足以支持审计报告。

(7)审计程序的目标是否已经实现。

为了监督审计业务的进程,并考虑助理人员是否具备足够的专业技能和胜任能力以执行分派的审计工作,复核人员应了解审计指令及按照总体审计计划和具体审计计划执行工作,有必要对执行业务的助理人员进行适当的督导和复核。

复核人员应当知悉并能解决重大的会计和审计问题,考虑其重要程度并适当修改总体审计计划和具体审计计划。此外,项目组成员与客户的专业判断分歧应当得到解决,必要时,应考虑寻求恰当的咨询。

对工作底稿实施的复核必须留下证据,一般由复核者在相关审计工作底稿上签名并署明日期。

（二）项目质量控制复核

项目质量控制复核是指在出具审计报告前,对项目组作出的重大判断和在准备审计报告时对得出的结论进行客观评价的过程。对上市公司财务报表审计,项目负责人应当采取下列措施。

(1) 确定会计师事务所已委派项目质量控制复核人员。

(2) 与项目质量控制复核人员讨论在审计过程中遇到的重大事项,包括项目质量控制复核中识别的重大事项。

(3) 在项目质量控制复核完成后,才能出具审计报告。

项目质量控制复核应当客观评价下列事项。

(1) 项目组做出的重大判断。

(2) 项目组在准备审计报告时得出的结论。

项目质量控制复核的范围取决于审计业务的复杂程度和审计风险。项目质量控制复核并不减轻项目负责人的责任。

（三）项目组内部复核与项目质量控制复核的区别

项目质量控制复核与项目组内部复核在内容和目的等方面具有一定的相似性,但存在以下主要区别:

(1) 复核主体不同。项目组内部复核是项目组内部成员实施的复核,包括项目负责人实施的复核;项目质量控制复核则是会计师事务所挑选不参与该业务的人员独立地对特定业务实施的复核。后者的独立性和客观性高于前者。

(2) 复核对象不同。对每项审计业务都应当进行项目组内部复核;而会计师事务所只对特定业务才实施独立的项目质量控制复核。例如,对上市公司财务报表审计,就必须进行项目质量控制复核,原因在于上市公司财务报表涉及社会公众利益的范围广泛,审计一旦出现问题,社会经济影响比较重大。

(3) 复核要求不同。对每项审计业务实施项目组内部复核的内容比较广泛;会计师事务所对特定业务实施项目质量控制复核的重点是客观评价项目组做出的重大判断和在准备审计报告时形成的结论。

四、审计工作底稿的管理

（一）审计工作底稿的所有权

审计工作底稿的所有权属于会计师事务所。

（二）审计工作底稿的归档和保管期限

注册会计师应当按照会计师事务所质量控制政策和程序的规定,及时将审计工作底稿归整为最终审计档案。审计工作底稿的归档期限为审计报告日后 60 天内。如果注册会计师未能完成审计业务,则审计工作底稿的归档期限为审计业务中止后的 60 天内。

会计师事务所应当自审计报告日起,对审计工作底稿至少保存 10 年。如果注册会计师未能完成审计业务,则会计师事务所应当自审计业务中止日起,对审计工作底稿至少保存10 年。

对每项具体审计业务,注册会计师应当将审计工作底稿归整为审计档案。在实务中,审计档案可以分为永久性档案和当期档案。

1. 永久性档案

永久性档案是指那些记录内容相对稳定,具有长期使用价值,并对以后审计工作具有重要影响和直接作用的审计档案,应当永久保存。分为以下几类。

(1)审计项目管理,如被审计单位地址、主要联系人、职位、电话;审计业务约定书原件;参与审计的注册会计师或专家的姓名和地址;各期审计档案清单等。

(2)被审计单位背景资料,如被审计单位的组织结构、业务介绍、关联方资料、历史发展资料、董事会成员清单等。

(3)法律事项资料,如批准证书、营业执照、章程、验资报告、重要资产所有权或使用权的证明文件复印件等。

2. 当期档案

当期档案是指那些记录内容经常变化,主要供当期审计使用和下期使用的审计档案,主要由业务类工作底稿组成,如总体审计策略和具体审计计划。

以某会计师事务所为例,当期档案清单包括以下3项。

(1)沟通和报告相关工作底稿。
- 审计报告和经审计的财务报表。
- 与主审注册会计师的沟通和报告。
- 与治理层、管理层的沟通和报告。
- 管理建议书。
- 其他。

(2)审计完成阶段工作底稿。
- 审计工作完成核对表。
- 管理层声明书原件。
- 有关列报的工作底稿。
- 重大事项摘要。
- 其他。

(3)审计计划阶段工作底稿。
- 总体审计策略和具体审计计划。
- 对内部审计职能的评价。
- 预备会会议纪要。
- 其他。

本章小结

审计证据包括实物、书面、口头和环境证据。审计证据具有充分性与适当性特征。内部控制审计中获取证据的程序主要有检查、询问、观察、穿行测试、重新执行等。注册会计师在审计过程需要编制和取得审计工作底稿,应加强审计工作底稿复核和管理。企业内部控制审计底稿与财务报表审计底稿应分别归档。

习题

一、思考题

1. 什么是审计证据?审计证据包括哪些信息?试列举作为财务报告有关信息的形式存在的证据有什么。

2. 审计证据的充分性、适当性分别是什么?审计证据的适当性又包括哪两层含义?

3. 审计证据的可靠性取决于哪些方面因素?试述审计证据可靠程度的参考标准。

4. 执行内部控制审计获取审计证据的程序一般有哪些?如何理解这些程序?

5. 什么是审计工作底稿?审计工作底稿通常有哪些要素?

6. 简述审计工作底稿复核的有关要求。

7. 审计工作底稿的归档和保管期限方面有哪些重要规定?

二、实训题

(一) 判断题

1. 审计证据既包括财务报告有关信息,也包括其他信息。　　　　　　　(　　)

2. 口头证据属于基本证据,能够独立证明事实真相。　　　　　　　　　(　　)

3. 实物证据可以证明资产的存在性,但不可以证实资产的所有权的归属。(　　)

4. 如果审计证据不可靠,审计证据数量多也不能起到证明作用。　　　　(　　)

5. 审计证据要满足充分性,因此审计证据数量越多越好。　　　　　　　(　　)

6. 对财务报表审计成果的直接利用是企业内部控制审计获取审计证据的重要方式。

　　　　　　　　　　　　　　　　　　　　　　　　　　　　　　　(　　)

7. 重新执行是指注册会计师查看相关人员正在从事的活动或执行的程序。(　　)

8. 审计工作底稿是审计证据的载体,具有法律效力。　　　　　　　　　(　　)

9. 审计工作底稿的资料大多来自被审计单位,因此,审计工作底稿是注册会计师和被审计单位共同享有的。　　　　　　　　　　　　　　　　　　　　　　　　(　　)

10. 审计工作底稿必须有编制人和复核人签章。　　　　　　　　　　　(　　)

(二) 单项选择题

1. 收集(　　)是审计工作的核心。

　　A. 审计证据　　　　B. 审计工作底稿　　C. 审计计划　　　　D. 审计依据

2. 下列属于口头证据的是(　　)。

　　A. 银行对账单　　　B. 座谈记录　　　　C. 付款凭证　　　　D. 收款凭证

3. 将审计证据划分为内部证据和外部证据的依据是(　　)。

　　A. 审计证据的作用　　　　　　　　B. 审计证据的形态

　　C. 审计证据的关系　　　　　　　　D. 审计证据的来源

4. 属于内部证据的是(　　)。

　　A. 火车票　　　　B. 购货发票　　　C. 函证信回函　　　D. 材料出库单

5. (　　)是以书面记录形式提供的证据。

  A. 环境证据   B. 实物证据   C. 书面证据   D. 行为证据

6. 有关审计证据可靠性的下列表述中,注册会计师认同的是(　　)。

  A. 书面证据与实物证据相比是一种辅助证据,可靠性较弱

  B. 内部证据在外部流转并获得其他单位承认,则具有较强的可靠性

  C. 被审计单位管理当局声明书有助于审计结论的形成,具有较强的可靠性

  D. 环境证据比口头证据重要,属于基本证据,可靠性较强

7. 函证的所有权归(　　)所有。

  A. 注册会计师   B. 会计师事务所

  C. 被审计单位   D. 被审计单位的管理层

8. 注册会计师对被审计单位重要的比率或趋势进行分析以获取审计证据的方法属于(　　)。

  A. 计算   B. 检查   C. 分析程序   D. 比较

9. 下列关于审计工作底稿的表述正确的是(　　)。

  A. 证实注册会计师的审计意见

  B. 审计工作底稿的所有权归签字的注册会计师

  C. 审计工作底稿只能由注册会计师亲自编制,不可从被审计单位获取

  D. 由资深的注册会计师编制的审计工作底稿不必进行复核

10. 甲会计师事务所于 2009 年 2 月 15 日对 A 公司 2008 年度财务报表完成了审计工作并出具了审计报告,该审计报告副本作为审计档案应(　　)。

  A. 至少保存至 2010.2.15   B. 至少保存至 2019.2.15

  C. 至少保存至 2029.2.15   D. 长期保存

(三) 多项选择题

1. 审计证据按其形态可分为(　　)。

  A. 实物证据 B. 书面证据 C. 口头证据 D. 环境证据

2. 实物证据有时无法证明(　　)。

  A. 实物资产的价值   B. 实物资产是否存在

  C. 实物资产是否抵押   D. 实物资产是否为被审计单位所有

3. 下列关于实物证据的说法中正确的是(　　)。

  A. 实物证据是指以实物存在并以其外部特征和内在本质证明审计事项的证据

  B. 实物证据通常包括固定资产、存货、有价证券和现金等

  C. 实物证据通过实地观察、盘点或搜集取得,用于确定实物资产的存在性

  D. 实物证据对于证明实物资产是否存在具有较强的证明力

4. 审计证据的质量特征有(　　)。

  A. 客观性   B. 相关性   C. 充分性   D. 可靠性

5. 可以运用(　　)获取书面证据。

  A. 存在性   B. 计算   C. 分析程序   D. 函证

6. 审计证据的可靠性受(　　)的影响。

    A. 证据的性质　　　　　　　　　　B. 获取证据的环境

    C. 证据的来源　　　　　　　　　　D. 被审计单位的业务性质

7. 可以实施函证的项目有(　　)。

    A. 应收票据　　　　B. 其他应收款　　　C. 预付账款　　　D. 应付账款

8. 下列(　　)情况可以采用消极式函证。

    A. 涉及大量余额较小的账户　　　　B. 没有理由相信被询证者不认真对待函证

    C. 重大错报风险评估为低水平　　　D. 预期不存在大量的错误

9. 下列各项属于当期档案的是(　　)。

    A. 总体审计策略和具体审计计划　　B. 预备会会议纪要

    C. 与治理层的沟通和报告　　　　　D. 管理建议书

10. 审计工作底稿的保存年限是(　　)。

    A. 自审计报告日起至少保存 10 年　　B. 自审计业务终止日起至少保存 10 年

    C. 自审计报告日起至少保存 20 年　　D. 自审计业务终止日起至少保存 20 年

(四) 综合题

1. 注册会计师在对某企业现金业务审查时,发现出纳员在审计期间有一张未经批准而私自借出现金的白条,金额合计为 3000 元,经过盘点证明白条所列现金 3000 元确实不在库。注册会计师由此认定该出纳员挪用库存现金 3000 元,该出纳员亦承认这一事实。请指出该审计事项中的审计证据有哪些? 各属何种证据? 运用了哪些审计程序?

2. 注册会计师在对某客户进行审计的过程中,收集到下列 5 组证据。

(1) 销货发票副本与购货发票。

(2) 审计助理人员盘点存货的记录与客户自编的盘点存货记录。

(3) 审计人员收回的应收账款函证与询问客户应收账款负责人的记录。

(4) 被审计单位管理当局声明书与律师声明书。

(5) 销货发票副本与产品出库单。

要求:请分别说明每组证据中哪项审计证据更可靠。

3. 以下 10 项为注册会计师获取的审计证据,试分析各属于什么类型证据,再将它们与右边的审计证据类型用"线"连接起来。

(1) 被审计单位律师的声明书

(2) 被审计单位管理当局的声明书　　　　　　　　　　　　　实物证据

(3) 银行存款对账单

(4) 被审计单位的销售发票　　　　　　　　　　　　　　　　书面证据

(5) 审计人员对存货监盘取得的证据

(6) 审计人员亲自对固定资产折旧重新计算取得的证据　　　　口头证据

(7) 审计人员对被审计单位有关人员的口头询问

(8) 审计人员了解被审计单位管理条件较好和管理水平较高取得的证据　　环境证据

(9) 关于应收账款函证的回函

(10) 审计人员实地观察被审计单位的内部控制运行取得的证据

审计抽样

引导案例：

对 NC 公司的"详查法"是否适当

NC 股份有限公司是一家拥有 10 000 名员工的大型制造企业。该公司内部控制较为健全、有效，公司效益逐年递增，经营业绩优良，因此该公司经理李某得到了董事会及员工的一致好评。

20×0 年 1 月份，DD 会计师事务所接受 NC 公司董事会的委托，对该公司 20×9 年度的财务报表进行审计。该所的两名注册会计师被指派执行这项审计业务。两名注册会计师对该公司所有部门的所有业务采取从会计凭证到会计账簿，再到财务报表为主线的详细的审计方法，尽管两个人起早贪黑地辛勤工作，但在审计业务约定书规定的 22 天时间内只审计了其半年的业务和会计记录，没能按时提交审计报告。于是，NC 公司董事会解除了与 DD 会计师事务所的审计业务约定书。

要求：DD 会计师事务所的两名注册会计师在审计时选择详查法是否适当？你是否同意"合理运用抽样技术加以审计才符合现代审计的一般规律"这句话所包含的观点？

第一节　审计抽样的概念和原理

一、审计抽样的概念

审计抽样是现代审计的重要特征之一。

审计抽样是指注册会计师对某类交易或账户余额中低于百分之百的项目实施审计程序，使所有抽样单元都有被选取的机会。这里的抽样单元，是指构成总体的个体项目。这里的总体，是指注册会计师从中选取样本并据此得出结论的整套数据。总体可分为多个层或多个子总体。每一层或每一个子总体可以分别检查。

审计抽样在对企业内部控制设计和运行的有效性的测试中经常使用，但并不是对于这些测试中的所有程序都适用。审计抽样可在逆查、顺查和函证中广泛运用，但通常不用于询问、观察和分析程序。

审计抽样不能完全等同于抽查。审计抽样是要根据审计目标及环境要求做出科学的抽样决策，并严格按照规定的程序和抽样方法进行。

二、审计抽样的种类

(一)按照抽样决策依据分类

按抽样决策依据的不同可分为非统计抽样和统计抽样。

1. 非统计抽样

非统计抽样是指审计人员运用专业经验,进行主观判断,从特定审计对象总体中抽取部分样本进行审查,并以样本的审查结果来推断总体特征的抽样审计方法。

非统计抽样方法先后出现过任意抽样和判断抽样两种方法。在任意抽样法下,审计人员对于抽样的规模、技术和内容等均无规律可循,只是任意抽取样本,故其审查结果缺乏科学性和可靠性。代之而来的是判断抽样法,它是审计人员根据其经验判断,有重点、有针对性地从总体中抽取一些样本进行审查测试,并以样本的测试结果来推断总体特征的一种审计抽样方法。这种方法克服了任意抽样法的缺点,但是由于判断抽样法只凭审计人员的经验和主观判断,因此,审计过程中审计人员的主观因素仍然对审计结果和质量构成决定性影响。

2. 统计抽样

统计抽样方法也称随机抽样方法,是指审计人员遵循随机原则,从审计对象总体中抽取一部分样本进行审查,然后根据样本的审查结果来推断总体特征的一种抽样审计方法。统计抽样的优点在于具有较强的科学性和准确性,缺点在于操作难度较大,且不适用于资料不全的被审计单位,以揭露舞弊为目的的财经法纪审计也不宜采用。在审计抽样过程中,无论是统计抽样还是非统计抽样,也无论决策者是否具备设计和使用有效抽样方案的能力,都离不开注册会计师的专业判断。那种认为统计抽样能够减少审计过程中的专业判断或可以取代专业判断的观点是错误的。在实际工作中,应该把统计抽样法和非统计抽样法结合起来运用,以求收到较好的审计效果。统计抽样与非统计抽样的比较如表 8-1 所示。

表 8-1 统计抽样与非统计抽样的比较

比较内容	统 计 抽 样	非统计抽样
优点	(1) 计量和精确控制抽样风险 (2) 高效设计样本 (3) 利于衡量已获得的审计证据的充分性 (4) 能定量评价样本的结果	(1) 操作简单,使用成本低 (2) 适合定性分析
缺点	(1) 增加培训注册会计师的成本 (2) 有时单个样本项目不符合统计要求	无法量化抽样风险
相同点	(1) 在设计、实施和评价样本时都离不开职业判断 (2) 都是通过样本中发现的错报或偏差率推断总体的特征 (3) 运用得当都可以收集充分和适当的审计证据 (4) 通过扩大样本量来降低抽样风险	

(二)按照审计抽样目的分类

按照审计抽样目的不同划分为属性抽样和变量抽样,二者的比较如表 8-2 所示。

表 8-2 属性抽样与变量抽样比较

项 目	属 性 抽 样	变 量 抽 样
抽样内涵	一种对总体中某一事件发生率得出结论的统计抽样方法；设定控制的每一次发生或偏离都被赋予同样的权重，而不管交易的金额大小	用来对总体金额得出结论的统计抽样方法
适用范围	控制测试	细节测试
测试目标	估计总体既定控制的偏差率（次数）	估计总体金额或总体中的错误金额
测试内容	内部控制有效性	报表项目
测试评价	定性评价［质量特征］	定量评价［数量特征］
测试目的	确定实质性程序性质、时间和范围	确定会计报表是否公允表达
测试方法	固定样本量抽样、停走抽样、发现抽样	均值估计、差异估计、比率估计
测试结论	对与错或是与否；得出的结论与总体发生率有关	得出的结论与总体金额有关

1. 属性抽样

属性抽样是指在精确度和可靠程度一定的条件下，为了测定总体特征的发生频率而采用的一种方法。属性抽样是为了了解总体的质量特征，其抽样的结果只有是或否两种。审计中，控制测试常应用属性抽样法。在控制测试中，审计人员只要求做出总体某种属性的发生率是多少的结论，而不必做出总体错误数额大小的估计。

2. 变量抽样

变量抽样是指通过对样本的检查结果推断总体金额的抽样审计方法。实质性测试中的抽样广泛应用变量抽样方法。适用于对存货、应收账款等报表项目金额的估计。它通过检查财务报表中各项目数据的真实性和正确性，来取得做出审计结论所需的直接证据。

三、样本的设计

围绕样本的性质、样本量、抽样组织方式、抽样工作质量要求所进行的计划工作，称为样本设计。注册会计师在设计样本时，应考虑以下 7 个方面的因素。

（一）审计的目的

首先应考虑将要达到的具体审计目的，并考虑将要取得的审计证据的性质、可能存在误差的条件，以及该项审计证据的其他特征，以正确地界定误差和审计对象总体，并确定采用何种审计程序。

（二）审计对象总体与抽样单位

审计对象总体是注册会计师为形成审计结论所审计的经济业务及有关会计或其他资料的全部项目。抽样单位是构成审计对象总体的个别项目。注册会计师应当根据审计目的和被审计单位的实际情况确定抽样单元。抽样单元可能是一个账户余额、一笔交易或交易中的一项记录。审计人员依据不同的要求和方法，从审计对象总体中选择若干抽样单元，称为样本，样本的数量称为样本规模。

(三) 抽样风险与非抽样风险

审计人员在进行审计抽样时,存在两方面的不确定性因素,一种因素直接与抽样相关,称为抽样风险,另一种因素却与抽样无关,称为非抽样风险。

1. 抽样风险

抽样风险是指审计人员依据抽样结果得出的结论与审计对象总体特征不相符合的可能性。产生抽样风险的原因可能是样本量过少或选择的抽样方法不适当。

审计人员在进行控制测试时的抽样风险有以下几种。

(1) 信赖不足风险:是指抽样结果使审计人员没有充分信赖实际上应予以信赖的内部控制的可能性。

(2) 信赖过度风险:是指抽样结果使审计人员对内部控制的信赖超过了其实际上可予以信赖程度的可能性。

审计人员在进行实质性测试时的抽样风险有以下几种。

(3) 误受风险:是指抽样结果表明账户余额不存在重大错误而实际上存在重大错误的可能性。

(4) 误拒风险:是指抽样结果表明账户余额存在重大错误而实际上不存在重大错误的可能性。

信赖不足风险与误拒风险会导致审计人员执行额外的审计测试,降低审计效率;信赖过度风险与误受风险很可能导致审计人员得出不正确的审计结论。

2. 非抽样风险

非抽样风险是指审计人员因采用不恰当的审计方法,或者因误解审计证据等而未能发现重大误差的可能性。产生这种风险的原因主要有以下几种。

(1) 人为错误,如未能找出样本中的错误等。

(2) 运用了不切合审计目标的方法。

(3) 错误评价样本结果。

(4) 未对发现的例外事项进行恰当的追查。

非抽样风险对审计工作的效率和效果都有一定影响。

非抽样风险不能量化,但审计人员应制订适当的审计计划,保持应有的职业怀疑态度,坚持质量控制标准,以降低非抽样风险。抽样风险、非抽样风险对审计工作的影响如表 8-3 所示。

表 8-3　抽样风险、非抽样风险对审计工作的影响

审计测试	风险种类	对审计工作的影响
控制测试	信赖过度风险	效果
	信赖不足风险	效率
	非抽样风险	效率、效果
实质性测试	误受风险	效果
	误拒风险	效率
	非抽样风险	效率、效果

（四）可信赖程度

可信赖程度通常用预计抽样结果能够代表审计对象总体特征的百分比来表示。例如，抽样结果有 95％ 的可信赖程度，就是指抽样结果代表总体特征的可能性有 95％，没有代表总体特征的可能性有 5％。在审计过程中，注册会计师对可信赖程度要求越高，需选取的样本量就应越大。

（五）可容忍误差

可容忍误差是注册会计师认为抽样结果可以达到审计目的而愿意接受的审计对象总体的最大误差。注册会计师应当在审计计划阶段，根据审计重要性原则，合理确定可容忍误差。可容忍误差越小，需选取的样本量就应越大。

在进行控制测试时，可容忍误差是注册会计师在不改变对内部控制的可信赖程度的条件下所愿意接受的最大误差。在进行实质性测试时，可容忍误差是注册会计师在能够对某一账户余额或某类经济业务总体特征做出合理评价的条件下所愿意接受的最大金额误差。

（六）预期总体误差

注册会计师应根据前期审计所发现的误差、被审计单位经营业务和经营环境的变化、内部控制的评价及分析性复核的结果等，来确定审计对象总体的预期误差。如果预期总体误差较大，则应当选取较大的样本量。

（七）分层

分层是将某一审计对象总体划分为若干具有相似特征的次级总体的过程。注册会计师可以利用分层重点审计可能有较大错误的项目，并减少样本量。对总体采用分层法，可以按经济业务的重要性来分，也可以按经济业务的类型等来分。分层时，必须注意以下 3 点。

（1）总体中的每一抽样单位必须属于一个层次，并且只属于这一层次。

（2）必须有事先能够确定的、有形的、具体的差别来区分不同的层次。

（3）必须能够事先确定每一层次中抽样单位的准确数字。

分层主要适用于内部各组成部分具有不同特征的总体。分层除了可提高抽样效率外，也可使注册会计师能按项目的重要性、变化频率或其他特征而选取不同的样本数，并且可针对不同层次使用不同的审计程序。通常，注册会计师应对包含最重要项目的层次实施全部审查。

四、样本选取的方法

样本选取的方法有很多种，审计人员应结合审计对象的具体情况选用恰当的方法。常用的样本选取的方法有任意选样、判断选样和随机选样等方法。在实际工作中，它们往往被结合起来使用。

（一）任意选样

任意选样即在所有被审查的资料中，任意选取一部分作为样本进行审查的样本选样方法。此法虽很简便，但由于样本是由审计人员任意选取，没有一定的科学依据，带有很大的盲目性，对审计工作质量缺乏一定的保证。因此，在审计工作实践中，很少采用这种方法。

（二）判断选样

判断选样即审计人员根据审计项目的具体情况，结合自身的实际经验和观察能力，通过主观判断，有重点、有选择地从总体中选取一部分样本进行审查的样本选取方法。此方法由审计人员根据实际经验和观察能力,结合审计目的、被审项目的重要程度及其发生问题的可能性,以及被审计单位内部控制制度的完备程度等来确定选样的对象、选样的时期和选样的范围(即样本数量)。例如,以审查被审计单位流动资金周转迟缓的原因作为审计目的时,可用经常积压的商品、原材料作为选样的对象;以揭查被审计单位突击花钱和滥发奖金、实物等行为作为审计目的时,则可以每月月末或每年年终作为选样的时期。判断选样法的优点是简便、灵活、适用范围较广,缺点是纯粹靠审计人员的实际经验和判断能力,不可能保证审计抽样对象、时期和范围的科学性。

(三)随机选样

随机选样主要是根据随机原则,任意地从总体中选取部分样本。而后,根据样本的特性,运用数理统计方法对总体进行推断,以得出一个与总体特性相吻合或相接近的审计结论的一种方法。随机选样的特点是能使总体中的每一个体都有被抽中的可能性,并可避免因审计人员的主观判断所带来的种种影响。

随机选样的方法又可具体划分为简单随机选样、系统随机选样、分组随机选样和整群随机选样。

1. 简单随机选样

简单随机选样包括编号选样法和随机数表法。

① 编号选样法。编号选样法首先应确定抽样规模(即抽样的比例数),据以从总体中随机抽取样本。其次,将被查样本顺序编号,并按号填制标签。然后,将标签拌乱,依照抽样的比例数,随机抽取。最后,将抽出的标签,按号找出相同号码的原被查样本,即可组成抽样对象。这种方法,称为简单随机抽样的编号选样法。

② 随机数表法。在总体中如果包含着大量的个体,不便于采用上述编号抽样法时,则可采用随机数表抽样法,又称随机数表法,其示例如表 8-4 所示。即利用随机数表进行随机

表 8-4 随机数表(部分列示)

行号 \ 随机数 \ 列号	(1)	(2)	(3)	(4)	(5)
1	10480	15011	01536	02011	81647
2	22368	46573	25595	85313	30995
3	24130	48360	22527	97265	76393
4	42167	93093	06243	61680	07856
5	37570	39975	81837	16656	06121
6	77921	06907	11008	42751	27756
7	99562	72905	56420	69994	98872
8	96301	91977	05463	07972	18876
9	89759	14342	63661	10281	17453
10	85475	36857	53342	53988	53060
11	28018	69578	88231	33276	70997
12	63553	40961	48235	03427	49626
13	09429	93069	52636	92737	88974
14	10365	61129	87529	85689	48237
15	07119	97336	71048	08178	77233

抽样,具体做法是先将总体中各项目个体依次进行连续编号,也可沿用原有项目的号码,如账页号、支票号等。而后确定随机起点和随机路线,通过查找随机数表选取样本,直至选足预定的样本数量为止。这种方法称为随机数表法。

假定注册会计师对某公司连续编号为 500~5000 的现金支票进行随机选样,希望选取一组样本量为 20 的样本。首先,注册会计师确定只用随机数表所列数字的前 4 位数来与现金支票号码一一对应。其次,确定第 5 列第 1 行为起点,选号路线为第 5 列、第 4 列、第 3 列、第 2 列、第 1 列,依次进行。最后,按照规定的一一对应关系和起点及选号路线,选出 20 个数码依次为 3099、785、612、2775、1887、1745、4962、4823、1665、4275、797、1028、3327、817、2559、2252、624、1100、546、4823。注意,凡前 4 位数在 500 以下或 5000 以上的,因为支票号码没有一一对应关系,均不入选。选出 20 个数码后,按此数码选取号码与其对应的 20 张支票作为选定样本进行审查。如果选取的数码出现重复,在不放回抽样的情况下,重新补选。

2. 系统随机选样

系统随机选样法也称等距随机选样,首先根据总体容量与样本规模计算出选样间隔数(或等距数)。而后,在第一个间隔内选取随机起始点。以后,在每一个选样间隔内,依次序、同比例地抽取样本项目。

假定样本容量为 500,样本规模为 50,选样间隔数为 10,则等距系列为(1~10)(11~20)(21~30)(31~40)(41~50)……然后,在第一个等距系列(1~10)中随机报取一数,假定抽取其中间数 5,则以后在每一个选样间隔中,即等距离地抽取其样本项目为 15、25、35、45、…。这些样本项目即可组成为等距随机选样样本。由于各个号码之间的距离是相等的,因此也称等距随机选样。

系统随机选样也可在样本总体数(假定为 1000)与抽样个体数(假定为 100)之间确定其比例为 10:1,并在样本中任取一个顺序号,假定为 101,则以此数为基础,以 10 向上递增为 111、121、131、141、…或以 10 向下递减为 91、81、71、61、…,这些编号的原始凭证,即为抽样样本。

应该指出,此法要求总体特征必须分布均匀,这样,抽取的样本才有代表性。

3. 分组随机选样

分组随机选样法也称为分层随机选样,先按一定标准,如按金额大小、数量多少等,将总体(全部样本)分成若干组(层次),然后,在各组中,按照不同要求,运用各种随机选样方法(如简单随机选样、等距随机选样等),抽取一定数量的样本项目进行综合分析。根据分析结果,对总体作出审计结论。

假设将销货凭证按照金额大小,分为 3 组,采用不同选样方法,抽取样本,如表 8-5 所示。

表 8-5　采用分层抽样法抽取样本情况表

组别 (层次)	分组标准 (凭证金额)	凭证数量 (张)	抽查率	抽取样本数量	抽样方法
1	3000 元以上	100	100%	100	全部审查
2	1000~3000 元	1000	20%	200	系统随机抽样
3	1000 元以下	500	10%	50	简单随机抽样

根据以上各组（层次）抽取样本的结果进行综合分析，做出总体判断。

4. 整群随机选样

整群随机选样法也称整体随机选样，先将总体项目按照一定标准分成若干群，而后运用等距随机选样等方法按群抽取样本项目。

此法的特点是每次抽取的样本数量包括一个群。每群的样本数量虽不相等，但不至于只有一个样本。例如，每月抽查月初、月中和月末 3 天的发料凭证，每抽查一天，就有一群数量不等的发料凭证。又如，某企业一年内共启用银行支票簿 30 本（每本 50 张），如果从中随机抽样版本，则抽取的支票存根就有 250 张之多。再如，将全年的支出凭证，按周划分为 53 个（一年有 53 周），从中抽出几周，即有大批的数量不等的支出凭证提供审查。

随机选样可具体划分为许多种类，上述 4 种方法是其中比较常用的基本方法。随机选样法根据随机原则抽取样本，不受审计人员的主观意识和偏见的影响，这是它的优点。缺点是有一定的机遇性，容易使审计结果失误，影响审计工作质量。

五、抽样结果的评价

注册会计师在对样本实施必要的审计后，需要对抽样结果进行评价。其具体程序和内容是分析样本误差、推断总体误差、重估抽样风险、形成审计结论。

（一）分析样本误差

注册会计师在分析样本误差时，一般应从以下方面着手。

（1）根据预先确定的构成误差的条件，确定某一有问题的项目是否为一项误差。

（2）注册会计师按照既定的审计程序无法对样本取得审计证据时，应当实施替代审计程序，以获取相应的审计证据。

（3）如果某些样本误差项目具有共同的特征，如相同的经济业务类型、场所、时间，则应将这些具有共同特征的项目作为一个整体，实施相应的审计程序，并根据审计结果进行单独的评价。

（4）在分析抽样中发现误差时，还应考虑误差的质的方面，包括误差的性质、原因及其对其他相关审计工作的影响。

（二）推断总体误差

分析样本误差后，注册会计师应根据抽样中发现的误差采用适当的方法，推断审计对象总体误差。当总体划分为几个层次时，应先对每一层次作个别的推断，然后将推断结果加以汇总。

（三）重估抽样风险

在进行控制测试时，注册会计师如果认为抽样结果无法达到其对所测试的内部控制的预期信赖程度，则应考虑增加样本量或修改实质性测试程序。在实质性测试中运用审计抽样推断总体误差后，应将总体误差同可容忍误差进行比较，并将抽样结果同其他有关审计程序中所获得的证据相比较。如果推断的总体误差超过可容忍误差，经重估后的抽样风险不能接受，应增加样本量或执行替代审计程序。如果推断的总体误差接近可容忍误差，应考虑是否增加样本量或执行替代审计程序。

（四）形成审计结论

注册会计师在抽样结果评价的基础上，应根据所取得的证据，确定审计证据是否足以证实某一审计对象总体的特征，从而得出审计结论。

第二节　审计抽样在内部控制审计中的运用

企业内部控制审计通常要面对两种形式的控制，一种是留下运行轨迹的，大多以文件或记录的形式存在，还有一种是没有留下运行轨迹的。对于留下运行轨迹的内部控制，注册会计师在测试其运行的有效性时，可以根据所要测试的总体及审计时间等方面的考虑，实施审计抽样。由于这种测试的结果只有内部控制有效和内部控制无效两种，因此，企业内部控制审计应用的审计抽样属于属性抽样法。属性抽样法通常有固定样本量抽样、停—走抽样、发现抽样等抽样方法。这里主要介绍固定样本量抽样的步骤和方法。

一、固定样本量抽样的步骤

（一）根据审计的目标和要求，确定审计对象总体与抽样单位

审计对象总体是审计人员为形成审计结论，拟采用抽样方法的交易或事项及有关会计资料或其他资料的全部项目。总体的确定要满足相关性与完整性。例如，审计人员拟审计客户被审计年度的外购存货的"验收手续"这一内部控制的执行情况，把具体目标定为检查存货入库验收单与购货发票是否相符，这样便可将抽样总体确定为某年度的所有购货发票。

抽样单位是构成审计对象总体的个别项目，审计人员应根据审计目标和被审计单位的实际情况，确定抽样单位，从审计对象总体中选取若干抽样单位，构成样本。

（二）定义误差

在这里，误差是指审计人员认为被审计单位控制失效的事件。例如，在对外购存货验收控制测试中，若发现下列情况之一者，即可界定为一个误差。

（1）发票未附验收单据。

（2）发票附有不属于它本身的验收单据。

（3）发票与验收单据记载的数量不符。

（三）确定样本规模（样本容量）

确定样本容量，通常按以下步骤进行。

1. 确定预计总体误差率

属性抽样是推断差错或舞弊的发生频率，也就是预计误差率，用百分比表示。如果被审计单位内部控制无效，则预计误差率就要高，那么抽取样本的规模就要大些；反之，抽取样本规模就可以少一些。因此，样本数量与预计误差发生率成正比例关系。

如何确定预计误差发生率？可考虑下列 3 种情况：①参考以往历史审计资料确定；②抽查少量样本加以测试，然后确定；③根据审计人员的初步调查了解和判断来确定。

2. 确定精确度

样本误差发生率不一定就是总体的实际误差率,所以有必要根据样本结果,以一定的正数和负数为界设立一个区间,也就是限定一个抽样误差的可容许界限,如±1%,这个可容许界限就称为精确度。在样本结果上加、减一定的精确度,就构成精确度的界限,界限两端为精确度的上限和下限,假设样本结果预计误差发生率为4%,精确度为±1%,则精确度的上限为5%,下限为3%。假定总体误差率为3%~5%,则都是可以接受的,3%~5%就称为精确度界限。精确度也可用绝对数表示,如±100元。样本数量与精确度的高低成反比关系,精确度越高,则抽取样本的数量就应越少;反之则越多。精确度上限也称为可容忍误差。在控制测试中,可容忍误差的确定应能确保总体误差超过可容忍误差时,使审计人员降低对内部控制的信赖程度。

3. 确定可信赖程度(置信度)

可信赖程度是指样本性质能够代表总体性质的可靠性程度。假如可信赖程度定为95%,则表示总体的真实特征有95%的可能性落在特定的精确度范围内,另外,还有5%的可能性不在精确度界限内。这里的5%就称为风险度。要求样本的可信赖程度越高,越需要有较大的样本容量作保证,所以可信赖程度越高,样本容量也就越大。可信赖程度高低主要取决于被审计单位的内部控制,一般可选择最小为90%的可信赖程度。如果内部控制非常重要,则应选择95%甚至99%的可信赖程度。

4. 确定样本容量

根据预计总体误差发生率、精确度和可信赖程度,就可以通过样本量确定表来确定样本的容量。

假定预计总体误差发生率为2%,可信赖程度为95%,可容忍误差为5%,则查表可得样本量为200,如表8-6所示。

表8-6   95%的可信赖程度下控制测试样本量(部分列示)

预期总体误差率(%)	可容忍误差率(%)									
	1	2	3	4	5	6	7	8	9	10
0.25	650	240	160	120	100	80	70	60	60	50
0.50	*	320	160	120	100	80	70	60	60	50
1.0		600	260	160	100	80	70	60	60	50
1.5		*	400	200	160	120	90	60	60	50
2.0			900	300	200	140	90	80	70	50
2.5			*	550	240	160	120	80	70	50
3.5				*	400	200	160	100	90	80
4.0					650	280	200	140	100	80
4.5					*	500	240	180	100	90
5.0						800	360	200	160	120
5.5							500	240	160	120
6.0							900	360	200	160

注: * 大于1000

（四）选择抽样方法，选取样本并审计

当样本数量确定以后，就要选择适当的抽样方法抽取足够的样本进行测试。前面介绍了随机数表法、系统随机选样法、分层随机选样法和整群抽样法，审计工作中可根据需要适当选用。选取样本之后，对样本项目进行审计。

（五）评价抽样结果，推断总体特征

对样本项目进行审查之后，就能得到样本误差率。比较样本误差率与确定样本时所使用的预计误差率之间的差异，如果样本误差率与预计误差率大致相同或样本误差率小于预计误差率，则无须调整样本规模；如果样本误差率大于预计误差率，说明样本规模过小，这时就应以样本误差率代替预计误差率重新确定样本规模，并抽取和审查新增样本项目，重新计算样本误差率，直至样本误差率等于或小于计算样本规模时所使用的预计误差率为止。样本测试结束以后，便可以作出总体推断。审计实务中，可查样本结果评价表来确定，如表 8-7 所示。

表 8-7　95％可信赖程度下控制测试抽样结果的评价（部分列示）

误差数（个） 样本量	总体误差率（%）									
	1	2	3	4	5	6	7	8	9	10
10										0
20										
30										
40								0		
50						0				1
60				0				1		
70				0			1		2	
80				0		1		2		3
90				0		1	2		3	4
100			0		1		2	3	4	5
120			0	1		2	3	4	5	6
140		0	0	1	2	3	4	5	6	7
160		0	1	2	3	4	5	6	8	9
180		0	1	2	3	5	6	8	9	11
200		0	1	3	4	6	7	9	11	12
220		0	1	3	5	7	8	10	12	14
240		1	2	4	6	8	10	12	14	16

（六）确定总体的可接受性

将推断总体误差与可容忍误差进行比较：若推断总体误差小于或等于可容忍误差，则总体误差可以接受，内部控制可信赖；若推断总体误差大于可容忍误差，则总体误差不可以接受，内部控制不可信赖，可扩大样本量或增加实质性测试程序。

当然，审计人员在评价抽样结果时，不仅要考虑误差的次数，还需要考虑误差的性质。因此，若发现被审计单位有欺诈或相关内部控制没有被执行时，无论其误差率是高是低，均应扩大实质性测试范围，增加样本量或代之以详细审计。例如，审计人员对某企业采购和付

款内部控制进行控制测试，审计目标为：企业是否只有在将验收报告与进货发票相核对后，才核准支付采购货款。注册会计师将"误差"界定为：一是未附验收单据的任何发票；二是发票虽附有验收单据，但却属于其他发票；三是发票与验收单据所记载的数量不符。假设企业对每笔采购业务均采用连续编号的应付凭单，每张应付凭单上要附有验收报告及发票，因此，抽样单位是个别的应付凭单。审计对象总体包括审计年度内购买原材料的全部应付凭单。假设从前 5 年的审计中，审计人员得知上述描述的内部控制发生的误差率为0.3％、0.6％、0.8％、0.4％、0.95％，误差呈现出不规则趋势，基于谨慎的考虑，审计人员将预计误差率定为 2％。审计人员依赖其专业判断，确定可容忍误差为 6％。由于该项内部控制很重要，故审计人员将可信赖程度确定为 95％。

上述因素确定后，审计人员根据样本量确定表查出应选取的样本量为 140。

因为应付凭单是连续编号的，所以审计人员决定采用随机抽样法选取 140 张应付凭单为样本，经过审查，发现样本的误差数为 2。审计人员根据样本结果评价表，查出 95％的可信赖程度下，样本为 140，样本误差数为 2 时，总体误差率为 5％，且没有发现舞弊、逃避内部控制的情况。因此，审计人员可以作出如下结论：以 95％的把握，确信全部材料采购应付凭单的误差率不超过 5％。

二、"停—走"抽样及发现抽样

（一）"停—走"抽样

"停—走"抽样是固定样本量抽样的一种特殊形式，是从预期总体误差为零开始的，通过边抽样边评价来完成抽样审计工作。这种方法能够有效地提高工作效率，降低审计费用。

采用"停—走"抽样，一般要进行以下 3 个步骤。

（1）确定可容忍误差和风险水平。

（2）确定初始样本量。

（3）进行"停—走"抽样决策。

（二）发现抽样

发现抽样是在既定的可信赖程度下，在假设误差以既定的误差率存在于总体之中的情况下，至少查出一个误差的抽样方法。发现抽样主要用于查找重大非法事件，它能够以极高的可信赖程度（如 99.5％以上）确保查出的误差率仅为 0.5％～1％。使用发现抽样时，若发现重大的误差，无论发生次数多少，注册会计师都可能放弃一切抽样程序，而对总体进行全面彻底的检查。若抽样未发现任何例外，注册会计师可得出下列结论：在既定的误差率范围内没有发现重大误差。

使用发现抽样时，注册会计师需确定可信赖程度及可容忍误差。然后，在预期总体误差为 0％的假设下，参阅适当的属性抽样表，即可得出所需的样本量。

本章小结

审计抽样广泛应用于企业内部控制审计中。审计抽样可分为统计与非统计抽样，属性与变量抽样。注册会计师在设计样本时，应考虑审计的目的、审计对象总体与抽样单位、抽样风险与非抽样风险、可信赖程度、可容忍误差、预期总体误差、分层等因素。可采取任意选样、判断选样与随机选样等方法,主要包括固定样本量、停—走抽样及发现抽样方法。

习题

一、思考题

1. 什么是审计抽样?按照审计抽样目的,不同审计抽样如何分类?

2. 什么是抽样风险?抽样风险具体包括哪几种类型的风险?

3. 简要说明企业内部控制审计在运用审计抽样方法时应注意的问题。

二、实训题

(一) 判断题

1. 审计抽样在对企业内部控制设计和运行的有效性的测试中经常使用,但并不是对于这些测试中的所有程序都适用。   (   )

2. 审计抽样作为一种技术,可以用来了解情况,确定审计重点,取得审计证据,其在使用中并无严格要求。   (   )

3. 注册会计师如果选择一个90%的可信赖程度,那么说明确定的可容忍误差为10%。
                                                          (   )

4. 可信赖程度与注册会计师设计样本时所确定的样本量存在反向变动关系;可容忍误差、预期总体误差均与注册会计师设计样本时所确定的样本量存在同向变动关系。 (   )

5. 抽样单元是指构成总体的个体项目。   (   )

6. 企业内部控制审计应用的审计抽样属于变量抽样法。   (   )

7. 固定样本量抽样、停—走抽样、发现抽样的本质区别在于预期总体误差的设定差异。
                                                          (   )

8. 注册会计师为了测试企业是否遵循验收报告与进货发票相核对后才核准支付采购货款这一合理规定,应将与验收单记载金额不符的发票视为误差。   (   )

9. 首先根据总体容量与样本规模计算出选样间隔数(或等距数)。而后,在第一个间隔内选取随机起始点。以后,在每一个选样间隔内,依次序、同比例地抽取样本项目。这种选取样本的方法称为整群随机选样。   (   )

10. "停—走"抽样是固定样本量抽样的一种特殊形式。   (   )

(二) 单项选择题

1. 按抽样决策的依据不同可分为(   )。

    A. 非统计抽样和统计抽样　　　　　B. 属性抽样和变量抽样

    C. 统计抽样和属性抽样　　　　　　D. 非统计抽样和变量抽样

2. 在下列项目所应用的统计抽样中,属于变量抽样的有(   )。

    A. 赊销是否经过严格审批　　　　　B. 确认销售发票是否附有发运单副本

    C. 未经批准而赊销的金额　　　　　D. 确认购货发票是否附有验收单据

3. 注册会计师在设计样本时,首先考虑的应当是(   )。

    A. 将要达到的具体审计目的　　　　B. 审计对象总体和抽样单位

    C. 抽样风险和非抽样风险　　　　　D. 可信赖程度和可容忍误差

4. 下列说法中不正确的是(　　)。

   A. 属性抽样下的抽样风险包括信赖不足风险和信赖过度风险

   B. 变量抽样下的抽样风险包括误受风险和误拒风险

   C. 审计风险包括抽样风险和非抽样风险

   D. 非抽样风险可以量化,它对审计效率和效果都有影响

5. 抽样风险中的"误受风险"指的是(　　)。

   A. 抽样结果使注册会计师没有充分信赖实际上应予以信赖的内部控制的可能性

   B. 抽样结果使注册会计师对内部控制的信赖超过了实际可予以信赖程度的可能性

   C. 抽样结果表明账户余额不存在重大错误而实际上存在重大错误的可能性

   D. 抽样结果表明账户余额存在重大错误而实际上不存在重大错误的可能性

6. 注册会计师确定某账户的可容忍误差为800元,依据抽样结果推断的差错额为1200元,而该账户的实际差错额仅为600元,这种情况属于(　　)。

   A. 误拒风险　　　　B. 信赖不足风险　　　C. 误受风险　　　　D. 未引起抽样风险

7. 下列有关分层抽样的说法不正确的是(　　)。

   A. 分层抽样可提高抽样效率

   B. 分层抽样可减少样本量

   C. 分层抽样可以重点审计可能有较大错误的项目

   D. 分层抽样一般不必对包含最重要项目的层次实施全部审查

8. 注册会计师欲使用系统抽样法从3000张编号为0001至3000的支票中抽取100张进行审计,随机确定的抽样起点为2866,那么抽取的第六张支票的编号为(　　)。

   A. 3006　　　　　B. 3016　　　　　C. 0016　　　　　D. 2986

9. 注册会计师欲从3600张凭单中按系统选样方法选出40张作为样本,确定的选样起点为555,则抽样间隔、所能选到的最大的凭单编号及最小的凭单编号分别是(　　)。

   A. 90,3525,15　　B. 90,3515,5　　C. 40,3595,35　　D. 40,3585,25

10. 在下列抽样方法中,主要用于查找重大违法事件,能以极高的可信赖程度确保查出误差率很小的误差的是(　　)。

   A. 发现抽样　　　　　　　　　　B. 固定样本量抽样

   C. "停—走"抽样　　　　　　　　D. 比率估计抽样

(三) 多项选择题

1. 有关审计抽样的下列表述中,注册会计师认为错误的有(　　)。

   A. 审计抽样适用于会计报表审计的所有审计程序

   B. 对可信赖程度要求越高,需选取的样本量应越大

   C. 统计抽样的产生并不意味着非统计抽样的消亡

   D. 非统计抽样和统计抽样的选用将影响注册会计师对发现的样本错误所作的适当
      反应

2. 按抽样决策的依据不同,将审计抽样划分为(　　)。

   A. 属性抽样　　　　B. 变量抽样　　　　C. 统计抽样　　　　D. 非统计抽样

3. 注册会计师设计样本时所确定的样本量与(　　)成正比关系。

   A. 预期总体误差　　B. 可信赖程度　　　C. 可容忍误差　　　D. 抽样风险

4. 注册会计师在对样本实施必要的审计后,需要对抽样结果进行评价。其具体程序和内容包括( )。

    A. 分析样本误差   B. 推断总体误差   C. 重估抽样风险   D. 形成审计结论

5. 注册会计师在设计样本时,应当考虑的因素有( )。

    A. 预期总体误差   B. 可容忍误差

    C. 抽样风险和非抽样风险   D. 审计对象总体与抽样单位

6. 在抽样风险中,将使审计无法达到预期的效果,即最危险的风险是( )。

    A. 误拒风险   B. 误受风险   C. 信赖不足风险   D. 信赖过度风险

7. 对审计工作效率有一定影响的有( )。

    A. 信赖不足风险   B. 信赖过度风险   C. 误拒风险   D. 误受风险

8. 对审计工作效果有一定影响的有( )。

    A. 非抽样风险   B. 信赖过度风险   C. 误拒风险   D. 误受风险

9. 属性抽样主要包括( )方法。

    A. "停—走"抽样   B. 固定样本量抽样   C. 发现抽样   D. 差额估计抽样

10. 下列关于发现抽样的说法中,正确的是( )。

    A. 发现抽样是在既定的可信赖程度下,在假设误差以既定的误差率存在于总体之中的情况下,至少查出一个误差的抽样方法

    B. 发现抽样主要用于查找重大非法事件

    C. 使用发现抽样时,当发现一个重大的误差时,抽样程序应继续进行,直到对误差的发现个数为 10 的时候,即可完成抽样程序

    D. 发现抽样能够以极高的可信赖程度(如 99.5% 以上)确保查出的误差率仅为 0.5%～1%

(四)综合题

资料:假定注册会计师对 A 公司连续编号为 600～6000 的现金支票进行随机选样,希望选取一组样本量为 10 的样本。首先,注册会计师确定只用随机数表所列数字的后 4 位数来与现金支票号码一一对应。其次,确定第 5 列第 3 行为起点,选号路线为第 5 列、第 4 列、第 3 列、第 2 列、第 1 列,依次进行。最后,按照规定的一一对应关系和起点及选号路线,选出 10 个数码。注册会计师运用的随机数表如表 8-8 所示,请帮助注册会计师选出这 10 个数码,使这些数码与 10 张现金支票号码相对应。

表 8-8　随机数表(部分列示)

列号 随机数 行号	(1)	(2)	(3)	(4)	(5)
1	10480	15011	01536	02011	81647
2	22368	46573	25595	85313	30995
3	24130	48360	22527	97265	76393
4	42167	93093	06243	61680	07856
5	37570	39975	81837	16656	06121

续表

随机数　列号　行号	（1）	（2）	（3）	（4）	（5）
6	77921	06907	11008	42751	27756
7	99562	72905	56420	69994	98872
8	96301	91977	05463	07972	18876
9	89759	14342	63661	10281	17453
10	85475	36857	53342	53988	53060
11	28018	69578	88231	33276	70997
12	63553	40961	48235	03427	49626
13	09429	93069	52636	92737	88974
14	10365	61129	87529	85689	48237
15	07119	97336	71048	08178	77233

回答：

选出的能够与现金支票号码对应的这 10 个数码依次为：

第九章

审计测试流程

引导案例:

银广夏审计失败及启示

　　银广夏公司全称为广夏(银川)实业股份有限公司,现证券简称为 ST 银广夏(000557)。1994 年 6 月上市的银广夏公司,曾因其骄人的业绩和诱人的前景而被称为"中国第一蓝筹股"。2001 年 8 月,《财经》杂志发表"银广夏陷阱"一文,银广夏虚构财务报表事件被曝光。专家意见认为,银广夏出口德国诚信贸易公司的为"不可能的产量、不可能的价格、不可能的产品"。以银广夏萃取设备的产能,即使通宵达旦运作,也生产不出所宣称的数量;银广夏萃取产品出口价格高到近乎荒谬;对德出口合同中的某些产品,根本不能用二氧化碳超临界萃取设备提取。由此,银广夏虚构财务报表事件被曝光。

　　2002 年 5 月中国证监会对银广夏的行政处罚决定书认定,公司自 1998 年至 2001 年期间累计虚增利润 77 156.70 万元。从原料购进到生产、销售、出口等环节,公司伪造了全部单据,包括销售合同和发票、银行票据、海关出口报关单和所得税免税文件。之后,负责对银广夏财务报表进行审计的深圳中天勤会计师事务所及相关注册会计师,因涉及银广夏利润造假案被追究法律责任。

　　银广夏审计失败的原因很多,其中一个重要的原因是注册会计师对银广夏公司的经营性质、经营状况、公司治理及管理现状了解不够,没有评估和控制审计风险,进而没能采取有效的应对风险措施,如对于银广夏在 2000 年度主营业务收入大幅增长的同时生产用电的电费却反而降低的情况竟没有发现或报告等。

　　要求:试讨论注册会计师应如何评估审计风险? 应采取怎样的应对审计风险的对策和办法?

第一节　了解和评价内部控制的设计

　　注册会计师应当按照自上而下的方法实施审计工作。自上而下的方法是注册会计师识别风险、选择拟测试控制的基本思路。注册会计师在实施审计工作时,可以将企业层面控制和业务层面控制的测试结合进行。

　　了解和评价内部控制的设计是注册会计师执行企业内部控制审计的重要工作。注册会计师应当就内部控制所包括的控制环境、风险评估系统、信息系统与沟通、控制活动和对控制的监督五方面要素进行了解,并进行适当记录和恰当评价。

一、了解并评价内部控制

了解内部控制:一是评价内部控制的设计;二是确定内部控制是否得到执行。评价内部控制的设计是指考虑一项控制或连同其他控制是否能够有效防止或发现并纠正重大错报;内部控制得到执行是指某项控制存在且正在使用。

了解被审计单位的相关内部控制的设计和执行,通常实施下列风险评估程序。

(一)询问被审计单位的有关人员

注册会计师可以向被审计单位的有关人员询问相关内部控制是否建立,是否执行,与上次审计相比发生了哪些新变化,以往内部控制的薄弱环节是否得到改进等。

(二)观察特定控制的运行

注册会计师可以亲自实地观察被审计单位的业务活动和内部控制的运行情况,以确证它们是否已经建立并得到运行。

(三)检查文件和报告

注册会计师索取并检查被审计单位编制的有关内部控制的文件与报告,并结合对被审计单位有关人员的询问,就可以了解有关内部控制的建立与执行情况。

(四)交易穿行测试

穿行测试是通过追踪交易在财务报告信息系统中的处理过程,即选择一些具有代表性的交易与事项的会计凭证与记录进行追查,审查其会计处理是否合规、正确,从而进一步证实通过其他不同方式所了解到的内部控制情况是否属实。

二、在被审计单位整体层面了解并评价内部控制

(一)在整体层面了解内部控制

(1)了解控制环境

注册会计师应当了解管理层在治理层的监督下,是否营造了诚实守信和合乎道德的文化,以及是否建立了防止或发现并纠正舞弊和错误的恰当控制。

(2)了解风险评估过程

注册会计师应当了解被审计单位管理层如何识别与财务报告相关的经营风险,如何估计该风险的重要性,如何评估风险发生的可能性,以及如何采取措施来管理这些风险。

(3)了解信息系统和沟通

注册会计师应当了解对财务报表具有重要影响的各类交易;对交易生成、记录、处理和报告的程序,以及有关的会计记录;信息系统如何获取除各类交易之外的对财务报表具有重大影响的事项和情况,如固定资产的计提折旧;编制财务报告的过程;特别关注由于管理层凌驾于账户记录控制之上,或者规避控制行为而产生的重大错报风险;了解被

审计单位内部如何对财务报告的岗位职责,以及与财务报告相关的重大事项进行沟通。

(4)了解控制活动

注册会计师应当了解一项控制活动单独或连同其他控制活动,是否能够有效防止或发现,以及如何防止或发现并纠正各类交易、账户余额、列报存在的重大错报,识别和了解针对重大错报可能发生的领域的控制活动。

(5)了解对控制的监督的情况

注册会计师应当了解被审计单位对与财务报告相关的内部控制的持续监督活动和专门的评价活动,并了解如何采取纠正措施;了解被审计单位的内部审计工作。

(二)在整体层面评价内部控制

基于上述了解的要点与执行的程序,去评价被审计单位内部控制整体层面是否能够有效防止或发现并纠正重大错报,是否得到执行,得出相应的结论。

三、在业务流程层面了解并评价内部控制

由于内部控制的若干要素更多地体现在业务流程层面。因此,注册会计师应当从被审计单位重要业务流程层面了解内部控制,并据此评估认定层次的重大错报风险。在重要业务流程层面了解和评估内部控制的一般步骤如下。

(一)确定被审计单位的重要业务流程和重要交易类别

在实务中,一般通过划分业务循环来确定重要的业务流程。例如,制造业企业可以划分为销售与收款循环、采购与付款循环、存货与生产循环、筹资与投资循环。

重要交易类别是指可能对被审计单位财务报表产生重大影响的各类交易。重要交易应与重大账户及其认定相联系,例如,对于制造业企业,销售收入和应收账款通常是重大账户,销售和收款都是重要交易类别。此外,对财务报表具有重大影响的事项和情况也应包括在内,如计提固定资产的折旧。

交易类别可以进一步划分为常规交易、非常规交易与判断事项。常规交易是指在日常经营中经常重复发生的交易,如销售、收款;非常规交易是指由于金额或性质异常而不经常发生的交易,如企业购并、债务重组;判断事项通常是指作出的会计估计,如资产减值准备金额的估计。

(二)了解重要交易流程并记录

在确定重要的业务流程和交易类别后,注册会计师便可着手了解每一类重要交易在自动化或人工系统中生成、记录、处理及在财务报表中报告的程序,即重要交易流程。例如,在销售循环中,这些活动包括输入销售订单、编制货运单据和发票、更新应收账款信息记录,通过编制调整分录,修改并再次处理以前被拒绝的交易,以及修改被错误记录的交易。

(三)确定可能发生错报的环节(关键控制点)

注册会计师需要确认和了解错报在什么环节发生,即确定被审计单位应在哪些环节设

置控制,以防止或发现并纠正各重要业务流程可能发生的错报。表 9-1 所示部分在生产交易中的可能错报环节。

表 9-1 生产交易中的可能错报环节

交 易 流 程	可能的错报	关键控制点
计划和控制生产	生产没有计划	由生产计划部门批准生产单
发出原材料	未经授权领用原材料	按已批准的生产单和签字的发料单发出原材料
生产产品	生产工时未计入生产单	使用记工单记录完成生产单的工时
完工产品入库	仓库声称从未收到产成品	产成品仓库保管员收到产品时在入库单上签字

(四)识别和了解相关控制并记录

通过对被审计单位的了解,包括在被审计单位整体层面对内部控制各要素的了解,以及在上述程序中对重要业务流程的了解,注册会计师可以确定是否有必要了解在业务流程层面的控制。有时,注册会计师之前的了解可能表明被审计单位在业务流程层面针对某些重要交易流程所设计的控制是无效的,或者注册会计师并不打算依赖控制,或者并不存在特别风险,注册会计师可以不了解在业务流程层面的控制。

如果注册会计师计划对业务流程层面的有关控制进行了解和评价,在了解业务流程中容易发生错报的环节后,注册会计师应当确定:①被审计单位是否建立了有效的内部控制,以防止或发现并纠正这些错报;②被审计单位是否遗漏了必要的控制;③是否识别了可以最有效测试的控制。

(五)执行穿行测试

证实对交易流程和相关控制的了解。

(六)初步评价内部控制

在识别和了解控制后,注册会计师要对内部控制进行初步评价。根据上述执行的程序和获取的审计证据,注册会计师需要评价控制的设计并确定其是否得到执行。

注册会计师对控制的初步评价结论可能是:①内部控制设计合理(即单独或连同其他内部控制能够有效防止或发现并纠正重大错报),并得到执行;②内部控制本身的设计是合理的,但没有得到执行;③内部控制本身的设计就是无效的或缺乏必要的控制。

注册会计师应将了解和评价的重点确定为与财务报告相关的内部控制,并非被审计单位所有的内部控制。例如,被审计单位可能依靠某一复杂的自动控制系统提高经营活动的效率和效果(如航空公司用于维护航班时间表的自动控制系统),这些控制通常与审计无关,注册会计师无须对其加以考虑。注册会计师应当考虑内部控制的人工和自动化特征及其影响。内部控制可能既包括人工成分又包括自动化成分。内部控制采用人工系统还是自动化系统,将影响交易生成、记录、处理和报告的方式。

注册会计师对于内部控制运行偏离设计的情况,即控制偏差,应当确定该偏差对相关风险评估、需要获取的证据及控制运行有效性结论的影响。

四、记录内部控制的方法

注册会计师需要将了解到的被审计单位内部控制的情况记录在审计工作底稿中,即对内部控制的了解情况加以描述。一般地,对内部控制的了解与记录是同步进行的。常采用的记录方式有文字表述法、调查表法、流程图法。这 3 种方法可单独使用,也可以结合使用。注册会计师应当运用职业判断确定记录方法。

(一)文字表述法

文字表述法是指注册会计师用文字叙述的方式描述被审计单位内部控制的方法,如表 9-2 所示。

表 9-2 销售与收款循环内部控制说明书

被审计单位名称:A 公司 财务报表期间:[截至××年×月×日止] 审计项目名称:销售与收款循环内部控制		签名	日期	索引号
	编制人			页次
	复核人[如项目负责人]			
	项目质量控制复核人(如适用)			

销售部收到客户订货单(一式两联)后,王林登记,李科负责审查订单上的产品种类、质量要求、数量、价格、交货与付款方式,以决定是否接受订货。李科在决定接受订货的情况下,将一式两联订货单送交财务部的刘昌,由刘昌审核给予客户的信用政策,并签署意见,将其中一联送还销售部,另一联留存,并登记信用备忘录。信用政策被批准后,销售部编制提货单和一式三联的销售通知单,提货单交客户,销售通知单一联留存,另外两联分别送销售部和财务部;客户凭提货单到仓库提货,仓库在核对提货单和销售通知单相符后,发出货物,并编制一式三联的发货单,一联留存,据以更新库存记录,另外两联分别送销售部和财务部。销售部负责催收款项。财务部刘昌在核对发货单、销售通知单和客户订货单后,向客户开出账单,要求对方按时付款,并更新销售日记账和应收账款等会计记录;收到款项后,财务部马民负责登记银行存款日记账,刘昌开具销售发票。财务部每月向客户发出应收账款对账函,如果出现分歧,应及时查明原因;每周核对一次销售发票和发货单上的数据。

评价:
销售与收款循环内部控制存在下列缺陷。
1. 应收账款的记录与批准信用政策由一人承担。
2. 没有将客户的编号、销售数量和销售收入与销售发票、信用备忘录上的有关信息进行核对。

文字表述法的优点:①可对调查对象做出比较深入和具体的描述;②具有灵活性。缺点:①不够直观;②不便于抓住重点,有时难以用简明的语言来描述复杂的控制细节,还可能遗漏控制点。因此文字表述法主要适用于内部控制比较简单的小型被审计单位和对控制环境、实物控制的描述。

(二)调查表法

调查表法是以相关事项作为调查对象,注册会计师自行设计成有针对性的模式化的问题式调查表,要求被调查者作出“是”“否”或“不适用”的回答,以此了解被审计单位内部控制的一种方法。问题设计是否得当非常关键。生产业务内部控制调查表示例如表 9-3 所示。

表 9-3　生产业务内部控制调查表

	签名	日期	索引号	被审计单位名称：A 公司
编制人				财务报表期间：〔截至××年×月×日
复核人〔如项目负责人〕			页次	止〕
项目质量控制复核人（如适用）				审计项目名称：生产业务内部控制

调 查 问 题	回　答			备注
	是	否	不适用	
1. 在正式接受订单之前,生产部门负责人是否要求对订单进行审核				
2. 生产计划对产品的工艺要求、制造日期、工时、设备、人员和材料的配备有无详细的说明				
3. 生产计划编制后是否经过计划部门负责人的审核批准				
4. 生产通知单是否以生产计划为依据加以填制				
5. 生产通知单是否经适当授权的人签发				
6. 生产通知单是否予以连续编号控制				
7. 产品在各生产部门之间的流动是否都予以记录				
8. 成本核算制度是否符合生产经营特点				
9. 采用的成本计算方法是否严格执行,有无随意变更				
10. 是否制定和执行先进合理的定额和预算,有无"以估代实"计算成本				
11. 成本开支范围是否符合有关规定				
12. 各成本项目的核算、制造费用的归集、产成品的结转是否严格规定执行,前后期是否一致				
13. 是否定期盘点产成品				
14. 完工新产品成本与在产品成本的分配方法是否严格执行				
15. 是否建立并执行成本费用归口分级责任控制及其考核评价制度				
16. 新产品质量是否由独立于生产部门的人员来进行检查				
17. 对各种或各类产品是否分别设置分类账户				

　　调查表法的优点：①描述简明,便于注册会计师做分析评价；②回答为"否"的项目集中反映了被审计单位的内部控制的弱点,能够引起注册会计师关注；③编制调查表省时省力。缺点：①容易把各业务的内部控制孤立看待,不能提供完整的看法；②对于不同行业的被审计单位或小型被审计单位,模式化问题往往不适用,缺乏弹性。

　　（三）流程图法

　　流程图是采用一定的符号和图形、以业务流程线加以联结、将交易与事项的处理程序和文件凭证的有序流动反映出来的文件。图 9-1 所示为某工厂原材料的领发业务流程图。

　　流程图法的优点：①能够形象、直观地反映出内部控制的运行方式,突出关键控制点；②便于修改。

　　流程图法的缺点：①绘制流程图的技术难度大,费时费力；②流程控制之外的控制措施如实物控制无法直接反映；③对控制弱点有时也难以明确表示。

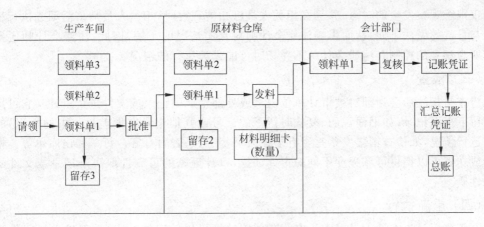

图 9-1 某工厂原材料的领发业务流程图

第二节 测试内部控制运行的有效性

测试内部控制运行的有效性,也称控制测试。控制测试是为了确定内部控制运行有效性而实施的审计测试。

注册会计师在了解被审计单位内部控制设计情况的基础上,还应就已经存在的内部控制的运行情况进行测试。注册会计师应当根据与内部控制相关的风险,确定拟实施控制测试的性质、时间和范围,获取充分、适当的证据。注册会计师在测试企业层面控制和业务层面控制时,应当评价内部控制是否足以应对舞弊风险。

一、控制测试的性质

控制测试的性质是指控制测试所使用的审计程序的类型及其组合。

(一)询问

注册会计师可以向被审计单位适当员工询问,获取与内部控制运行情况相关的信息。例如,询问信息系统管理人员有无未经授权接触计算机硬件和软件,向负责复核银行存款余额调节表的人员询问如何进行复核,包括复核的要点是什么,发现不符事项如何处理等。但是,询问本身并不足以测试控制运行的有效性,因为仅仅通过询问不能为控制运行的有效性提供充分的证据,注册会计师通常需要印证被询问者的答复,如向其他人员询问和检查执行控制时所使用的报告、手册或其他文件等。换言之,注册会计师应当将询问与其他审计程序结合使用,以获取有关控制运行有效性的审计证据。在询问过程中,注册会计师应当保持职业怀疑态度。

(二)观察

观察是指审计人员查看相关人员正在从事的活动或执行的程序。它可用于测试不留下书面记录的控制(如职责分离)的运行情况。例如,观察存货盘点控制的执行情况。观察也可运用于实物控制,如查看仓库门是否锁好,或者空白支票是否妥善保管。通常情况下,注册会计师通过观察直接获取的证据比间接获取的证据更可靠。但是,由于观察提供的审计证据仅限于观察发生的时点，并且在相关人员已知被观察时，相关人员从事活动或执行程序可能与日常的做法不同，从而影响注册会计师对真实情况的了解，因此，注册会计师还要考虑其所观察到的控制在注册会计师不在场时可能未被执行的情况。

（三）检查

检查是指注册会计师对被审计单位内部或外部生成的记录或文件进行审计。它可用于测试留下书面记录（如书面说明、复核时留下的记号或其他记录在偏差报告中的标识）的控制的运行情况，如检查销售发票是否有复核人员签字、是否附有客户订单和出库单等。检查记录或文件可以提供可靠程度不同的审计证据，审计证据的可靠性取决于记录或文件的来源和性质。

（四）重新执行

重新执行是指审计人员以人工方式或使用计算机辅助审计技术，重新独立执行作为被审计单位内部控制组成部分的程序或控制。通常只有当询问、观察和检查程序结合使用仍无法获得充分的证据时，注册会计师应当考虑通过重新执行来证实控制是否有效运行。例如，为了合理保证计价认定的准确性，被审计单位的一项控制是由复核人员核对销售发票上的价格和统一价格单上的价格是否一致，然而，要检查复核人员有没有认真地进行核对，仅仅检查复核人员是否在相关文件上签字是不够的，注册会计师还需要自己选取一部分销售发票加以核对。

二、控制测试的时间

控制测试的时间包含两层含义：测试所针对的控制适用的时点或期间；何时实施控制测试。

（一）测试所针对的控制适用的时点或期间

1. 时点测试

如果仅需要测试控制在特定时点的运行有效性（如对被审计单位期末存货盘点进行控制测试），注册会计师只需要获取该时点的审计证据。

2. 期间测试

如果需要获取控制在某一期间有效运行的审计证据，仅获取与时点相关的审计证据是不充分的，注册会计师还应当实施其他控制测试，包括测试被审计单位对控制的监督。也就是说，关于控制在多个不同时点的运行有效性的审计证据的简单累加并不能构成控制在某期间的运行有效性的充分、适当的审计证据；"其他控制测试"用于提供相关控制在所有相关时点都运行有效的审计证据；被审计单位对控制的监督起到的就是一种检验相关控制在所有相关时点是否都有效运行的作用，因此注册会计师测试"控制的监督"能够强化控制在某期间运行有效性的审计证据效力。

（二）何时实施控制测试

1. 期中测试

对于控制测试，注册会计师最有可能在期中实施相应程序。但是，注册会计师需要考虑如何针对期中至期末这段剩余期间获取充分、适当的审计证据。

(1) 获取这些控制在剩余期间变化情况的审计证据。针对期中已获取审计证据的控制，考察其在剩余期间的变化情况（包括是否发生了变化，以及如何变化）：如果这些控制在剩余期间没有发生变化，注册会计师可能决定信赖期中获取的审计证据；如果这些控制在剩余期间发生了变化（如信息系统、业务流程或人事管理等方面发生变动），注册会计师需要了解并测试控制的变化对期中审计证据的影响。

(2) 针对剩余期间获取补充审计证据。通过测试剩余期间控制的运行有效性或测试被审计单位对控制的监督，注册会计师可以获取针对期中证据以外的、剩余期间的补充审计证据。

2. 利用以前审计获取的审计证据

当拟信赖的控制自上次测试后未发生变化时，注册会计师运用职业判断，就是否在本期对其执行控制测试作出选择，既可以执行控制测试，也可以利用以前审计获取的有关控制运行有效性的审计证据，但是不可以无限期或过长时间内不实施控制测试（通常两次测试的时间间隔不得超过两年）。

如果拟信赖的控制在本期已发生变化，注册会计师应当在本期审计中测试这些控制的运行有效性。

对于旨在减轻特别风险的控制，无论该控制在本期是否发生变化，注册会计师都不应依赖以前审计获取的证据，而应在本期审计中执行控制测试。

注册会计师在确定测试的时间安排时，应当在下列两个因素之间作出平衡，以获取充分、适当的证据。

① 尽量在接近企业内部控制自我评价基准日实施测试。

② 实施的测试需要涵盖足够长的期间。

三、控制测试的范围

控制测试的范围主要是指某项控制活动的测试次数。注册会计师应当设计控制测试，以获取控制在拟信赖的整个期间有效运行的充分、适当的审计证据。

在确定某项控制测试范围时，注册会计师应考虑下列因素。

(1) 执行控制的频率。在整个拟信赖的期间，被审计单位执行控制的频率越高，实施控制测试的范围就越大。

(2) 控制运行有效性的时间长度。在所审计期间，注册会计师拟信赖控制运行有效性的时间长度越长（一般控制活动次数越多），实施控制测试的范围越大。

(3) 审计证据的相关性和可靠性。为证实控制能够防止或发现并纠正认定层次重大错报，对所需获取审计证据的相关性和可靠性要求越高，实施控制测试的范围越大。

(4) 与认定相关的其他控制所获取的审计证据的范围。针对同一认定，可能存在不同的控制。当针对其他控制获取审计证据的充分性和适当性较高时，测试该控制的范围可适当缩小。

(5) 对控制拟信赖程度。在风险评估时对控制运行有效性的拟信赖程度越高，实施控制测试的范围越大。

（6）控制的预期偏差。预期偏差可以用控制未得到执行的预期次数占控制应当得到执行次数的比率加以衡量。控制的预期偏差率越高，实施控制测试的范围就越大。

在整合审计中，注册会计师应当考虑实质性程序中发现的问题，包括财务报表的错报，对被审计单位内部控制的影响。

第三节 评价内部控制缺陷

一、内部控制缺陷的分类

（一）按照成因分类

按照成因可分为设计缺陷和运行缺陷。设计缺陷是指缺少为实现控制目标所必需的控制，或者现有控制设计不适当，即使正常运行也难以实现控制目标。运行缺陷是指设计有效（合理且适当）的内部控制，由于运行不当（包括由不恰当的人执行），控制没有按设计意图运行，或者执行人员缺乏必要授权或专业胜任能力，无法有效实施控制。

（二）按照影响的表现形式分类

按照影响内部控制目标的具体表现形式，可分为财务报告内部控制的缺陷和非财务报告内部控制的缺陷。财务报告内部控制的缺陷主要是指不能合理保证财务报告可靠性的内部控制设计和运行缺陷，即不能及时防止或发现并纠正财务报告错误的内部控制缺陷。财务报告缺陷以外的控制缺陷即为非财务报告缺陷，一般包括战略目标、资产安全、经营目标、合规目标等方面控制的缺陷。

（三）按照影响的严重程度分类

按照影响企业内部控制目标实现的严重程度，可分为重大缺陷、重要缺陷和一般缺陷。

重大缺陷是指一个或多个控制缺陷的组合，可能导致企业严重偏离控制目标。一般而言，如果一项内部控制缺陷单独或连同其他缺陷具备合理可能性导致不能及时防止或发现并纠正财务报告中的重大错报，就应将该缺陷认定为重大缺陷。在确定一项内部控制缺陷或多项内部控制缺陷的组合是否构成重大缺陷时，注册会计师应当评价补偿性控制（替代性控制）的影响。企业执行的补偿性控制应当具有同样的效果。重大错报中的重大与否，涉及注册会计师确定的财务报告的重要性水平。如果企业的财务报告内部控制中存在一项或多项重大缺陷，就不能得出该企业的财务报告内部控制有效的结论。

一项内部控制缺陷单独或连同其他缺陷具备合理可能性导致不能及时防止或发现并纠正财务报告中虽然未达到和超过重要性水平，但应引起董事会和管理层重视的错报，应将该缺陷认定为重要缺陷。

不构成重大缺陷和重要缺陷的内部控制缺陷，应认定为一般缺陷。

注册会计师应当评价其识别的各项内部控制缺陷的严重程度，以确定这些缺陷单独或组合起来，是否构成重大缺陷。

二、财务报告内部控制缺陷与非财务报告内部控制缺陷重要程度的认定

（一）财务报告内部控制缺陷重要程度的认定

财务报告内部控制缺陷的重要程度，主要取决于以下两方面的因素。

（1）该缺陷是否具备合理可能性导致企业的内部控制不能及时防止或发现并纠正财务报告错报。合理可能性是指大于微小可能性的可能性，确定是否具备合理可能性需要注册会计师运用职业判断。

（2）该缺陷单独或连同其他缺陷可能导致的潜在错报金额的大小。

另外，以下迹象通常表明财务报告内部控制可能存在以下重大缺陷。

（1）董事、监事和高级管理人员舞弊。

（2）企业更正已公布的财务报告。

（3）注册会计师发现当期财务报告存在重大错报，而内部控制在运行过程中未能发现该错报。

（4）企业审计委员会和内部审计机构对内部控制的监督无效。

（二）非财务报告内部控制缺陷重要程度的认定

非财务报告内部控制目标一般包括战略目标、资产安全、经营目标、合规目标等。非财务报告内部控制缺陷认定具有涉及面广、认定难度大的特点。注册会计师可以根据《企业内部控制应用指引》中所阐述的风险，结合职业判断，合理确定定性和定量的认定标准，根据其对内部控制目标实现的影响程度，认定为一般缺陷、重要缺陷和重大缺陷。其中，定量标准，即涉及金额大小，既可以根据造成直接财产损失绝对金额制定，也可以根据其直接损失占被审计单位资产、销售收入及利润等的比率确定；定性标准，即涉及业务性质的严重程度，可根据其直接或潜在负面影响的性质、影响的范围等因素确定。以下迹象通常表明非财务报告内部控制可能存在重大缺陷。

（1）国有企业缺乏民主决策程序，如缺乏"三重一大"决策程序。

（2）企业决策程序不科学，如决策失误，导致并购不成功。

（3）违反国家法律、法规，如环境污染。

（4）管理人员或技术人员纷纷流失。

（5）媒体负面新闻频现。

（6）内部控制评价的结果特别是重大或重要缺陷未得到整改。

（7）重要业务缺乏制度控制或制度系统性失效。

需要强调的是，在内部控制的非财务报告中，战略和经营目标的实现往往受到企业不可控的诸多外部因素的影响，企业的内部控制只能合理保证董事会和管理层了解这些目标的实现程度。因而，在认定针对这些控制目标的内部控制缺陷时，不能只考虑最终的结果，而主要应该考虑企业制定战略、开展经营活动的机制和程序是否符合内部控制要求，以及不适当的机制和程序对企业战略及经营目标实现可能造成的影响。

三、评价控制缺陷的步骤

在评价控制缺陷时，注册会计师应当运用职业判断，考虑并衡量定量和定性因素。同时

要对整个思考判断过程进行记录,尤其是详细记录关键判断和得出结论的理由。而且,在评价控制缺陷严重程度的记录中,注册会计师应当对"可能性"和"错报金额大小"的判断做出明确的陈述。

注册会计师采用如图 9-2 所示的控制缺陷评价流程图来评价控制缺陷的严重程度。

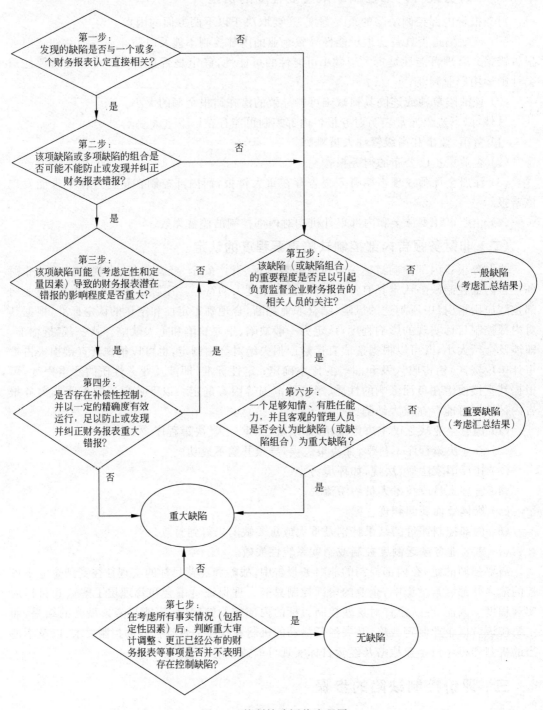

图 9-2　控制缺陷评价流程图

注册会计师在开展控制缺陷评价时,需要考虑如下事项。

第一步:考虑发现的控制缺陷与财务报表认定是否直接相关(例如,具有广泛性影响的企业层面控制和特定信息技术一般控制的控制缺陷可能与某一财务报表认定直接相关)。

通常,与财务报表认定直接相关的控制是流程、交易和应用层面的控制。企业层面控制中与控制环境相关的控制和信息技术一般控制,属于促进其他控制有效运行的控制,通常与财务报表认定间接相关。

然而,某些企业层面控制和信息技术一般控制也可能与一个或多个财务报表认定直接相关。例如:

(1) 直接的企业层面控制。如具有一定精确度的经营业绩复核足以防止或发现财务报表重大错报,因此被认为与一个或多个财务报表认定直接相关。

(2) 某些信息技术一般控制同时也是应用控制,能够直接支持财务报表认定。例如,在财务报告流程中设置不适当的访问权限、财务报告流程方面的职责分工不足、对财务数据进行直接访问等。

注册会计师在评价与财务报表认定间接相关的控制缺陷的严重程度时,应当考虑由该缺陷(或同类缺陷的汇总影响)导致出现其他控制缺陷的可能性及严重程度。

第二步:确定一项缺陷或多项缺陷的组合是否可能不能防止或发现并纠正财务报表错报。

注册会计师需要评价发现的一项缺陷或多项缺陷的组合导致财务报表错报的"可能性"。通常,注册会计师需要进行合理的定性判断,不需要进行定量评估。

第三步:确定一项缺陷或多项缺陷的组合可能导致的财务报表错报,对财务报表的影响程度是否重大。

在评价控制缺陷时,注册会计师应当根据财务报表审计中确定的重要性水平,支持对控制缺陷严重程度的评价。

在评价缺陷的严重程度时,注册会计师需要分别从定量、定性的角度考虑相关影响因素。从定量的角度出发,考虑是否可能导致财务报表错报,该错报在金额上对财务报表具有重大影响,且不能被一项控制或多项控制的组合所防止或及时发现并纠正。从定性的角度出发,考虑一项缺陷或多项缺陷的组合导致财务报表错报的严重程度的相关因素,以及针对依赖该信息进行决策的人员预期需要考虑的因素。

第四步:评价是否存在补偿性控制并以一定的精确度有效运行,足以防止或发现并纠正中期或年度财务报表重大错报。

在确定一项控制缺陷或多项控制缺陷的组合是否构成重大缺陷时,注册会计师应当评价补偿性控制的影响。在评价补偿性控制是否能够弥补控制缺陷时,注册会计师应当考虑补偿性控制是否有足够的精确度以防止或发现并纠正可能发生的重大错报。以一定精确度有效运行的补偿性控制,单独或组合起来可能防止或发现并纠正年度或中期财务报表重大错报,因而可以减少或减轻已确认的控制缺陷所导致的潜在错报。

首先,注册会计师在评价控制缺陷严重性之前考虑补偿性控制可能更为有效。在得出补偿性控制是否有效运行的结论前,注册会计师应当首先分析该补偿性控制是否达到一定程度的精确性。

其次,注册会计师应当对补偿性控制开展必要的测试工作,获取并记录补偿性控制运行有效的证据。

　　需要注意的是,由于某些控制缺陷发生在企业的组成部分(如子公司)层面,而相关的补偿性控制可能存在于集团层面。因此,在对补偿性控制进行测试时,注册会计师应当考虑补偿性控制执行的层面及其对测试的影响。集团项目组应当与组成部分注册会计师及时开展充分、有效的沟通,及时识别补偿性控制并进行相应的测试,以便准确判断补偿性控制是否可以降低财务报表错报的可能性和严重程度。

　　第五步:评价该项缺陷的重要程度是否足以引起负责监督企业财务报告的人员的关注。

　　本步骤中的负责监督企业财务报告的人员是指企业中负责财务报告监督和管理工作的中高层管理人员,如财务总监、总会计师、首席财务官等,以及董事会成员和监事会成员。

　　负责监督企业财务报告的人员通常主要关注以下几方面。

　　(1)控制缺陷在去年已存在并被确认为重要缺陷或重大缺陷。

　　(2)控制缺陷存在于企业新兴业务或高风险业务中。

　　(3)控制缺陷存在于董事会或审计委员会高度关注的领域内,如特殊组成部分或敏感业务。

　　在评价财务报告内部控制缺陷的重要程度时,注册会计师应当确定企业财务主管负责人是否有充分合理的信心认为,企业的交易得到适当的记录,财务报告的编制符合企业会计准则和披露要求。如果注册会计师判断一个谨慎的财务主管负责人在企业存在该内部控制缺陷(或缺陷组合)时,仍然保持对财务报告和相关信息真实准确的信心,且该信心是充分合理的,则注册会计师可以认为缺陷(或缺陷组合)是一般缺陷。反之,注册会计师可以认为该缺陷(或缺陷组合)至少构成重要缺陷,并进而按照第六步的要求评价该缺陷(或缺陷组合)是否构成重大缺陷。

　　第六步:考虑一个足够知情的、有胜任能力的,并且客观的管理人员是否会认为该控制缺陷(或缺陷组合)为重大缺陷。

　　本步骤的目的是注册会计师在对内部控制缺陷进行定性和定量分析评价的基础上,充分发挥职业谨慎态度,从第三方的角度客观地重新审视内部控制缺陷(或缺陷组合)的严重性,从而得出内部控制是否有效的结论。

　　此处所指的"足够知情、有胜任能力并且客观的管理人员"是指一个具有一定知识和能力的第三方人员(如监管机构人员、投资人等)在和注册会计师取得同样的内部控制缺陷相关信息时,是否会认为该控制缺陷(或缺陷组合)会导致财务报表重大错报。如果是,则该缺陷构成重大缺陷;反之,则为重要缺陷。如果注册会计师确定发现的一项控制缺陷或多项控制缺陷的组合将导致谨慎的管理人员在执行工作时,认为自身无法合理保证按照适用的财务报告编制基础记录交易,应当将这一项控制缺陷或多项控制缺陷的组合视为存在重大缺陷的迹象。下列迹象可能表明内部控制存在重大缺陷。

　　(1)注册会计师发现董事、监事和高级管理人员的任何舞弊。

　　(2)被审计单位重述以前公布的财务报表,以更正由于舞弊或错误导致的重大错报。

　　(3)注册会计师发现当期财务报表存在重大错报,而被审计单位内部控制在运行过程中未能发现该错报。

　　(4)审计委员会和内部审计机构对内部控制的监督无效。

第七步：在考虑所有事实情况(包括定性因素)后,判断重大审计调整、更正已经公布的财务报表等事项是否并不表明存在控制缺陷。

当企业发生重大审计调整、更正已经公布的财务报表时,通常会认为控制失效。但是,在某些情况下,重大审计调整、更正已经公布的财务报表等事项可能由特殊的背景和环境(如会计政策调整)引发的,而不一定是由控制缺陷导致的。如果存在充分的证据表明企业管理层采取了下列措施:已建立控制收集处理相关信息并按会计准则的要求记录和披露相关信息,并且有关控制设计和运行有效,则注册会计师可以合理地认为该控制并未失效。但是,实务中这种不是由于控制缺陷造成的特殊事项极少发生。因此,注册会计师对这些特殊事项的评估必须基于每家企业在特定的环境和时点上做出慎重考虑和分析。

评价控制缺陷示例:

【例 9-1·案例题】　一般缺陷。

A 注册会计师执行甲公司财务报告内部控制审计,财务报表整体重要性确定为 1000 万元。在对付款授权进行控制测试时,其中一项程序是检查付款发票是否有适当的审批且有相关的文件对其进行支持这一关键控制,这项控制活动与 1600 万元的发票交易相关,选择25 笔付款并测试它们是否经过了适当的审批,理想状态下应没有异常。但测试结果表明有一笔付款(与维修维护相关)未经过授权。

步骤一:发现的缺陷是否与一个或多个财务报表认定直接相关?

由于该缺陷涉及支出,直接影响财务报表认定。

步骤二:该项缺陷是否可能不能防止或发现并纠正财务报表错报?

是,付款没有得到审批,有可能导致错报。

步骤三:该项缺陷可能导致财务报表潜在错报的金额大小?

支出涉的总金额是 1600 万元,大于 1000 万元的重要性水平。

步骤四:是否存在补偿性控制,并以一定的精确度有效运行,足以防止或发现财务报表重大错报?

经了解和测试,维修与维护服务环节存在下列补偿性控制。

维修与维护服务环节的采购订单审批和发票审批流程中存在权限分离机制,因此采购订单审批和付款发票审批需要多人合作进行(已测试且该控制有效)。

对采购订单的审批与政策保持一致(已测试且该控制有效)。

每月将实际支出与成本及上季度数据进行对比。对于误差,差异容忍度为 100 万元,对于差异大于 100 万元的情况会进行调查(已测试且控制有效)。

步骤五:该缺陷的重要程度是否足以引起负责监督企业财务报告的相关人员的关注?

否,因此该缺陷为一般缺陷。

【例 9-2·案例题】　重大缺陷。

A 注册会计师执行甲公司财务报告内部控制审计,财务报表整体重要性确定为 2000 万元。在对月度银行对账进行控制测试时,其中一项程序是检查公司每月是否对其付款账户与银行进行对账,这项控制活动与 6000 万元现金收据及付款相关,选择两笔对账并且确定是否每笔对账都已完成,以及是否对所有重大或异常事件进行了调查并及时解决,理想状态下应没有例外。但测试结果表明两笔银行对账都没有完全完成,存在重大的未对账差异(共计 200 万元)且差异存在已超过 1 年。

步骤一：发现的缺陷是否与一个或多个财务报表认定直接相关？

是，涉及银行存款和付款的问题，直接影响财务报表认定。

步骤二：该项缺陷是否可能不能防止或发现并纠正财务报表错报？

是，对账没有完成，有可能导致错误不能及时发现。

步骤三：该项缺陷可能导致财务报表潜在错报的金额大小？

这项控制与交易相关且所涉及金额大于 6000 万元，超过了重要性。

步骤四：是否存在补偿性控制，并以一定的精确度有效运行，足以防止或发现并纠正财务报表重大错报？

会计经理会对每次银行对账进行审核并签字确认，由于经理没有能够发现这些重大的对账错误，因此补偿性控制也被判定为失效。

因此，该缺陷为重大缺陷。

第四节　内部控制缺陷评价的特殊考虑

一、对信息系统一般控制的考虑

信息系统一般控制缺陷往往会对应用系统控制的有效性产生负面影响，从而增加财务报表错报的可能性。因此，对信息系统一般控制缺陷的评价应当考虑应用控制缺陷的情况，以判断信息系统一般控制缺陷是否会直接导致财务报表错报。

如果应用控制缺陷与信息系统一般控制缺陷相关或由一般控制缺陷所引致，则需要将信息系统一般控制缺陷与应用控制缺陷结合起来评价，并且通常信息系统一般控制缺陷与应用控制缺陷的重要性分类是一致的。

(1) 如果应用控制重大缺陷与信息系统一般控制缺陷相关或由一般控制缺陷所引致，说明该信息系统一般控制缺陷也是重大缺陷。

(2) 如果应用控制重要缺陷与信息系统一般控制缺陷相关或由一般控制缺陷所引致，说明该信息系统一般控制缺陷也是重要缺陷。

(3) 如果应用控制缺陷(仅是一般缺陷)与信息系统一般控制缺陷相关或由一般控制缺陷所引致，通常说明该信息系统一般控制缺陷也是一般缺陷。

注册会计师在评价信息系统一般控制缺陷导致财务报表错报可能性时，应当考虑的因素包括但不限于以下几方面。

(1) 缺陷的性质和普遍性。例如，缺陷只与系统开发过程中的某个节点相关还是与整个过程相关。

(2) 该控制与应用系统和数据的关联程度。

(3) 应用系统和数据中存在缺陷的普遍性。

① 与信息系统一般控制缺陷相关或由其引起的应用控制缺陷的数量。

② 重要账户及相关业务流程中的控制受信息系统一般控制缺陷影响的程度。

③ 与信息系统一般控制缺陷相关的应用控制的数量。

(4) 企业系统环境的复杂性和缺陷对应用控制产生负面影响的可能性。

(5) 信息系统一般控制缺陷是否与那些容易受到损失或舞弊影响的账户和列报的应用

系统和控制相关。

（6）在信息系统总体内部控制运行有效性方面已知或已发现的控制偏差的原因和频率，以及受此影响的应用系统产生财务报表错报的风险。

（7）以前年度及当年发生的错报是否与受到信息系统一般控制缺陷影响的应用控制有关。

信息系统一般控制支持应用控制的持续有效运行。因此，当注册会计师发现信息系统一般控制存在缺陷时，必须考虑与该信息系统一般控制缺陷相关的应用控制或依赖于该信息系统一般控制的手工控制，对审计计划做出必要的调整。

二、对企业层面控制缺陷评价的考虑

企业层面控制的缺陷一般并不直接导致财务报表错报，但是会增加流程、交易和应用层面的控制发生错报的可能性。因此，对于企业层面控制缺陷的评价应基于这些缺陷导致错报的可能性，而不采取量化的方法。

注册会计师在评价企业层面控制缺陷导致财务报表错报可能性时，需要考虑以下因素。

（1）控制缺陷在企业中的普遍性。

（2）控制缺陷对内部控制要素（如控制环境、风险评估等）的相对重要性。

（3）以前年度及当年发生的错报是否与具有广泛性影响的控制缺陷有关。

（4）是否增加舞弊的可能性（包括管理层凌驾于控制之上）。

（5）控制运行有效性方面已发现的控制偏差的原因和频率。

（6）缺陷可能导致的未来后果。

三、与其他缺陷一同进行评价

如果针对某个账户或列报存在多个内部控制缺陷，那么即使其中任何一个内部控制缺陷都不会直接导致财务报表重大错报，但是这些内部控制缺陷共同发挥作用，可能使财务报表重大错报没有被及时防止或发现。因此，注册会计师在对单个缺陷进行评价后，还应当根据其对应的账户、列报及内部控制要素（如控制环境、风险评估等）对缺陷进行汇总，以此确定汇总后的缺陷是否构成重要缺陷或重大缺陷。

例如，注册会计师识别出以下控制缺陷。

（1）对特定信息系统访问控制的权限分配不当。

（2）若干明细账存在不合理的交易记录（交易无论是单个还是合计都是不重要的）。

（3）缺乏对受不合理交易记录影响的账户余额的及时对账。

上述每个缺陷均单独代表一个重要缺陷。基于这一情况，注册会计师可以确定这些重要缺陷合并构成重大缺陷。因为，就个别重要缺陷而言，这些缺陷有一定可能性各自导致金额未达到重要性水平的财务报表错报。但是，这些重要缺陷影响同类会计账户，有一定可能性导致不能防止或发现并纠正重大错报的发生。因此，这些重要缺陷组合在一起符合重大缺陷的定义。

又如，注册会计师识别出以下控制缺陷。

（1）信贷损失估计的控制设计无效。

（2）对信贷损失备抵的初始处理及复核调整的控制执行无效。

（3）旨在防止和发现利息并纠正收入认定不当的控制执行无效。

上述每个缺陷均单独代表一个重要缺陷。在过去一年中，公司的贷款余额大幅增长，并预计下一年将进一步增长。基于这一情况，注册会计师可以确定这些重要缺陷合并构成重大缺陷。因为受这些重要缺陷影响的贷款账户余额去年已经增加，并预计在未来仍会增加。贷款余额的增加，加上上述重要缺陷的联合作用，导致信贷损失或利息收入备抵的重要错报有可能发生。因此，这些重要缺陷组合在一起符合重大缺陷的定义。

第五节　内部控制缺陷整改

如果被审计单位在基准日前对存在缺陷的控制进行了整改，整改后的控制需要运行足够长的时间，才能使注册会计师得出其是否有效的审计结论。注册会计师应当根据控制的性质和与控制相关的风险，合理运用职业判断，确定整改后控制运行的最短期间（或整改后控制的最少运行次数）及最少测试数量。整改后控制运行的最短期间（或最少运行次数）和最少测试数量如表 9-4 所示。

表 9-4　整改后控制运行的最短期间（或最少运行次数）和最少测试数量

控制运行频率	整改后控制运行的最短期间（或最少运行次数）	最少测试数量
每季一次	两个季度	2
每月一次	两个月	2
每周一次	5 周	5
每天一次	20 天	20
每天多次	25 次（分布于涵盖多天的期间，通常不少于 15 天）	25

如果被审计单位在基准日前对存在重大缺陷的内部控制进行了整改，但新控制尚没有运行足够长的时间，注册会计师应当将其视为内部控制在基准日存在重大缺陷。

本章小结

了解被审计单位相关控制的设计和执行，需要询问被审计单位和有关人员、观察特定控制的运行、检查文件和报告、交易穿行测试等。需要从整体层面、业务流程层面了解并评价其内部控制。共有文字表述法、调查表法、流程图法来记录内部控制。测试被审计单位相关控制运行有效性，需要实施询问、观察、检查、重新执行等程序。被审计单位内部控制缺陷可分为重大、重要和一般缺陷，以及财务报告内部控制缺陷与非财务报告内部控制缺陷。注册会计师在认定控制缺陷严重程度时需要遵循一定工作步骤。对信息系统控制一般缺陷及企业层面控制缺陷评价的考虑要重视。整改后的控制缺陷需要运行足够长的时间才可能认定有效。

习题

一、思考题

1. 了解并评价内部控制的程序有哪些。

2. 简述如何从被审计单位整体层面了解并评价内部控制。

3. 简述如何从被审计单位业务流程层面了解并评价内部控制。

4. 简述记录内部控制的方法,并指出这几种方法各自的优缺点。

5. 什么是控制测试和实质性测试? 二者有什么不同?

6. 如何理解控制测试的性质、时间和范围?

7. 内部控制缺陷如何理解? 试述财务报告控制缺陷重要程度如何认定。

二、实训题

（一）判断题

1. 注册会计师应当按照自下而上的方法实施企业内部控制审计工作。　　　（　　）

2. 注册会计师在实施企业内部控制审计工作时,可以将企业层面控制和业务层面控制的测试结合进行。　　　（　　）

3. 注册会计师在整体层面了解内部控制,可以从控制环境、风险评估过程、信息系统和沟通、控制活动和对控制的监督等方面去了解。　　　（　　）

4. 询问的对象可以是随机的,可以向被审计单位任何员工询问。　　　（　　）

5. 观察是指审计人员查看相关人员正在从事和已经完成的活动或执行的程序。

　　　（　　）

6. 注册会计师在测试企业层面控制和业务流程层面控制时,应当评价内部控制是否足以应对舞弊风险。　　　（　　）

7. 控制测试是为了确定内部控制设计有效性而实施的审计测试。　　　（　　）

8. 通常只有询问、观察和检查程序结合在一起仍无法获得充分的证据时,注册会计师才考虑通过重新执行来证实内部控制是否有效运行。　　　（　　）

9. 一项内部控制缺陷单独或连同其他缺陷具备合理可能性导致不能及时防止或发现并纠正财务报告中虽然未达到和超过重要性水平,但应引起董事会和管理层重视的错报,应将该缺陷认定为重大缺陷。　　　（　　）

10. 非财务报告内部控制缺陷认定具有涉及面广、认定难度大的特点。　　　（　　）

（二）单项选择题

1. （　　）是为了确定内部控制存在且正在使用。

　　A. 了解内部控制　　B. 控制测试　　　　C. 实质性程序　　　D. 双重目的测试

2. （　　）设定了被审计单位的内部控制基调,影响员工对内部控制的认识和态度。

　　A. 控制活动　　　　B. 控制监督　　　　C. 控制环境　　　　D. 控制检查

3. 下列不属于控制活动的是（　　）。

　　A. 授权　　　　　　B. 实物控制　　　　C. 对控制的监督　　D. 职责分离

4. （　　）是通过追踪交易在财务报告信息系统中的处理过程,即选择一些具有代表性的交易与事项的会计凭证与记录进行追查,审查其会计处理是否合规、正确,从而进一步证实通过其他不同方式所了解到的内部控制情况是否属实。

　　A. 询问　　　　　　　　　　　　B. 观察

　　C. 检查文件和报告　　　　　　　D. 穿行测试

　5. 下列关于流程图法的缺点表述中,不正确的是(　　)。

　　A. 绘制流程图的技术难度大,费时费力

　　B. 流程控制之外的控制措施如实物控制无法直接反映

　　C. 控制弱点有时也难以明确表示

　　D. 不够直观

　6. 控制测试是为了确定(　　)而实施的审计测试。

　　A. 财务报表认定是否正确　　　　B. 内部控制执行的有效性

　　C. 内部控制是否得到执行　　　　D. 内部控制设计的合理性

　7. 控制测试的对象是被审计单位的(　　)。

　　A. 内部控制　　　　　　　　　　B. 财务报表

　　C. 账簿与凭证记录　　　　　　　D. 经济业务

　8. 控制测试的时间包含的含义除了测试所针对的控制适用的时点或期间,还应有(　　)。

　　A. 何时实施控制测试　　　　　　B. 何时中止控制测试

　　C. 何时完成内部控制审计　　　　D. 何时提交内部控制审计报告

　9. (　　)是指缺少为实现控制目标所必需的控制,或者现有控制设计不适当,即使正常运行也难以实现控制目标。

　　A. 设计缺陷　　　B. 运行缺陷　　　C. 财务报告缺陷　　D. 非财务报告缺陷

　10. 一般而言,如果一项内部控制缺陷单独或连同其他缺陷具备合理可能性导致不能及时防止或发现并纠正财务报告中的重大错报,就应将该缺陷认定为(　　)。

　　A. 重大缺陷　　　B. 重要缺陷　　　C. 一般缺陷　　　D. 普通缺陷

（三）多项选择题

　1. 注册会计师为了解被审计单位及其环境,应当实施的风险评估程序包括(　　)。

　　A. 询问　　　　　B. 分析程序　　　C. 观察　　　　　D. 检查

　2. 下面属于内部控制要素的有(　　)。

　　A. 控制环境　　　B. 风险评估过程　　C. 控制活动　　　D. 信息系统与沟通

　3. 注册会计师在了解被审计单位的内部控制时,需要了解的被审计单位的控制活动主要包括(　　)。

　　A. 风险评估　　　　　　　　　　B. 授权和业绩评价

　　C. 实物控制　　　　　　　　　　D. 职责分离

　4. 注册会计师在业务流程层面了解并评价内部控制,一般步骤包括(　　)。

　　A. 确定被审计单位的重要业务流程和重要交易类别

　　B. 了解重要交易流程并记录

　　C. 确定可能发生错报的环节(关键控制点)

　　D. 识别和了解相关控制并记录

5. 记录内部控制的方法有( )。

 A. 文字表述法 B. 调查表法   C. 流程图法   D. 口述法

6. 调查表法具有的优点有( )。

 A. 可对调查对象做出比较深入和具体的描述

 B. 描述简明,便于注册会计师做分析评价

 C. 回答为"否"的项目集中反映了被审计单位的内部控制的弱点,能够引起注册会计师的关注

 D. 编制调查表省时省力

7. 控制测试的程序类型包括( )。

 A. 检查文件记录 B. 重新执行   C. 询问与观察 D. 重新计算

8. 在确定某项控制测试范围时,注册会计师应考虑下列因素( )。

 A. 执行控制的频率。在整个拟信赖的期间,被审计单位执行控制的频率越高,实施控制测试的范围越大

 B. 控制运行有效性的时间长度。在所审计期间,注册会计师拟信赖控制运行有效性的时间长度越长(一般控制活动次数越多),实施控制测试的范围越大

 C. 审计证据的相关性和可靠性。为证实控制能够防止或发现并纠正认定层次重大错报,对所需获取审计证据的相关性和可靠性要求越高,实施控制测试的范围越大

 D. 与认定相关的其他控制所获取的审计证据的范围

9. 按照影响企业内部控制目标实现的严重程度,内部控制缺陷可分为( )等。

 A. 重大缺陷 B. 重要缺陷   C. 一般缺陷   D. 设计缺陷

10. 下列哪些迹象通常表明财务报告内部控制可能存在重大缺陷( )。

 A. 董事、监事和高级管理人员舞弊

 B. 企业更正已公布的财务报告

 C. 注册会计师发现当期财务报告存在重大错报,而内部控制在运行过程中未能发现该错报

 D. 企业审计委员会和内部审计机构对内部控制的监督无效

第十章
销售与收款循环内部控制及控制测试

引导案例:

黎明股份造假案

沈阳黎明服装股份有限公司(以下简称"黎明股份")主要从事高中档服装、精粗毛纺织品的生产和销售,其主导产品主要销往海外并曾获得多项荣誉称号。该公司于1999年在上海证券交易所上市。2001年4月20日黎明股份却发布公告称,经财政部驻辽宁省财政监察专员办事处检查组审查,该公司1999年度财务报表严重弄虚作假,虚增资产8996万元,虚增负债1956万元,虚增所有者权益7413万元,虚增主营业务收入1.5亿元,虚增利润总额8679万元。据此项检查结果进行调整后,黎明股份1999年利润总额由5231万元变为-3448万元,净利润为亏损3873万元。据分析,黎明股份1999年年报中除少提少转成本、费用挂账、缩小合并范围等违规行为外,有90%以上的数字是精心策划虚假核算得来的,该公司造假点多且涉及面广,遍及公司所属的原料生产、服装加工、进出口贸易、广告、运输和销售各个领域。

例如,公司所属营销中心先是虚拟两个销售对象,然后虚开发票,虚增主营业务收入、主营业务成本,虚增利润。相应虚增应收账款并计提坏账准备,虚列应交税金。这种发生在虚拟销售对象下的虚构销售业务,每一个环节都像真实发生了一样。公司还利用出口货物自制销售发票的机会,虚拟外销业务,以达到虚增收入、利润的目的。

要求: 结合本案例谈谈针对虚构销货应建立和加强哪些方面控制措施,重大虚构错误对财务报告内部控制有效性将产生怎样的影响。

注册会计师对被审计单位业务流程层面控制的测试占据了企业内部控制审计工作的绝大部分时间,对被审计单位业务流程层面控制的测试一般遵循业务循环法。所谓业务循环,是指处理某一类经济业务的工作程序和先后顺序。业务循环审计是指按照业务循环了解、检查和评价被审计单位内部控制制度的设计及运行情况,从而鉴证其财务报告内部控制有效性。由于各被审计单位的业务性质和规模不同,其业务循环的划分也应有所不同。本教材将被审计单位的业务划分为销售与收款循环、采购与付款循环、生产与存货循环、投资与筹资循环及货币资金循环(货币资金循环具有特殊性,由于其管理特殊且与前述多个业务循环密切相关,因此将货币资金循环审计单独安排一章)。

第一节 销售与收款业务活动及控制风险

销售与收款循环是指企业向客户销售商品或提供劳务,并收回款项的过程。

一、销售与收款循环涉及的主要凭证与会计记录

（1）客户订购单是指客户提出的书面购货要求。

（2）销售单是列示客户所订商品的名称、规格、数量，以及其他与客户订购单有关信息的凭证，作为销售方内部处理客户订购单的凭据。

（3）发运凭证是在发运货物时编制的，用于反映发出商品的名称、规格、数量和其他有关内容的凭据。

（4）销售发票是用来表明已销商品的名称、规格、数量、价格、销售金额、运费和保险费、开票日期、付款条件等内容的凭证。

（5）商品价目表是列示已经授权批准的、可供销售的各种商品的价格清单。

（6）贷项通知单是用来表示由于销货退回或经过批准的折让而引起的应收销货款减少的凭证，其格式与销售发票类似，用来证明应收账款的减少。

（7）坏账审批表是一种用来将某些应收账款注销为坏账的仅在企业内部使用的凭证。

（8）转账凭证和收款凭证。

（9）应收账款（应收票据）明细账及总账。

（10）主营业务收入明细账及总账。

（11）库存现金和银行存款日记账及总账。

（12）客户月末对账单是一种按月定期寄送给客户的用于购销双方定期核对账目的凭证。

销售与收款循环涉及的主要账户及其关系如图 10-1 所示。

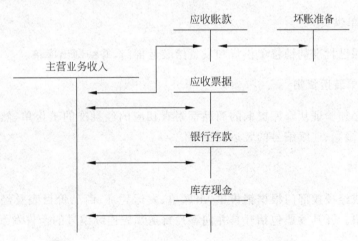

图 10-1　销售与收款循环涉及的主要账户及其关系

二、销售与收款循环涉及的主要业务活动

销售与收款循环涉及的主要业务活动如图 10-2 所示。

1. 接受客户订购单

客户提出订货要求是整个销售与收款循环的起点。客户订购单只有在符合企业的销售

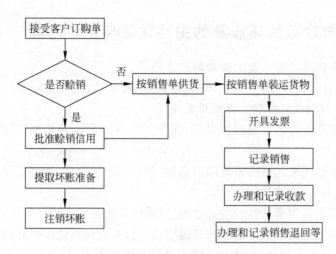

图 10-2　销售与收款循环涉及的主要业务活动

政策时,才能被接受。销售部门在批准客户订购单之后,就应编制一式多联的销售单。

2．批准赊销信用

企业的信用管理部门应将销售单与该客户已被授权的赊销信用额度,以及至今尚欠的账款余额加以比较,并对每个新客户进行信用调查,然后再将已签署意见的销售单送回销售单管理部门。

3．按销售单供货

仓库应按照已批准的销售单供货和发货给装运部门,并编制出库单。

4．按销售单装运货物

装运部门必须验证从仓库提取的商品都附有相应的经批准的销售单,然后才能装运商品,并编制一式多联、连续编号的装运凭证。

5．开具发票

会计部门或经授权部门根据销售单、出库单、发运凭证、商品价目表及经批准的商业折扣条件开具发票。开具发票包括开具并向客户寄送预先连续编号的销售发票。

6．记录销售

企业按销售发票编制转账记账凭证或库存现金、银行存款收款凭证,再据以登记主营业务收入明细账和应收账款明细账或库存现金、银行存款日记账。

7．办理和记录收款

这项业务活动包括现销交易中收到的款项和赊销交易中应收账款的收回并记录,给予顾客的现金折扣需要经授权批准。企业应保证全部货币资金都如数、及时地记入库存现金、银行存款日记账或应收账款明细账,并如数、及时地将现金存入银行。

8. 办理和记录销售退回、销售折扣与折让

企业发生的销售退回与折让业务必须经授权批准，严格使用贷项通知单。

9. 提取坏账准备

合理估计可能发生的坏账损失，计提坏账准备。坏账准备提取的数额必须能够抵补企业以后无法收回的销货款。

10. 注销坏账

如果有确凿证据表明某项应收款项无法收回，经适当审批后注销这笔应收款项。

三、销售与收款业务控制风险

企业销售业务至少应当关注下列风险。

(1) 销售政策和策略不当，市场预测不准确、销售渠道管理不当等，可能导致销售不畅、库存积压、经营难以为继。

(2) 客户信用管理不到位，结算方式选择不当，账款回收不力等，可能导致销售款项不能收回或遭受欺诈。

(3) 销售过程存在舞弊行为，可能导致企业利益受损。

企业收款业务至少应当关注下列风险。

(1) 销售账款不能及时足额收回，可能导致企业财务困难。

(2) 企业信用管理不到位，结算方式选择不当、票据管理不善和账款回收不力将导致销售款项不能收回。

(3) 对已发生的应收账款缺乏系统的跟踪管理、没有明确的部门管理欠款可能使少有业务往来的客户欠款变成呆账。如果应收账款回收期过长，也会导致企业的资金运营困难。

(4) 收款过程中存在舞弊(如内部人员私吞货款)，使企业经济利益受损。

第二节　测试内部控制设计与运行有效性

一、了解内部控制设计

注册会计师应当对被审计单位销售交易、收款交易相关内部控制进行了解，以评价其内部控制设计有效性，并将审计工作过程及发现记录于审计工作底稿中。

(一)销售交易的内部控制

1. 职责分离

① 客户信用调查评估与销售合同的审批签订要相互分离。
② 销售合同的审批、签订与办理发货要相互分离。
③ 销售货款的确认、回收与相关会计记录要相互分离。

④ 销售退回货品的验收、处置与相关会计记录要相互分离。

⑤ 销售业务经办与发票开具、管理要相互分离。

⑥ 坏账准备的计提与审批、坏账的转销与审批要相互分离。

2. 授权批准

① 在销售发生之前,赊销已经正确审批。

② 非经正当审批,不得发出货物。

③ 销售价格、销售条件、运费、折扣等必须经过审批。

④ 审批人应当在授权范围内进行审批,不得超越审批权限。

3. 凭证和记录(信息处理)

① 关键性的销售单、销售发票、发运凭证等原始凭证都应预先编号,并由经办人签章。及时填制、审核和传递原始凭证。

② 设计和使用适当的记账凭证,凭证格式简明合理,及时编制和审核记账凭证,证证核对。

③ 建立健全应收账款、主营业务收入等账簿记录。

④ 如果会计系统应用信息技术,还要检查数据计算的准确性,审核账户和试算平衡表,设置对输入数据和数字序号的自动检查,以及对例外报告进行人工干预等。

4. 内部核查程序

内部核查程序是由内部审计人员或其他独立人员核查销售交易的处理和记录。主要内部核查程序有以下几种。

① 检查销售发票的连续性并检查所附的佐证凭证。

② 了解客户的信用情况,确定是否符合企业的赊销政策。

③ 检查发运凭证的连续性,并将其与主营业务收入明细账核对。

④ 将销售发票上的数量与发运凭证上的记录进行比较核对。

⑤ 将登记入账的销售交易的原始凭证与会计科目表比较核对。

⑥ 检查开票员所保管的未开票发运凭证,确定是否包括所有应开票的发运凭证在内。

⑦ 从发运凭证追查至主营业务收入明细账和总账。

5. 实物控制

实物控制包括两个方面,一方面限制非授权人员接近存货,货物的发出必须有经批准的销售单;对于退货也要加强实物控制,由收货部门进行验收并填写验收报告和入库单;另一方面,限制非授权人员接近各种记录和文件,防止伪造和篡改记录。

对于应收票据要加强实物控制,保管票据及经管库存现金与相关会计记录职责要分离。

6. 定期寄出对账单

定期寄出对账单是指由出纳、收入及应收账款记录以外的人员按月向客户寄发对账单。

对于核对中发现的不符账项,由不负责资金管理、不记录收入和应收账款的专人来处理。

（二）收款交易的内部控制

（1）按照《现金管理暂行条例》《支付结算办法》等规定，及时办理销售收款业务。

（2）将销售收入及时入账，不得账外设账，不得擅自坐支现金。销售人员应当避免接触销售现款。

（3）建立应收账款账龄分析制度和逾期应收账款催收制度。销售部门应当负责应收账款的催收，财会部门应当督促销售部门加紧催收。对催收无效的逾期应收账款可通过法律程序予以解决。

（4）按客户设置应收账款台账，及时登记每一客户应收账款余额增减变动情况和信用额度使用情况。对长期往来客户应当建立起完善的客户资料，并对客户资料实行动态管理，及时更新。

（5）对于可能成为坏账的应收账款应当报告有关决策机构，由其进行审查，确定是否确认为坏账。企业发生的各项坏账，应查明原因，明确责任，并在履行规定的审批程序后做出会计处理。

（6）注销的坏账应当进行备查登记，做到账销案存。已注销的坏账又收回时应当及时入账，防止形成账外款。

（7）应收票据的取得和贴现必须经由保管票据以外的主管人员的书面批准。应有专人保管应收票据，对于即将到期的应收票据，应及时向付款人提示付款；已贴现票据应在备查簿中登记，以便日后追踪管理；并应制定逾期票据的冲销管理程序和逾期票据追踪监控制度。

（8）定期与往来客户通过函证等方式核对应收账款、应收票据、预收款项等往来款项。如有不符，应查明原因，及时处理。

二、销售与收款循环的控制测试

注册会计师应当对被审计单位销售交易、收款交易相关内部控制的运行进行测试，注册会计师应根据了解内部控制及执行控制测试的结果，认定相关控制缺陷的类型和严重程度，评价相关内部控制的有效性。注册会计师应将审计工作过程及发现记录于审计工作底稿中。

（一）销售交易的控制测试

（1）检查客户的赊购是否经授权批准；检查销售发票是否经适当的授权批准。

（2）检查销售发票副联是否附有发运凭证（或提货单）及客户订购单。

（3）检查销售发票连续编号的完整性；检查发运凭证连续编号的完整性。

（4）检查会计科目表是否适当。

（5）检查有关凭证上的内部核查标记。

（6）检查尚未开具收款发票的发货和尚未登记入账的销售交易。

（7）观察对账单是否已经寄出，并检查客户回函档案。

（8）检查将应收账款明细账余额合计数与其总账余额进行比较的标记。

（二）收款交易的控制测试

以现金销售为例，收款交易的常用控制测试有以下几种。

（1）观察。

（2）检查现金折扣是否经过恰当的审批。

(3) 检查是否存在未入账的现金收入。

(4) 检查是否向客户寄送对账单,了解是否定期进行。

(5) 检查内部核查标记。

(6) 检查是否定期盘点库存现金,检查盘点记录。

(7) 检查银行对账单、银行存款余额调节表。

第三节   对财务报表审计结果的利用

注册会计师应将财务报表审计过程中所识别的报表错报进行分析,结合对被审计单位本循环内部控制设计和运行方面的测试结果,将该错报及其他错报与可能的错误或舞弊相联系。

一、将所识别的错报与可能的错误或舞弊相联系

销售与收款循环涉及应收账款、主营业务收入等重要项目,这里只介绍与应收账款、主营业务收入相关的可能存在的主要错弊。

(一) 与应收账款有关的错弊

1. 应收账款入账金额不准确

《企业会计准则》规定,在存在销售折扣与折让的情况下,应收账款的入账金额应采用总价法。审查中要注意是否有按净价法入账从而推迟纳税或将正常销售收入转为营业外收入的情况。对此,审计人员应复核有关销货发票,看其与应收账款、主营业务收入等账户记录是否一致。

2. 应收账款记录的内容不真实、不合理、不合法

在实际工作中,部分企业通过"应收账款"账户虚列收入,或将未经批准的"应收票据""预付账款"等账户的内容反映在"应收账款"账户以达到多提坏账准备金的目的。对此,审计人员应查阅"应收账款"明细账及记账凭证和原始凭证,如果记账凭证未附记账联或未登明细账,则可能虚列收入,此时应函证与被审计单位有业务往来的单位,看其"应付账款"账户的数额与被审计单位"应收账款"的数额是否一致;必要时还需查阅相关业务的原始凭证。

3. 应收账款回收期过长,周转速度过慢

应收账款是变现能力较强的流动资产之一,其回收期不能过长,否则会影响企业正常的生产经营活动。但在实际工作中存在着应收账款迟迟不能收回的情况。因此,审计人员应审查企业是否建立定期检查应收账款明细账和催收货款的制度,是否对应收账款进行分析,对于账龄在一年以上的款项要查明其拖欠的原因,是否存在款项收回后某些人员通过不正当手段私分的情况。

4. 坏账准备金的计提不正确、对坏账损失的处理不合理

我国目前普遍采用的是应收账款余额百分比法,因此要审查坏账准备的计提依据,即年末应收账款和其他应收账款账户余额之和是否正确,计提比例是否正确;计提坏账准备时是否考虑了坏账准备账户的期末余额;审查计提坏账准备的会计处理是否正确。同时,企业在核算坏账损失时是否采用备抵法;不能随意将可能收回的应收账款确认为坏账损失,造成企业存在大量账外资产。

5. 其他与应收账款有关的错弊

例如,将本应通过"预付账款""其他应收款"账户核算的事项,错误地通过"应收账款"核算和反映。

(二) 与主营业务收入有关的错弊

1. 未严格管理发票

发票是企业销售产品的主要原始凭证,也是计税依据。在实际工作中,有些企业不按发票管理办法严格管理,在发票的使用和保管中存在一些问题,主要表现在为他人代开发票、开"阴阳票"、不开销售发票等。这样就给贪污盗窃、偷税漏税、私设"小金库"等舞弊行为留下了可乘之机。

2. 产品(商品)销售收入入账时间不正确

根据企业会计准则及会计制度规定,企业应在发出商品的同时收讫货款或取得索取价款凭证时,确认销售收入的入账。以上可以根据具体的商品发运方式及结算方式确定。例如,采用托收承付结算方式时,应以发出商品取得运单并向银行办妥托收的时间作为销售收入的入账时间。但有些企业为达到某种目的,如减少或扩大承包期的经济逃税、偷税、推迟纳税等,人为改变销售入账时间。这类问题主要表现在违反入账时间的规定,将应反映在下一期间的收入反映在本期,或者将应在本期反映的收入反映在以后各期,其结果造成当期利润虚增或减少,影响利润的真实,同时造成当期计税基数不实。又如,采用预收货款方式销售商品时,企业应在发出商品时反映销售,但有些企业自觉或不自觉地在收到货款时反映收入增加,造成当期收入不实、利润不实,违反了权责发生制和配比原则。

3. 产品(商品)销售收入的入账金额不实

有些企业随意多记或少记销售收入金额,如销售商品时,以"应收账款"或"银行存款"账户与"库存商品"相对应,直接抵减"库存商品"或"产成品",造成收入少计,收益少计。

4. 故意隐匿收入

有些企业为了达到少交税或不交税、减少收益的目的,人为地将企业正常的销售收入反映在"应付账款"内,作为其他企业的暂存款处理,将记账联单独存放,造成当期收入减少,利润减少,从而达到少交税的目的。

5. 虚增销售收入

有些企业为了达到多计或少计当期收益的目的，人为地通过"应收票据""应收账款"等账户虚增销售收入。

6. 将企业正常的销售收入作为其他业务收入或营业外收入处理

有些企业混淆各种收入的界限，将正常的收入作为其他收入处理，影响了有关指标的真实性，对这类问题，查账人员可以通过查阅会计凭证发现线索，特别是检查原始凭证的内容，看证证是否相符。

7. 销售折扣及折让处理不规范

按规定，企业发生的销售折扣及折让应抵减产品销售收入项目。在实际工作中，存在着处理不规范、不合理的情况。例如，可从有些企业虚设折扣及折让会计凭证等方式发现线索，并在此基础上做进一步调查，如折扣和折让的审批手续是否齐全、有无随意确定折扣率等情况。

8. 对销货退回的处理不正确

按规定，无论是本年度的销货退回，还是以前年度的销货退回，均应冲减当月销售收入。在实际工作中存在如下一些问题：有些企业对退回商品不入账，形成账外物，有些企业销货退回时不冲减销售收入，而是作为往来款项处理，还有些企业虚拟退货业务等。

9. 对销项税额的处理不正确

按规定，企业在销售环节应按销售价款的一定比例向购货方收取增值税销项税额，有些企业为了达到少交税的目的，任意将应反映在"应交税费—应交增值税（销项税额）"账户的销项税增加到产品（或商品）销售收入账户。

二、分析错弊对相关内部控制的影响

注册会计师应当分析已经识别出的错弊，考虑这些错弊对被审计单位内部控制缺陷的认定及对内部控制有效性发表审计意见的影响。注册会计师应当就销货交易、收款交易及应收账款、主营业务收入等重要账户有关的控制是否存在缺陷进行分析，对控制缺陷的严重程度进行认定，以确定这些缺陷单独或组合起来，是否构成重大缺陷。注册会计师应将销售与收款循环审计中发现的问题对内部控制有效性的影响，以及后续的审计工作过程详细记录于内部控制审计相关工作底稿。

本章小结

企业销售交易具有职责分离、授权批准、凭证和记录、内部核查程序、实物控制、定期寄出对账单等方面控制活动。收款交易涉及现金使用范围、应收账款和应收票据管理及往来账项核对等方面控制。注册会计师应综合运用检查、观察、询问及重新执行等程序测试内部控制有效性，应将所识别的错报与可能的错误或舞弊相联系。

一、思考题

1. 简述销售与收款循环业务活动及涉及的主要凭证与会计记录。

2. 简述销售与收款循环业务控制风险。

3. 简述销售与收款循环业务的内部控制。

4. 简述销售与收款循环业务的控制测试。

5. 在销售与收款循环中,内部控制审计如何利用财务报表审计结果?

二、实训题

（一）判断题

1. 注册会计师对被审计单位业务流程层面控制的测试占据了企业内部控制审计工作的绝大部分时间,对被审计单位业务流程层面控制的测试一般遵循业务循环法。　　　（　　）

2. 由出纳员定期向客户寄出对账单,促使客户履行合约。　　　（　　）

3. 无论被审计单位采用何种方式销售商品,注册会计师都不应认可其在没有收到货款的情况下确认主营业务收入。　　　（　　）

4. 销售发票是营业收入的主要凭证。因此审计时,对其采用详查法进行审查。（　　）

5. 企业采用预收账款销售方式,应于商品已经发出时,确认收入的实现。　（　　）

6. 贷项通知单是用来表示由于销货退回或经过批准的折让而引起的应收销货款减少的凭证,用来证明应收账款的增加。　　　（　　）

7. 关键性的销售单、销售发票、发运凭证等原始凭证都应预先编号,并由经办人签章。
　　　（　　）

8. 对于未曾发货却将销货交易登记入账的情况,注册会计师可以从主营业务收入明细账中抽取几笔,追查有无发运凭证及其他凭证。　　　（　　）

9. 企业应允许销售人员接触销售现款,全面促进销货款回收。　　　（　　）

10. 注册会计师应将财务报表审计过程中所识别出的报表错报进行分析,结合对被审计单位本循环内部控制设计和运行方面的测试结果,将该错报及其他错报与可能的错误或舞弊相联系。
　　　（　　）

（二）单项选择题

1. （　　）是指企业向客户销售商品或提供劳务,并收回款项的过程。

　　A. 销售与收款循环　　　　　　　　B. 采购与付款循环

　　C. 生产与存货循环　　　　　　　　D. 投资与筹资循环

2. （　　）是列示客户所订商品的名称、规格、数量,以及其他与客户订购单有关信息的凭证,作为销售方内部处理客户订购单的凭据。

　　A. 客户订购单　　B. 销售单　　　　C. 发运凭证　　D. 销售发票

3. 销售与收款循环所涉及的财务报表项目不包括（　　）。

　　A. 销售费用　　B. 营业收入　　　　C. 应交税费　　D. 应付账款

4. 下列不属于销售与收款循环中的业务活动是指（　　）。

　　A. 接受客户订购单　　　　　　　　B. 向客户开具发票

C. 注销坏账　　　　　　　　　　　D. 确认与记录负债

5. 若在主营业务收入总账、明细账中登记并未发生的销售,存在错报的管理层认定是（　　）。

　　A. "发生"　　　　B. "完整性"　　　C. "权利和义务"　　D. "分类"

6. 注册会计师检查销售发票时,不需要核对的项目有（　　）。

　　A. 相关的销售单　　　　　　　　　B. 相关的客户订购单

　　C. 相关的货运文件　　　　　　　　D. 有关往来函件

7. 下列各项中,预防员工贪污、挪用销货款的最有效方法是（　　）。

　　A. 记录应收账款明细账的人员不得兼任出纳

　　B. 收取客户支票与收取客户现金由不同人员担任

　　C. 请客户将货款直接汇入公司指定的银行账户

　　D. 公司收到客户支票后立即寄送收据给客户

8. 由（　　）编制一式多联的销售单。

　　A. 销售部门　　　B. 信用管理部门　　C. 装运部门　　　D. 开票部门

9. 为可靠查实企业是否存在通过"应收账款"账户虚列收入的舞弊行为,注册会计师认为最有效的办法应当是（　　）。

　　A. 审计人员应查阅"应收账款"明细账及记账凭证和原始凭证

　　B. 向被审计单位债务人寄发询证函

　　C. 询问被审计单位会计人员

　　D. 分析被审计单位业务收入的构成情况

10. 被审计单位"销售费用明细账"记录以下费用项目,应予以确认的是（　　）。

　　A. 车间的折旧费　　　　　　　　　B. 常设销售机构经费

　　C. 管理部门人员工资　　　　　　　D. 为购货单位垫付的运杂费

（三）多项选择题

1. 被审计单位的业务可划分为（　　）及货币资金循环。

　　A. 销售与收款循环　　　　　　　　B. 采购与付款循环

　　C. 生产与存货循环　　　　　　　　D. 投资与筹资循环

2. 销售与收款循环所涉及的主要凭证和会计记录有（　　）。

　　A. 客户订购单　　　B. 销售单　　　　C. 发运凭证　　　　D. 贷项通知单

3. 为了证实已发生的销售交易是否均已登记入账,无效的做法是（　　）。

　　A. 只审查有关原始凭证

　　B. 只审查主营业务收入明细账

　　C. 由主营业务收入明细账追查至有关原始凭证

　　D. 由有关的原始凭证追查至主营业务收入明细账

4. 开具发票的依据包括（　　）。

　　A. 经批准的销售单　　　　　　　　B. 出库单

　　C. 发运凭证　　　　　　　　　　　D. 商品价目表

5. 企业销售业务至少应当关注下列风险（　　）。

　　A. 销售政策和策略不当,市场预测不准确,销售渠道管理不当等,可能导致销售不

畅、库存积压、经营难以为继

　　B. 客户信用管理不到位、结算方式选择不当、账款回收不力等，可能导致销售款项不能收回或遭受欺诈

　　C. 销售过程存在舞弊行为，可能导致企业利益受损

　　D. 市场需求过旺，产能无法满足市场需求

6. 下列能够恰当体现销售与收款循环职责分离控制的有（　　）。

　　A. 客户信用调查评估与销售合同的审批签订要相互分离

　　B. 销售合同的审批、签订与办理发货要相互分离

　　C. 销售货款的确认、回收与相关会计记录要相互分离

　　D. 销售退回货品的验收、处置与相关会计记录要相互分离

7. 下列关于销售与收款循环授权批准控制的说法，恰当的有（　　）。

　　A. 在销售发生之前，赊销已经正确审批

　　B. 非经正当审批，不得发出货物

　　C. 销售价格、销售条件、运费、折扣等必须经过审批

　　D. 审批人应当在授权范围内进行审批，不得超越审批权限

8. 为加强销售与收款循环的实物控制，可以采取的措施包括（　　）。

　　A. 限制非授权人员接近存货，货物的发出必须有经批准的销售单

　　B. 对于退货也要加强实物控制，由收货部门进行验收并填写验收报告和入库单

　　C. 限制非授权人员接近各种记录和文件，防止伪造和篡改记录

　　D. 检查销售发票的连续性并检查所附的佐证凭证

9. 注册会计师可以采取（　　）等程序，以测试销售交易内部控制的有效性。

　　A. 检查客户的赊购是否经授权批准；检查销售发票是否经适当的授权批准

　　B. 检查销售发票副联是否附有发运凭证（或提货单）及客户订购单

　　C. 检查销售发票连续编号的完整性；检查发运凭证连续编号的完整性

　　D. 检查会计科目表是否适当

10. （　　）属于与主营业务收入有关的错弊。

　　A. 未严格管理发票　　　　　　　　B. 产品（商品）销售收入入账时间不正确

　　C. 故意隐匿收入　　　　　　　　　D. 虚增销售收入

采购与付款循环内部控制和控制测试

引导案例：

蓝田神话

湖北蓝田股份有限公司（简称"蓝田"），主要从事农副水产品养殖和加工，自1996年上市以来，业绩优良，创造了中国农业企业的"蓝田神话"，号称"中国农业第一股"。然而，2001年10月，有学者撰文揭露了蓝田造假行为，披露了该公司已经无力归还20亿元贷款的事实，蓝田神话彻底破灭。

对于蓝田历年的财务报表，注册会计师都出具了无保留意见审计报告。实际上种种迹象表明蓝田报表存在严重的错报风险，包括其偿债能力不足、收入和资产涉嫌造假等，其中比较典型的是"扔到水里的固定资产"。据蓝田解释，其巨额营业收入资金大部分转化为固定资产（如鱼塘工程改造），造成固定资产大规模的增加。但经专家分析，蓝田公司2000年年底固定资产占总资产的76.4%，高于同业平均值1倍多，作为农业企业固定资产如此高的比重很不正常。而且，由于农业行业的特殊性，资产无法盘点，如在湖里打了几根桩、鱼池里还有多少只甲鱼等，注册会计师是无法审计的。

要求：结合本案例谈谈为杜绝固定资产有关的造假，注册会计师应向被审计单位提出哪些方面的管理建议？

第一节 采购与付款循环业务活动及控制风险

采购与付款循环是指企业从外部采购商品和劳务或其他资产等并支付款项的过程。

一、采购与付款循环涉及的主要凭证与会计记录

（1）请购单是由产品制造、资产使用等部门的有关人员填写，送交采购部门，申请购买商品、劳务或其他资产的书面凭证。

（2）订购单是由采购部门填写，向另一企业购买指定商品、劳务或其他资产的书面凭证。

（3）验收单是收到商品、资产时所编制的凭证，列示从供应商处收到的商品、资产的种

类和数量等内容。

（4）购货发票是从供应商处获取的载明发运的货物或提供的劳务、应付款金额和付款条件等事项的凭证。

（5）付款凭单是企业的付款凭单部门编制的，载明已收到的商品或接受劳务的供应商、应付款金额和付款日期，是企业内部记录和支付负债的授权证明文件。

（6）转账凭证与付款凭证。

（7）应付账款明细账及总账。

（8）库存现金、银行存款日记账及总账。

（9）供应商对账单是由供应商按月编制的，标明期初余额、本期购买、本期支付给供应商的款项和期末余额的凭证。

采购与付款循环涉及的主要账户及其关系如图 11-1 所示。

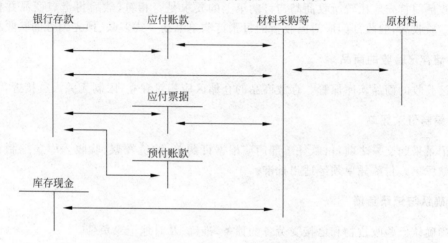

图 11-1　采购与付款循环涉及的主要账户及其关系

二、采购与付款循环涉及的主要业务活动

采购与付款循环涉及的主要业务活动如图 11-2 所示。

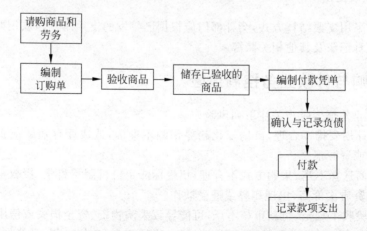

图 11-2　采购与付款循环涉及的主要业务活动

1. 请购商品和劳务

仓库负责对需要购买的已列入存货清单的项目填写请购单,其他部门也可以对所需要采购的未列入存货清单的项目编制请购单。请购单可由手工或计算机编制,由于企业内不少部门都可能填写请购单,一般不便预先编号。

2. 编制订购单

采购部门在收到请购单后,只能对经过批准的请购单发出订购单。订购单应正确填写所购商品品名、数量、价格、厂商名称和地址,预先予以编号并经过被授权的采购人员签名。

3. 验收商品

验收部门首先应比较所收商品与订购单上的要求是否相符,然后再盘点商品并检查商品质量。验收后,验收部门应对已收货的每张订购单编制一式多联、预先编号的验收单。

4. 储存已验收的商品

将已验收的商品入库保管。存放商品的仓储区应相对独立,限制无关人员接近。

5. 编制付款凭单

在记录采购交易之前,付款凭单部门应根据订购单、购货发票、验收入库单编制预先编号的付款凭单。付款凭单须经适当批准。

6. 确认与记录负债

正确确认已验收货物和已接受劳务的债务,准确、及时地记录负债。

7. 付款

由付款凭单部门负责确定未付凭单在到期日付款,由被授权的财务部门的人员付款,已付款的付款凭单应打孔或加盖付讫章,注销后单独保存。

8. 记录款项支出

如果企业采用支票结算方式,会计部门应根据已签发的支票编制付款记账凭证,并据以登记银行存款日记账及其他相关账簿。

三、采购与付款业务控制风险

企业采购业务至少应当关注下列风险。

（1）采购计划安排不合理,市场变化趋势预测不准确,造成库存短缺或积压,可能导致企业生产停滞或资源浪费。

（2）供应商选择不当,采购方式不合理,招投标或定价机制不科学,授权审批不规范,可能导致采购物资质次价高,出现舞弊或遭受欺诈。

（3）采购验收不规范,付款审核不严,可能导致采购物资、资金损失或信用受损。

（4）固定资产更新改造不够、使用效能低下、维护不当、产能过剩,可能导致企业缺乏竞争力、资产价值贬损、安全事故频发或资源浪费。

企业付款业务至少应当关注下列风险。

（1）现金支付范围不符合管理规定。

（2）付款审核薄弱，预付账款、定金管理缺失，退货款收取不及时，导致企业资金损失。

（3）结算方式选择不当、票据管理不善、应付账款和应付票据管理不规范。

（4）付款过程中存在舞弊（如内部人员私自转移货款），使企业经济利益受损。

第二节　测试内部控制设计与运行有效性

一、了解采购与付款循环的内部控制

注册会计师应当对被审计单位采购交易、付款交易相关内部控制进行了解，以评价其内部控制设计有效性，并将审计工作过程及发现记录于审计工作底稿中。

（一）采购交易的内部控制

1. 职责分离

（1）请购与审批要相互分离。

（2）询价与确定供应商要相互分离。

（3）采购合同的订立与审核要相互分离。

（4）采购、验收与相关会计记录要相互分离。

（5）付款的申请、审批与执行要相互分离。

2. 授权批准

（1）所有的采购都根据经批准的请购单进行。

（2）采购按正确的级别批准。

（3）采购价格须经授权批准。

（4）付款须经授权批准。

3. 凭证和记录（信息处理）

（1）采购业务应具备请购单、订购单、验收单、入库单和购货发票，并作为付款凭单的附件，订购单、验收单、入库单、支票等凭证应预先编号，并由经办人签章。及时填制、审核和传递原始凭证。

（2）设计和使用适当的记账凭证，凭证格式简明合理，及时编制和审核记账凭证，证证核对。

（3）建立健全存货、应付账款等账簿记录。

（4）如果会计系统应用信息技术，还要检查数据计算的准确性，审核账户和试算平衡表，设置对输入数据和数字序号的自动检查，以及对例外报告进行人工干预等。

4. 内部核查程序

由内部审计人员或其他独立人员核查采购交易的处理和记录。主要内部核查程序有以下几种。

（1）核对购货发票的内容与相关的验收单、入库单、订购单是否相符。

（2）检查付款凭单的计算是否正确。

（3）检查已签发支票的总额与所处理的付款凭单的总额的一致性。

（4）检查记入银行存款日记账和应付账款明细账的金额的一致性，以及与支票等汇总记录的一致性。

5. 定期与供应商核对有关记录

（二）付款交易的内部控制

（1）按照《现金管理暂行条例》《支付结算办法》等规定办理采购付款业务。

（2）对购货发票、结算凭证、验收证明等相关凭证的真实性、完整性、合法性及合规性进行严格审核。

（3）建立预付账款和定金的授权批准制度，加强预付账款和定金的管理。

（4）加强应付账款和应付票据的管理，由专人按照约定的付款日期、折扣条件等管理应付款项。已到期的应付款项需经有关授权人员审批后方可办理结算与支付。

（5）建立退货管理制度，对退货条件、退货手续、货物出库、退货货款回收等做出明确规定，及时收回退货款。

（6）定期与供应商核对应付账款、应付票据、预付款项等往来款项。如有不符，应查明原因，及时处理。

（三）固定资产的内部控制

1. 预算制度

一般来说，预算制度是固定资产内部控制中最重要的部分。通常，大中型企业应编制固定资产年度预算，以合理运用资金，调控固定资产规模；小规模企业即使没有正规的预算，对固定资产的购建也要事先加以计划。

2. 职责分离

（1）固定资产投资预算的编制与批准要相互分离。

（2）固定资产投资预算的批准与执行要相互分离。

（3）固定资产采购、验收与款项支付要相互分离。

（4）固定资产投保的申请与批准要相互分离。

（5）固定资产处置的批准与执行要相互分离。

（6）固定资产取得和处置业务的执行与相关会计记录要相互分离。

3. 授权批准

（1）资本性预算只有经过董事会等高层管理机构批准方可生效。

（2）所有固定资产的取得和处置均需经企业管理层的书面认可。

4. 凭证和记录（信息处理）

（1）设计和使用请购单、订购单、验收单和购货发票，并作为付款凭单的附件，订购单、验收单、购货发票、支票等凭证应预先连续编号，并由经办人签章。及时填制、审核和传递原始凭证。

（2）设计和使用适当的记账凭证，凭证格式简明合理，及时编制和审核记账凭证，证证核对。

（3）建立健全固定资产、累计折旧等账簿记录。除固定资产总账外，还需设置固定资产明细分类账和固定资产登记卡，按固定资产类别、使用部门和每项固定资产进行明细分类核算。

（4）如果会计系统应用信息技术，还要检查数据计算的准确性，审核账户和试算平衡表，设置对输入数据和数字序号的自动检查，以及对例外报告进行人工干预等。

5. 资本性支出和收益性支出的区分制度

应制定区分资本性支出和收益性支出的书面标准。通常需明确资本性支出的范围和最低金额，凡不属于资本性支出的范围、金额低于下限的任何支出，均应列作费用并抵减当期收益。

6. 固定资产的处置制度

固定资产的处置包括投资转出、报废、出售等，均要有一定的申请报批程序。

7. 固定资产的定期盘点制度

对固定资产的定期盘点是验证账面各项固定资产是否真实存在、了解其放置地点和使用状况，以及发现是否存在未入账固定资产的必要手段。

8. 固定资产的维护保养制度

固定资产应有严密的维护保养制度，以防止其因各种自然和人为的因素而遭受损失，并应建立日常维护和定期检修制度，以延长其使用寿命。

严格地讲，固定资产的保险不属于固定资产的内部控制范围，但它非常重要。因此，注册会计师在检查、评价企业的内部控制时，应当了解固定资产的保险情况。

二、采购与付款循环的控制测试

注册会计师应当对被审计单位采购交易、付款交易相关内部控制运行进行测试，注册会计师应根据了解内部控制及执行控制测试的结果，认定相关控制缺陷的类型和严重程度，评价相关内部控制的有效性。注册会计师应将审计工作过程及发现记录于审计工作底稿中。

（一）采购交易的控制测试

（1）查验付款凭单后是否附有单据，检查批准采购、注销凭证和内部核查的标记。

（2）检查订购单、验收单和应付凭单连续编号的完整性。

（3）检查内部核查的标记和批准采购价格及折扣的标记。

（4）检查工作手册和会计科目表，并检查有关凭证上内部核查的标记。

（5）检查工作手册并观察有无未记录的购货发票存在，检查内部核查的标记。

（6）检查应付账款明细账内容的内部核查标记。

【例 11-1·案例题】 注册会计师在检查 ABC 公司材料采购业务时，发现本年内一笔业务的处理如下：从外地购进原材料一批，共 8500 公斤，计价款 300 000 元，运杂费 3000 元。财会部门将材料采购价款计入原材料成本，运杂费计入管理费用。材料入库后，仓库转来材料入库验收单，发现材料短缺 40 公斤，查明是在运输途中的合理损耗。

〔解析〕

(1) 上述资料反映出 ABC 公司材料采购业务相关内部控制存在缺陷，表现在：财会部门记账在前，仓库部门验收在后，财会部门并不以验收单作为记账依据，这样不但采购业务容易出错，账簿记录也容易混乱或造成账实不符。

(2) 注册会计师可作如下处理：第一，注册会计师可以向 ABC 公司管理部门提出改进原材料采购方法的建议。第二，财会部门对材料采购成本的处理有误，外地运杂费应计入材料采购成本，而不应计入期间费用。建议被审计单位作出调整。审计调整分录：

借：原材料　　　　3000

贷：管理费用　　　3000

对于运输途中的合理损耗的短缺，不需要调整入库材料总金额(按规定，材料合理损耗应计入材料采购成本)，但应调整材料明细账的入库材料的数量和单价。

(二) 付款交易的控制测试

(1) 抽取付款凭证，检查其是否经由会计主管复核和审批，款项支付是否得到适当人员的复核和审批，并检查内部核查标记。

(2) 检查银行对账单和银行存款余额调节表，并检查内部核查标记。

(三) 固定资产的控制测试

(1) 选取固定资产投资预算和投资可行性项目论证报告，检查是否编制预算并进行论证，以及是否经适当层次审批。

(2) 对实际支出与预算之间的差异以及未列入预算的特殊事项，检查其是否履行特别的审批手续，并检查与观察分工的恰当性。

(3) 检查授权批准制度本身是否完善，并关注授权批准制度是否得到切实执行。

(4) 检查明细账与登记卡设置的完善性，固定资产增减变化时原始凭证的充分性，以及标准制定的合理性与执行的有效性。

(5) 关注是否建立了有关固定资产处置的分级申请报批程序。

(6) 抽取固定资产盘点明细表，检查账实之间的差异是否经审批后及时处理。

(7) 抽取固定资产报废单，检查是否经适当批准和处理。

(8) 抽取固定资产内部调拨单，检查调入、调出是否已进行适当处理。

(9) 抽取固定资产增减变动情况分析报告，检查是否经复核。

(10) 注册会计师应了解和评价企业固定资产盘点制度，并注意查询盘盈、盘亏固定资产的处理情况，以及检查制度的合理性与实际执行情况。

(11) 抽取固定资产保险单盘点表，检查是否已办理商业保险。

(12) 注册会计师应根据执行控制测试的结果，确定对相关控制的信赖程度，制定实质性程序的方案。

注册会计师应根据执行控制测试的结果，认定相关控制缺陷的类型和严重程度，评价相关内部控制的有效性。

第三节　对财务报表审计结果的利用

注册会计师应将财务报表审计过程中所识别的报表错报进行分析,结合对被审计单位本循环内部控制设计和运行方面的测试结果,将该错报及其他错报与可能的错误或舞弊相联系。

一、将所识别的错报与可能的错误或舞弊相联系

采购与付款循环涉及应付账款、固定资产等重要项目,这里只介绍与应付账款、固定资产项目相关的可能存在的主要错弊。

(一)与应付账款有关的错弊

1．分支机构虚列应付账款,调节成本费用

企业的分支机构为了控制其利润的实现情况,往往采取虚列应付账款的形式,设置虚假费用项目,从而达到挤占利润、控制利润实现金额的目的。这些应付账款账户往往是和一些费用支出账户相联系的。例如,某分支机构假借装修为名,虚列费用支出如下。

借：管理费用

　　贷：银行存款

　　　　应付账款

其中,银行存款是这次装修实际支付的金额,而应付账款,它们可以解释为还有一笔款项没有付清,但是实际上不存在这部分支出。

2．多列应付账款,将多余款项私吞

企业内部人员,如会计,可以在做账时多列应付账款,将应付 3200 元,改写成 3800 元,在企业还款时,可以多拿到一部分款项。会计人员有时在账簿上直接改动;有时将原始凭证进行修改。查账人员在检查时要将账簿检查与原始凭证检查相结合。

3．隐匿销售收入

有的企业或企业的分支机构利用产品或商品顶抵应付账款,隐瞒收入。此外,不法分子为了达到贪污的目的,也会利用"应付账款"隐匿销售收入。其具体做法是当企业以产品或商品抵偿债务时,按照企业的产品或商品折算的价款金额,做会计分录：

借：应付账款

　　贷：库存商品(产品)

再如,当公司销售了一批产品时,有人指使会计人员将账目写成：

借：银行存款

　　贷：应付账款

而不通过"主营业务收入"账户核算。经过一定时期,将账目写成：

借：应付账款

　　贷：银行存款(现金)

表面上看起来是归还了应付账款，但实际上是将企业的资金转移出去，而且这笔销售业务很容易被人们忘记。

4. 购货退回不冲减应付账款，从而贪污货款

企业购入货物后，可能会由于各种原因而发生购货退回的现象，无论是全部还是部分的退回货物，企业这时都应该减少对供货方的欠款。例如，企业购买了 1 000 000 元的原材料，后来发现有一部分不合格，于是和供货商联系，退回价值 200 000 元的原材料。作为购买方，企业要冲减应付账款，将账目写成：

　　借：应付账款　　　200 000
　　　　贷：原材料　　　　　200 000

但是，有的人利用职务之便，没有冲减相应的欠款，到支付货款时，还按当初购货时支付，从中贪污公司的钱款。

5. 应付账款长期挂账

有时，企业会有一些应付账款长期挂账，查账人员要引起注意。应付账款一般是在短期内归还的款项，如果长期挂账，可能是发生了经济纠纷，记串户了，入账时是假账，已付款但未销账，或者确实无法偿还。

（二）与固定资产有关的错弊

1. 资产转移、有账无实的错弊

资产转移、有账无实的错弊是指有的企业将固定资产（如汽车）借给关系人私自使用，有的固定资产（如计算机）作为奖品分配给员工个人，但仍列在账面上作为固定资产并计提折旧。

2. 资产增加的错弊

资产增加的错弊包括：资产计价的错弊，多计或少计新增固定资产的价值；固定资产计价范围错弊，有的企业将其他资产的价值也列入固定资产，还有的将固定资产的价值列在流动资产；任意变更固定资产账面的价值，不及时结转已完工的固定资产价值。

3. 资产减少的错弊

资产减少的错弊是指处置固定资产不真实，价格不正确，有些企业处理价格偏低，使一些人从中得利；账务处理不及时，资产处理后不作账务处理，照提折旧，实际上将资产赠送他人，或者报废固定资产收入不入账等。

4. 资产折旧的错弊

资产折旧的错弊是指固定资产折旧的计提不符合规定。折旧方法与折旧年限没有统一的规定，造成任意计算、折旧额的计算中重估增值的价值不扣减、账务处理不正确、期末未按税法规定作调整等。

5. 减值准备计提的错弊

有的企业以固定资产减值准备调节利润。有的固定资产减值准备已计提,但仍按原值计算折旧,减值准备恢复以后,折旧计提仍不调整,造成固定资产的折旧与原值不配比。

6. 固定资产后续支出的错弊

固定资产后续支出的错弊是指后续支出不按制度规定处理。有的多列费用少列资产或不列入资产,有的将费用列为资产,减少当期的费用,从而虚增或虚减企业的利润,后续支出不按规定处理,混淆资本性支出与收益性支出的界限等。

二、分析错弊对相关内部控制的影响

注册会计师应当分析已经识别的错弊,考虑这些错弊对被审计单位内部控制缺陷的认定及对内部控制有效性发表审计意见的影响。注册会计师应当就采购交易、付款交易及应收账款、固定资产等重要账户有关的内部控制是否存在缺陷进行分析,对内部控制缺陷的严重程度进行认定,以确定这些内部缺陷单独或组合起来,是否构成重大缺陷。注册会计师应将采购与付款循环审计中发现问题对内部控制有效性的影响,以及后续的审计工作过程详细记录于内部控制审计相关工作底稿。

本章小结

企业采购交易具有职责分离、授权批准、凭证和记录、内部核查程序、定期与供应商核对记录等方面控制活动。付款交易涉及现金使用范围、应付账款和应付票据管理及往来账项核对等方面控制。注册会计师应综合运用检查、观察、询问及重新执行等程序测试内部控制有效性,应将所识别的错报与可能的错误或舞弊相联系。

习题

一、思考题

1. 简述采购与付款循环业务活动及涉及的主要凭证与会计记录。

2. 简述采购与付款循环业务控制风险。

3. 简述采购与付款循环业务的内部控制。

4. 简述采购与付款循环业务的控制测试。

5. 在采购与付款循环内部控制审计中如何利用财务报表审计结果?

二、实训题

(一)判断题

1. 对大规模企业而言,企业内部各个部门都可填列请购单。为了加强控制,企业的请购单应当预先连续编号。　　　　　　　　　　　　　　　　　　　　　(　　)

2. 付款凭单是企业的验收部门编制的,载明已收到的商品或接受劳务的供应商、应付

款金额和付款日期,是企业内部记录和支付负债的授权证明文件。（　　）

3. 支票一经签署,就应在付款凭单和支持性凭证上加盖"付讫"戳或注销,以免重复付款。（　　）

4. 为加快企业购买原材料的付款行为过程,付款的申请、审批与执行不必相互分离。（　　）

5. 采购交易的内部核查程序要求由采购人员或其他与采购相关的业务人员核查采购交易的处理和记录。（　　）

6. 企业应当定期与供应商核对应付账款、应付票据、预付款项等往来款项。如有不符,应查明原因,及时处理。（　　）

7. 企业资本性预算经过采购部门负责人批准即可生效。（　　）

8. 固定资产应有严密的维护保养制度,以防止其因各种自然和人为的因素而遭受损失,并应建立日常维护和定期检修制度,以延长其使用寿命。（　　）

9. 注册会计师应将财务报表审计过程中所识别的报表错报进行分析,结合对被审计单位采购与付款循环内部控制设计和运行方面的测试结果,将该错报及其他错报与可能的错误或舞弊相联系。（　　）

10. 采购与付款循环涉及应收账款、应付账款、存货等重要项目。（　　）

（二）单项选择题

1. 健全有效的内部控制要求由独立的采购部门负责(　　)。
　　A. 编制请购单　　　　　　　　B. 编制订购单
　　C. 控制存货水平以免出现积压　　D. 检验购入存货的数量、质量

2. (　　)是收到商品、资产时所编制的凭证,列示从供应商处收到的商品、资产的种类和数量等内容。
　　A. 请购单　　　B. 订购单　　　C. 验收单　　　D. 应付凭单

3. 企业验收商品需要由独立的(　　)部门行使。
　　A. 采购　　　B. 验收　　　C. 仓储　　　D. 会计

4. 下列各项目不属于固定资产内部控制的是(　　)。
　　A. 授权批准制度　　B. 预算制度　　C. 定期盘点制度　　D. 分析程序

5. 注册会计师对固定资产取得和处置实施控制测试的不包括(　　)。
　　A. 审查固定资产的取得和处置是否经过授权批准
　　B. 审查固定资产的取得、记录、保管、使用、维修、处置等,均应明确划分责任
　　C. 审查因不同原因减少固定资产的会计处理是否正确
　　D. 审查固定资产的取得是否与预算相符,有无重大差异

6. 审查 ABC 公司应付账款项目,发现"应付账款"账户中包含本期估价入库的采购商品 300 万元。经审核,未附有供应商名称、商品品种、数量及金额计算等凭证。注册会计师应采取的措施是(　　)。
　　A. 认可被审计单位的处理　　　　B. 取得估价入库的详细资料
　　C. 作为虚假事项处理　　　　　　D. 不必过问

7. 一般来说,(　　)是固定资产内部控制中最重要的部分。
　　A. 预算制度　　B. 职责分离　　C. 授权批准　　D. 凭证和记录

8. 以下审计程序中,注册会计师最有可能证实已记录应付账款存在的是(　　　)。

　　A. 从应付账款明细账追查至购货合同、购货发票和入库单等凭证

　　B. 检查采购文件以确定是否使用预先编号的采购单

　　C. 抽取购货合同、购货发票和入库单等凭证,追查至应付账款明细账

　　D. 向供应商函证零余额的应付账款

9. 下列(　　　)等程序可用于采购交易控制测试。

　　A. 查验付款凭单后是否附有单据,检查批准采购、注销凭证和内部核查的标记

　　B. 检查订购单、验收单和应付凭单连续编号的完整性

　　C. 检查内部核查的标记和批准采购价格和折扣的标记

　　D. 检查银行对账单和银行存款余额调节表,并检查内部核查标记

10. 对于应付账款长期挂账现象,下列(　　　)项原因的表述是不可能的。

　　A. 发生经济纠纷　　　　　　　　　　B. 入账时是假账

　　C. 已付款但未销账　　　　　　　　　D. 确实无法收回的款项

(三)多项选择题

1. 采购与付款循环涉及的主要账户有(　　　)。

　　A. 应付账款　　　　B. 应付票据　　　　C. 预付账款　　　　D. 原材料

2. 适当的职责分离有助于防止各种错误或舞弊,采购与付款循环的职责分离包括(　　　)。

　　A. 请购与审批要相互分离

　　B. 供应商的选择与审批要相互分离

　　C. 采购合同的拟订、审核与审批要相互分离

　　D. 采购、验收与记录要相互分离

3. 下列各项中属于对采购与付款循环审计时涉及的凭证与记录是(　　　)。

　　A. 请购单与订购单　　　　　　　　　B. 验收单

　　C. 购货发票　　　　　　　　　　　　D. 库存现金及银行存款日记账和总账

4. 下列能够防止或发现采购与付款循环可能发生错弊的控制有(　　　)。

　　A. 仓库或资产使用部门编制请购单,并经有关负责人批准

　　B. 采购部门根据经批准的请购单编制预先编号的订购单

　　C. 验收部门核对订购单与装运单,据以点验到货并编制验收单

　　D. 内部核查签发支票的金额、收款人与付款凭单的内容是否一致

5. 企业采购业务至少应当关注下列风险(　　　)。

　　A. 采购计划安排不合理,市场变化趋势预测不准确,造成库存短缺或积压,可能导致企业生产停滞或资源浪费

　　B. 供应商选择不当,采购方式不合理,招投标或定价机制不科学,授权审批不规范,可能导致采购物资质次价高,出现舞弊或遭受欺诈

　　C. 采购验收不规范,付款审核不严,可能导致采购物资、资金损失或信用受损

　　D. 固定资产更新改造不够、使用效能低下、维护不当、产能过剩,可能导致企业缺乏竞争力、资产价值贬损、安全事故频发或资源浪费

6. 应对采购业务风险的策略可以是（　　）。

　　A. 严格采购过程管理

　　B. 审慎选择付款方式

　　C. 加强固定资产预算管理、折旧管理和固定资金更新改造

　　D. 限制采购次数

7. 采购交易的职责分离控制包括（　　）。

　　A. 请购与审批要相互分离

　　B. 询价与确定供应商要相互分离

　　C. 采购合同的订立与审核要相互分离

　　D. 采购、验收与相关会计记录要相互分离

8. 采购交易的授权批准控制包括（　　）。

　　A. 所有的采购都根据经批准的请购单进行

　　B. 采购按正确的级别批准

　　C. 采购价格须经授权批准

　　D. 付款须经授权批准

9. 下列（　　）等单据应当作为付款凭单的附件。

　　A. 请购单和订购单　　　　　　　　B. 验收单和入库单

　　C. 购货发票　　　　　　　　　　　D. 支票正本

10. 下列与固定资产有关的控制有（　　）。

　　A. 预算制度　　　　　　　　　　　B. 资本性支出和收益性支出的区分制度

　　C. 固定资产的处置制度　　　　　　D. 固定资产的定期盘点制度

（四）综合题

1. 注册会计师在对 ABC 公司 2009 年度"应付账款"进行审计时，发现：

（1）该公司有一笔确实无法支付的应付账款 300 000 元，列入"资本公积"。

（2）该公司于 2009 年 12 月 28 日购入的甲材料 500 000 元，已按规定纳入 12 月 31 日存货盘点范围进行了实物盘点。但购货发票于次年 1 月 5 日才收到，并在次年的 1 月份进行了账务处理，本年度无其他进货和相应负债。

（3）该公司 2009 年 12 月 31 日应付账款账户总账余额为贷方余额 8 000 000 元，其明细组成如表 11-1 所示。

表 11-1　应付账款明细情况一览表

账　户　名　称	金　　　额
应付账款——A 公司	5 000 000
应付账款——B 公司	3 500 000
应付账款——C 公司	−1 500 000
应付账款——D 公司	1 000 000
合计	8 000 000

要求：分析该公司存在的问题，提出处理意见。

2. 注册会计师在对 ABC 公司主营业务收入明细账审查时,发现该公司 2009 年 11 月份主营业务收入与上年同期相比大幅度下降。注册会计师怀疑该公司隐瞒收入,于是进一步审查 2008 年 11 月份相关明细账及记账凭证,发现一笔记账凭证上作了以下会计分录:

借:银行存款　　351 000
　　贷:应付账款　　351 000

该记账凭证后所附原始凭证为银行进账单回单一张和该公司开出的增值税专用发票一张,发票上注明货款为 300 000 元,增值税为 51 000 元。

要求:分析该公司存在的问题,提出处理意见,并编制审计调整分录。

第十二章 生产与存货循环内部控制和控制测试

引导案例：

法尔莫公司事件

法尔莫公司是一个从小药店发展起来的拥有300家连锁店的"药品帝国"。公司负责人莫纳斯和他的公司炮制虚假利润已达十年之久。公司一直保持了两套账簿，一套用于应付注册会计师的审计，另一套反映糟糕的现实。他们先将所有的损失归入一个所谓的"水桶账户"，然后再将该账户的金额通过虚增存货的方式重新分配到公司的数百家成员药店。他们伪造购货发票、编制增加存货并减少销售成本的虚假记账凭证、确认购货却不同时确认负债、多计存货的数量。而注册会计师审计时只对300家药店中的4家进行存货监盘，而且提前数月通知公司。公司的管理人员得到消息后便将那4家药店堆满实物存货，而把那些虚增的部分分配到其余的296家药店。法尔莫公司实际已濒临破产。注册会计师一直未能发现公司舞弊，这项审计失败使会计师事务所在民事诉讼中损失了3亿美元。

要求：结合本案例谈谈存货审计对于查找重大舞弊是否重要，存货内部控制审计应侧重测试哪些方面控制。

第一节 生产与存货业务活动及控制风险

生产与存货循环主要包括存货的管理和生产活动及生产成本的计算等。生产与存货循环可以看成是由两个既相互独立又密切联系的系统组成的，一个涉及商品的实物流程，另一个涉及相关的成本流程。

一、生产与存货循环涉及的主要凭证与会计记录

（1）生产指令。生产指令又称"生产任务通知单"，是企业下达制造产品等生产任务的书面文件，用于通知供应部门组织材料发放、生产车间组织产品制造、会计部门组织成本计算。

（2）领发料凭证。领发料凭证是企业为控制材料发出所采用的各种凭证，如领料单、限额领料单、领料登记簿、退料单、材料发出汇总表等。

（3）产量和工时记录。产量和工时记录是登记工人或生产班组在出勤内完成产品数

量、质量和生产这些产品所耗费工时数量的原始记录,包括工作通知单、工序进程单、工作班产量报告、产量通知单、产量明细表、废品通知单等。

(4) 工薪汇总表及工薪费用分配表。工薪汇总表是为了反映企业全部工薪的结算情况,并据以进行工薪总分类核算和汇总整个企业工薪费用而编制的,它是企业进行工薪费用分配的依据。工薪费用分配表反映了各生产车间各产品应负担的生产工人工薪及福利费。

(5) 材料费用分配表。材料费用分配表是用来汇总反映各生产车间各产品所耗材料费用的原始记录。

(6) 制造费用分配表。制造费用分配表是用来汇总反映各生产车间各产品所应负担的制造费用的原始记录。

(7) 成本计算单。成本计算单是用来归集某一成本计算对象所应承担的生产费用、计算该成本计算对象的总成本和单位成本的记录。

(8) 转账凭证和付款凭证。

(9) 存货明细账及总账。

(10) 应付职工薪酬明细账及总账。

(11) 主营业务成本明细账及总账。

生产与存货循环涉及的主要账户及其关系如图 12-1 所示。

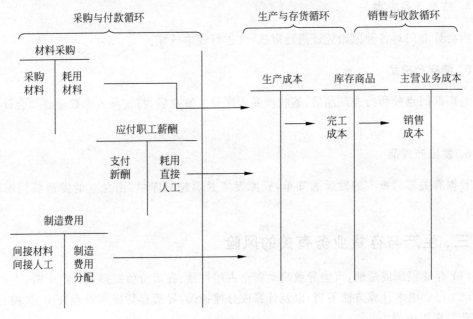

图 12-1 生产与存货循环涉及的主要账户及其关系

二、生产与存货循环涉及的主要业务活动

生产与存货循环涉及的主要业务活动如图 12-2 所示。

1. 计划和安排生产

由生产计划部门根据客户订购单或对销售预测和产品需求的分析进行生产授权,填制

图 12-2　生产与存货循环涉及的主要业务活动

预先连续编号的生产任务通知单。

2．发出原材料

仓库部门根据生产部门填制的连续编号的领料单发出原材料。

3．生产产品

生产部门在收到生产任务通知单及领取原材料后,组织产品生产；产品完工后由检验人员检验并填制连续编号的产品入库单。

4．核算产品成本

由会计部门对各种原始凭证进行审核,并进行成本核算。

5．储存产成品

仓库部门点验和检查产品后,签收产品入库单。签收后,将实际入库数量通知会计部门记账。

6．发出产成品

根据有关部门核准的发运通知单,仓库发货并填制出库单,由独立的发运部门填制装运单。

三、生产与存货业务有关的风险

(1) 存货积压或短缺,可能导致流动资金占用过量、存货价值贬损或生产中断。

(2) 存货成本计算方法不当,以及计算或分摊错误,导致存货成本管理失实、失控,进而给企业带来资金损失。

第二节　测试内部控制设计与运行有效性

一、了解生产与存货循环的内部控制

注册会计师应当对被审计单位生产与存货相关内部控制进行了解,以评价其内部控制设计有效性,并将审计工作过程及发现记录于审计工作底稿中。

1．职责分离

（1）存货生产计划的编制与审批要相互分离。

（2）存货的验收与生产部门要相互分离。

（3）存货的保管与相关记录要相互分离。

（4）存货发出的申请、审批与记录要相互分离。

（5）存货处置的申请、审批与记录要相互分离。

（6）成本费用定额、预算的编制与审批要相互分离。

（7）成本费用支出与审批要相互分离。

（8）成本费用支出与相关会计记录要相互分离。

（9）人事、考勤、工薪发放、记录等职务要相互分离。

2．授权批准

（1）生产指令须经授权批准。

（2）领料单须经授权批准。

（3）职工薪酬须经授权批准。

（4）上工、工作时间，特别是加班时间须经授权批准。

（5）工资、奖金、津贴、补贴、职工福利、代扣款项、工薪汇总表须经授权批准。

（6）成本和费用分配方法的采用和变更须经授权批准。

（7）存货计价方法的采用和变更须经授权批准。

（8）存货的盘盈、盘亏、毁损等的处置须经授权批准。

3．凭证和记录（信息处理）

（1）会计部门的成本核算要以经过审核的生产任务通知单、领发料凭证、产量和工时记录、工薪费用分配表、材料费用分配表、制造费用分配表等为依据。及时填制、审核和传递原始凭证。

（2）设计和使用适当的记账凭证，凭证格式简明合理，及时编制和审核记账凭证，证证核对。

（3）建立健全存货、应付职工薪酬等账簿记录。

（4）企业应采用适当的成本核算方法、费用分配方法、成本核算流程和账务处理流程，并保持前后期一致，以使成本能以正确的金额，在恰当的会计期间及时记录于适当的账户。

（5）如果会计系统应用信息技术，还要检查数据计算的准确性，审核账户和试算平衡表，设置对输入数据和数字序号的自动检查，以及对例外报告进行人工干预等。

4．内部核查程序

（1）检查各种费用的归集、分配及成本的计算是否正确。

（2）检查是否按照规定的成本核算流程和账务处理流程进行核算和账务处理。

（3）检查工薪的计算是否正确。

5. 财产保护控制

(1) 建立产成品、在产品等的保管和移交制度。

(2) 按类别存放存货,并定期巡视。

(3) 只有经过授权的人才能接触存货实物。

(4) 存货的入库须经过验收,存货的出库须有经批准的出库单(提货单)。

(5) 定期盘点存货。

二、生产与存货循环的控制测试

注册会计师应当对被审计单位生产与存货相关内部控制运行进行测试,注册会计师应根据了解内部控制及执行控制测试的结果,认定相关控制缺陷的类型和严重程度,评价相关内部控制的有效性。注册会计师应将审计工作过程及发现记录于审计工作底稿中。

(一) 成本会计制度的控制测试

(1) 检查生产指令、领料单、工薪这 3 个关键点是否经过恰当审批。

(2) 检查有关成本的记账凭证是否附有生产任务通知单、领发料凭证、产量和工时记录、工薪费用分配表、材料费用分配表、制造费用分配表,以及这些原始凭证的顺序编号是否完整。

(3) 检查生产任务通知单、领发料凭证、产量和工时记录、工薪费用分配表、材料费用分配表、制造费用分配表的顺序编号是否完整。

(4) 选取样本测试各种费用的归集和分配以及成本的计算,测试是否按照规定的成本核算流程和账务处理流程进行核算和账务处理。

(5) 询问和观察存货与记录的接触控制及相应的批准程序。

(6) 询问和观察存货盘点程序。

(二) 工薪的控制测试

(1) 审查人事档案,关注人事档案中的授权。

(2) 检查工时卡的有关核准说明。

(3) 检查工薪记录中有关核准的标记及有关内部核查的标记。

(4) 复核人事政策、组织结构图。

(5) 审查工薪费用分配表、工薪汇总表、工薪结算表,并核对员工工薪手册、员工手册等。

(6) 选取样本测试工薪费用的归集和分配,测试是否按照规定的账务处理流程进行账务处理。

(7) 询问和观察人事、考勤、工薪发放、记录等各项职责执行情况。

注册会计师应根据执行控制测试的结果,认定相关控制缺陷的类型和严重程度,评价相关内部控制的有效性。

第三节 对财务报表审计结果的利用

注册会计师应将财务报表审计过程中所识别的报表错报进行分析,结合对被审计单位本循环内部控制设计和运行方面的测试结果,将该错报及其他错报与可能的错误或舞弊相联系。

一、将所识别的错报与可能的错误或舞弊相联系

生产与存货循环涉及存货等重要项目,这里只介绍与存货项目相关的可能存在的主要错弊。

当被审计单位存在以下情况或迹象时,表明存货项目存在错误或舞弊可能性较大。存货增长远远快于销售增长,销售成本与应付账款的增长不成比例;存货准备相对于库存下降较多,存货储备不足,以及夸大营运收入;突然改变存货的计价方法,原用先进先出法改为后进先出法或其他方法;存货与主营业务成本的变化比例明显不匹配;存货逐步增大,存货周转率越来越慢,以存货作为抵押品越来越多;存货呆滞,削价不合理或有大幅度变化;存货清查盘点不清,存放地点不详,盘点人员未签字;存货数量为零或正数,而金额为负数或数量及金额均为负数;存货减值准备账户变动较大等。

存货项目存在的错误或舞弊主要表现在以下 4 个方面。

1. 取得时的错弊

外购存货成本不实,计价不准确;入库存货的价值虚增,扩大企业库存;将账外产品成本或委托加工产品的成本计入账内产品;将代制或代销存货冒充自己所有;以次充好,仓库内盗。

2. 发出时的错弊

计价方法不合理,经常改变计价的核算方法;价值计算不正确,多计或少计成本;成本差异计算不正确,不按月分摊,不结转或结转方式不正确。

3. 储存中的错弊

账实不符、相互顶替、规格型号互串;盘盈、盘亏不按规定的程序处理;腐烂、变质、没有使用价值的存货仍保留在账上;减值准备计提不正确或计提无依据。

4. 账簿记录中的错弊

出入库手续不完善,账簿记录不齐全;计量单位不统一,米尺不分,公斤市斤不注明;交接手续不清,保管责任不明;会计与仓库长期不对账,账账不符,账实不符。

二、分析错弊对相关内部控制的影响

注册会计师应当分析已经识别错弊,考虑这些错弊对被审计单位内部控制缺陷的认定

及对内部控制有效性发表审计意见的影响。注册会计师应当就存货取得、储存、发出等实物流转环节,以及存货成本的计算和周转等价值流转环节和相关账户有关的控制是否存在缺陷进行分析,对内部控制缺陷的严重程度进行认定,以确定这些内部控制缺陷单独或组合起来,是否构成重大缺陷。注册会计师应将生产与存货循环审计中发现问题对内部控制有效性的影响,以及后续的审计工作过程详细记录于内部控制审计相关工作底稿。

本章小结

　　企业生产与存货交易具有职责分离、授权批准、凭证和记录、内部核查程序、财产保护等方面控制活动。注册会计师应综合运用检查、观察、询问及重新执行等程序,重点审查成本会计制度、工薪内部控制有效性。应将所识别的错报与可能的错误或舞弊相联系。

习题

一、思考题

1. 简述生产与存货循环业务活动及涉及的主要凭证与会计记录。

2. 简述生产与存货循环业务控制风险。

3. 简述生产与存货循环业务的内部控制。

4. 简述生产与存货循环业务的控制测试。

二、实训题

(一) 判断题

1. 生产与存货循环主要包括存货的管理和生产活动,但不包括生产成本的计算。

(　　)

2. 材料费用分配表是用来汇总反映各生产车间各产品所应负担的制造费用的原始记录的。 (　　)

3. 成本计算单是生产部门编制的,用来归集某一成本计算对象所应承担的生产费用、计算该成本计算对象的总成本和单位成本的记录。 (　　)

4. 应对生产与存货业务循环相关风险的策略,仅在于加强对存货的实物流转过程的管控,确保资产安全。 (　　)

5. 企业的工资、奖金、津贴、补贴、职工福利、代扣款项、工薪汇总表须经授权批准。

(　　)

6. 注册会计师在进行工薪的控制测试时,需要审查人事档案,并关注人事档案中的授权。 (　　)

7. 当被审计单位存在以下情况或迹象时,表明存货项目存在错误或舞弊可能性较大:存货增长远远快于销售增长,销售成本及应付账款的增长不成比例。注册会计师应根据执行控制测试的结果,认定相关控制缺陷的类型和严重程度,评价相关内部控制的有效性。

(　　)

8. 领发料凭证由企业的会计部门填制。 (　　)

9. 对产品成本审查包括对直接材料费用的审查。 （　　）

10. 当发现被审计单位存在存货增长远远快于销售增长,而销售成本与应付账款的增长不成比例的现象时,注册会计师应当认为其经营状况良好。 （　　）

（二）单项选择题

1. 生产与存货循环可以看成是由两个既相互独立又密切联系的系统组成的,一个涉及商品的实物流程,另一个涉及相关的（　　）。

　　A. 加工流程　　　　B. 成本流程　　　　C. 人员流程　　　　D. 收付流程

2. （　　）是企业为控制材料发出所采用的各种凭证,如领料单、限额领料单、领料登记簿、退料单、材料发出汇总表等。

　　A. 生产指令　　　　　　　　　　B. 领发料凭证

　　C. 产量和工时记录　　　　　　　D. 材料费用分配表

3. 仓库部门根据从生产部门收到的（　　）向生产部门发货。

　　A. 领料单　　　　B. 入库单　　　　C. 验收单　　　　D. 保管单

4. 生产与存货循环和销售与收款循环的直接联系发生于（　　）。

　　A. 借记原材料、贷记应付账款之时

　　B. 借记货币资金、贷记应收账款之时

　　C. 借记主营业务成本、贷记库存商品之时

　　D. 借记应付账款、贷记货币资金之时

5. 由（　　）根据客户订购单或对销售预测和产品需求的分析进行生产授权,填制预先连续编号的生产任务通知单。

　　A. 生产计划部门　　B. 仓库部门　　　C. 生产部门　　　D. 会计部门

6. （　　）是用来归集某一成本计算对象所应承担的生产费用,计算该成本计算对象的总成本和单位成本的记录。

　　A. 生产指令　　　　　　　　　　B. 领发料凭证

　　C. 产量和工时记录　　　　　　　D. 成本计算单

7. （　　）是为了反映企业全部工薪的结算情况,并据以进行工薪总分类核算和汇总整个企业工薪费用而编制的,它是企业进行工薪费用分配的依据。

　　A. 工薪汇总表　　　　　　　　　B. 工薪结算表

　　C. 工薪费用分配表　　　　　　　D. 员工工薪手册

8. 存货成本审计不应包括的内容有（　　）。

　　A. 制造费用的审计　　　　　　　B. 直接薪酬的审计

　　C. 直接材料成本　　　　　　　　D. 管理费用的审计

9. 对于财务报表审计中所发现的存货虚构错误,执行内部控制审计的注册会计师应当考虑该事项对（　　）的影响。

　　A. 与存货存在认定有关内部控制的有效性

　　B. 与存货完整性认定有关内部控制的有效性

　　C. 与存货计价和分摊认定有关内部控制的有效性

　　D. 与权利和义务认定有关的内部控制的有效性

10. 下列各项中,不属于生产成本审计控制测试的是(   )。

A. 对成本实施实质性分析程序

B. 审查有关凭证是否经过适当审批

C. 审查有关记账凭证是否附有原始凭证,以及这些原始凭证的连续编号是否完整

D. 询问和观察存货的盘点及接触、审批程序

(三)多项选择题

1. 存货是指企业在生产经营过程中为销售或耗用而储存的各种资产,包括(   )。

A. 产成品　　　　B. 半成品　　　　C. 原材料　　　　D. 包装物

2. 产量和工时记录是登记工人或生产班组在出勤内完成产品数量、质量和生产这些产品所耗费工时数量的原始记录。具体包括(   )。

A. 工作通知单　　　　　　　　　B. 工序进程单

C. 工作班产量报告　　　　　　　D. 材料发出汇总表

3. 下列属于生产与存货循环涉及的主要凭证与会计记录的是(   )。

A. 生产指令　　　B. 工时记录　　　C. 成本计算单　　　D. 销售发票

4. 生产与存货循环涉及的主要业务活动包括(   )。

A. 采购原材料　　　　　　　　　B. 计划和安排生产

C. 发出原材料　　　　　　　　　D. 生产产品

5. 生产和存货业务与控制有关的风险有(   )。

A. 存货积压或短缺,可能导致流动资金占用过量、存货价值贬损或生产中断

B. 存货成本计算方法不当,以及计算或分摊错误,导致存货成本管理失实、失控,进而给企业带来资金损失

C. 促销手段不科学

D. 购进原材料质次价高

6. 生产与存货循环的职责分离内部控制有(   )。

A. 存货生产计划的编制与审批要相互分离

B. 存货的验收与生产部门要相互分离

C. 领料单须经授权批准

D. 存货发出的申请、审批与记录要相互分离

7. 生产与存货循环的控制测试包括(   )。

A. 成本会计制度的控制测试　　　B. 存货的计价测试

C. 存货的监盘　　　　　　　　　D. 工薪的控制测试

8. 生产与存货循环的财产保护控制有(   )。

A. 建立健全存货、应付职工薪酬等账簿记录

B. 建立产成品、在产品等的保管和移交制度

C. 按类别存放存货,并定期巡视

D. 只有经过授权的人才能接触存货实物

9. 注册会计师在进行成本会计制度的控制测试时,应当检查(   )等 3 个关键点是否经过恰当审批。

A. 生产指令　　　B. 领料单　　　C. 工薪　　　　D. 发出存货

10. 下列支出,不得列入产品成本的有(　　)。

    A. 直接材料　　　B. 支付的办公费　　C. 支付的违约金　　D. 企业捐赠支出

(四) 综合题

注册会计师对 ABC 公司的存货进行审计时,进行了控制测试,发现有以下事项:(1)以前年度没有对存货实施盘点,但有完整的存货会计记录和仓库记录;(2)销售发出的彩电未全部按顺序记录;(3)生产彩电所需要的零星材料由其他公司代管,故该公司没对这些材料的变动进行会计记录;(4)公司每年 12 月 25 日会计结账后发出的存货在仓库明细账上记录,会计部门没有做账务处理。

第十三章 投资与筹资循环内部控制和控制测试

引导案例：

是什么成为"郑州百文"业绩前高后低的推手

"郑州百文"的前身是郑州百货文化用品采购供应站,成立于 1949 年 11 月 1 日,是一家老牌国有企业。1992 年 12 月,公司进行了增资扩股,共募集资金 19 562 万元。经中国证监会批准,郑州百文股份有限公司作为"历史遗留股"于 1996 年 4 月 18 日在上海证券交易所挂牌交易。

上市一年后,"郑州百文"骄人的业绩使其赢得"绩优股"行列中显赫一员,其销售额在 1996 年度比前一年翻一番的情况下,1997 以惊人的速度在 1996 年的基础上又翻了一番。与此同时,每股收益和净资产收益率均比 1996 年有所增长。

然而,进入 1998 年,局势骤然急转。"郑州百文"在 1998 年度发生巨亏,净利润从 1997 年盈利 7800 万元变为 1998 年亏损 50 000 万元。一夜间,一个绩优股沦落为巨亏股。截至 1999 年 8 月 31 日的"郑州百文"1999 年中报,反映了该公司没有扭亏的趋势,并且经营情况愈加恶化,已达到严重资不抵债的地步。继 1998 年年报之后,注册会计师再次对"郑州百文"财务报告出具了无法表示意见的审计报告。

为何会出现如此剧烈的"前高后低"的大幅度的变化呢?原来,这是公司的利润构成的问题。据悉,在该公司信用销售的鼎盛时期,往往利用银行承兑汇票(承兑期长达 3~6 个月)进行账款结算,因而从回笼货款到支付货款之间往往有 3 个月的时间差,公司利用这笔巨额资金委托君安证券进行短期套利。仅 1997 年,该行为所产生的投资收益就达到 4116 万元,占当年公司利润总额的 40%,因此,在当年的利润总额构成中投机行为所产生的收益占了相当大的比重。"郑州百文"现象验证了企业专心做好主营业务的重要意义,靠投资或投机,以及所谓大手笔、大项目背后的巨额融资,都很可能是企业持续经营的拦路虎。

要求：结合本案例,谈谈筹资、投资业务对企业当期财务状况和经营成果的影响表现在哪些方面,企业应重点强化投资、筹资业务哪些方面的内部控制。

第一节　投资与筹资业务活动及风险

投资与筹资循环由筹资活动和投资活动的交易事项构成。投资活动主要由权益性投资交易和债权性投资交易组成。筹资活动主要由借款交易和股东权益交易组成。

一、投资与筹资循环的相关凭证与会计记录

（一）投资循环的主要凭证和会计记录

（1）股票或债券。

（2）经纪人通知书。

（3）企业的章程及有关协议。

（4）投资协议。

（5）有关记账凭证。

（6）有关的明细账和总账。

（二）筹资循环的主要凭证与会计记录

（1）债券及债券契约。

（2）公司债券存根簿。

（3）股票。

（4）股东名册。

（5）承销或包销协议。

（6）借款合同或协议。

（7）有关记账凭证。

（8）有关的明细账和总账。

二、投资与筹资循环涉及的主要业务活动

投资与筹资循环涉及企业重大资金活动。投资循环包括股权投资与债权投资交易，投资循环涉及的主要业务活动如图 13-1 所示。筹资循环包括各项借款的发生、利息的偿还，以及所有者权益的形成、利润的分配等交易与事项，筹资循环涉及的主要业务活动如图 13-2 所示。

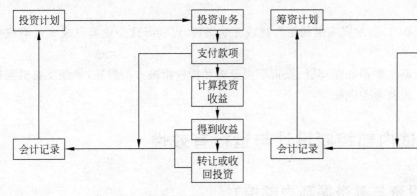

图 13-1　投资循环涉及的主要业务　　　　图 13-2　筹资循环涉及的主要业务

（一）投资循环涉及的主要业务活动

（1）拟订投资方案。企业根据发展战略、宏观经济环境、市场状况等，提出本企业的投

资项目规划。在对规划进行筛选的基础上,确定投资项目。

(2)投资计划的编制与审批。企业应根据审批通过的投资方案,与被投资方签订投资合同或协议,编制详细的投资计划,并按程序报经有关部门批准。

(3)取得证券或其他投资。企业可以通过购买股票或债券进行投资,也可以通过与其他单位联合形成投资。

(4)取得投资收益。企业可以取得股权投资的股利收入、债券投资的利息收入和其他投资收益。

(5)转让或收回投资。企业可以通过转让证券实现投资的收回;其他投资已经投出,除联营合同期满,或者由于其他特殊原因联营企业解散外,一般不得抽回投资。

(二)筹资循环涉及的主要业务活动

(1)拟订筹资方案。一般由财务部门根据企业经营战略、预算情况与资金现状等因素,提出筹资方案。初始筹资方案还应经过充分的可行性论证,进而在企业内部按照分级授权审批的原则进行审批。企业通过借款筹集资金须经管理层的审批,其中债券的发行每次均要由董事会授权;企业发行股票必须依据国家有关法规或企业章程的规定,报经企业最高权力机构(如董事会)及国家有关管理部门批准。

(2)筹资计划的编制与审批。企业应根据审核批准的筹资方案,编制较为详细的筹资计划,向银行或其他金融机构融资须签订借款合同,发行债券须签订债券契约和债券承销或包销合同,企业筹资计划须根据授权审批制度报有关部门批准。

(3)取得资金。企业实际取得银行或金融机构划入的款项或债券、股票的融入资金。

(4)计算利息或股利。企业应按有关合同或协议的规定及时计算利息或股利。

(5)偿还本息或发放股利。银行借款或发行债券应按有关合同或协议的规定偿还本息,融入的股本根据股东大会的决定发放股利。

三、投资与筹资循环与控制相关的风险

(1)投资决策失误,引发盲目扩张或丧失发展机遇,可能导致资金链断裂或资金使用效益低下。

(2)筹资决策不当,引发资本结构不合理或无效融资,可能导致企业筹资成本过高或债务危机。

应对风险的策略主要是加强筹资、投资职责分离和授权批准方面管控,加强反腐机制构建,主动控制筹资、投资业务风险。

第二节　测试内部控制设计与运行有效性

一、了解投资与筹资循环内部控制

注册会计师应当对被审计单位投资与筹资循环内部控制进行了解,以评价其内部控制设计有效性,并将审计工作过程及发现记录于审计工作底稿中。

（一）投资业务的内部控制

1．职责分离

（1）投资业务的审批与执行要相互分离。
（2）投资业务的记录与有价证券的保管要相互分离。

2．授权批准

（1）大规模的投资由董事会决定，并授权经理人员执行。
（2）小规模的投资由财务主管决定，并由财务人员具体执行。

3．实物保管制度

（1）独立的专门机构保管。
委托银行、证券公司、信托投资公司等机构保管投资资产，证券一般比较安全。
（2）自行保管。
建立严格的保管制度，证券必须由两名以上人员共同保管，一人不能单独接触证券；证券的存入、取出应有严格的批准手续，并由经办人员签字。
（3）盘点制度。
由不参与证券投资业务的人员对证券投资资产定期盘点，并与账簿记录核对。

4．凭证和记录（信息处理）

合理设计各种投资账簿，除建立明细账和总账外还应建立证券投资登记簿。

（二）筹资业务的内部控制

1．职责分离

（1）筹资计划的编制与审批要相互分离。
（2）业务的执行人员与记录人员要相互分离。
（3）明细账与总账登记职务要相互分离。

2．授权批准

借款和发行股票均应经特别授权批准，一般由财务部门编制计划，董事会批准。

3．签订合同或协议

借款和发行股票应签订借款合同或协议、债券契约、承销协议等文件，并由专人保管。

4．信息处理（充分的凭证和记录）

建立完善的账簿体系和记录制度。除设明细账和总账外，还应设债券、股票登记簿。

5．定期对账

定期将债券持有人明细账与总账核对，或与外部保存机构核对。

二、投资与筹资循环的控制测试

注册会计师应当对被审计单位投资与筹资内部控制运行进行测试，应根据了解内部控制及执行控制测试的结果，认定相关控制缺陷的类型和严重程度，评价相关内部控制的有效性。注册会计师应将审计工作过程及发现记录于审计工作底稿中。

（一）投资交易的常用控制测试

（1）索取投资授权批准文件，检查审批手续是否齐全。

（2）询问投资业务的职责分工情况及内部对账情况。

（3）检查被审计单位是否定期与交易对方或被投资方核对账目。

（4）检查被审计单位是否定期与债务人核对账目，并检查会计主管复核印记。

（5）询问会计科目表的使用情况，并检查会计主管复核印记。

（二）筹资交易的常用控制测试

（1）索取借款的授权批准文件，检查审批手续是否齐全。检查借款合同或协议。

（2）询问借款业务的职责分工情况及内部对账情况。

（3）检查被审计单位是否定期与债权人核对账目。

注册会计师应根据执行控制测试的结果，认定相关内部控制缺陷的类型和严重程度，评价相关内部控制的有效性。

第三节 对财务报表审计结果的利用

注册会计师应将财务报表审计过程中所识别的报表错报进行分析，结合对被审计单位本循环内部控制设计和运行方面的测试结果，将该错报及其他错报与可能的错误或舞弊相联系。

一、将所识别的错报与可能的错误或舞弊相联系

投资与筹资循环涉及交易性金融资产、可供出售金融资产、持有至到期投资、长期股权投资、投资收益、短期借款、应付债券、管理费用及所有者权益相关项目，本循环所涉及的金融资产、负债和所有者类相关账户的错报的背后，多与以下因素有关。

（1）投资、筹资业务缺乏战略规划，或者决策过程上的偏差，导致投资、筹资业务资金损失。企业投资、筹资业务应当有基于企业长远发展目标下的战略规划，企业投资、筹资的决策过程要有严格可行性研究、项目立项、授权批准、可行性研究报告评审等决策步骤，有的企业出于急功近利的考虑或受凌驾管理控制等原因，导致投资、筹资重大决策失误，从而带来重大资金损失。

（2）金融资产类账户的错弊。例如，虚计长期股权投资、交易性金融资产、可供出售金融资产，这种虚计多发生在关联企业之间。又如，没有按照成本法与权益法要求核算长期股权投资成本和收益，没有按照公允价值法在会计报表日调整交易性金融资产账面价值等。

（3）负债类账户的错弊。例如，少计短期借款、长期借款、应付债券成本，或者将不符合

资本化条件的借款费用予以资本化等。

（4）所有者类账户的错弊。例如，注册资本金不实，少提取资本公积、盈余公积及违规使用盈余公积。

二、分析错弊对相关内部控制的影响

注册会计师应当分析已经识别错弊，考虑这些错弊对本循环被审计单位内部控制缺陷的认定及对内部控制有效性发表审计意见的影响。注册会计师应当就投资、筹资业务及交易性金融资产、可供出售金融资产、持有至到期投资、长期股权投资、投资收益、短期借款、应付债券、管理费用等账户有关的控制是否存在缺陷进行分析，对控制缺陷的严重程度进行认定，以确定这些缺陷单独或组合起来，是否构成重大缺陷。注册会计师应将投资与筹资循环内部控制审计中发现的问题对内部控制有效性的影响，以及后续的审计工作过程详细记录于内部控制审计相关工作底稿。

本章小结

企业投资与筹资交易具有职责分离、授权批准、凭证和记录、实物保管等方面控制活动。注册会计师应综合运用检查、观察、询问及重新执行等程序实施控制测试。应将所识别的错报与可能的错误或舞弊相联系。

习题

一、思考题

1. 简述投资与筹资循环业务活动及涉及的主要凭证与会计记录。

2. 简述投资与筹资循环业务控制风险。

3. 简述投资与筹资循环业务的内部控制。

4. 简述投资与筹资循环业务的控制测试。

二、实训题

（一）判断题

1. 债券及债券契约、公司债券存根簿、股票、股东名册、投资协议均属于筹资循环的主要凭证与会计记录。　　　　　　　　　　　　　　　　　　　　　　　　　　（　　）

2. 企业借款和发行股票一般由企业财务部门负责人批准。　　　　　　　　（　　）

3. 投资循环包括还本付息或发放股利业务环节。　　　　　　　　　　　　（　　）

4. 投资决策失误，引发盲目扩张或丧失发展机遇，可能导致资金链断裂或资金使用效益低下。　　　　　　　　　　　　　　　　　　　　　　　　　　　　　　（　　）

5. 无论是投资业务还是筹资业务，注册会计师均应通过控制测试，对相关业务的职责分工是否明确进行评价。　　　　　　　　　　　　　　　　　　　　　　　　（　　）

6. 投资业务的记录与有价证券的保管要相互分离。　　　　　　　　　　　（　　）

7. 大规模的投资，由财务主管决定，并由财务人员具体执行。　　　　　　（　　）

8. 借款和发行股票均应经特别授权批准,一般由财务部门编制计划,总经理批准。

（　　）

9. 虚计长期股权投资、交易性金融资产、可供出售金融资产,这种虚计多发生在关联企业之间。（　　）

10. 企业投资、筹资业务应当有基于企业长远发展目标下的战略规划,企业投资、筹资的决策过程要有严格可行性研究、项目立项、授权批准、可行性研究报告评审等决策步骤。（　　）

（二）单项选择题

1. 针对可能存在筹集款项没按规定用途使用的情况,企业应当设置的关键控制点是（　　）。

　　A. 借款或发行股票履行必要的授权手续,建立相关批准程序、文件

　　B. 借款合同由专人保管,定期检查借款使用

　　C. 建立严密的账簿体系和记录制度

　　D. 企业与银行定期对账,编制银行存款余额调节表

2. 注册会计师审计应付债券时,不涉及的凭证与记录有（　　）。

　　A. 债券　　　　　　　　　　　　B. 债券契约

　　C. 公司债券存根簿　　　　　　　D. 股东名册

3. 为防止投资证券丢失,企业应当设置的关键控制点是（　　）。

　　A. 建立投资授权批准程序、文件

　　B. 投资业务计划、执行、保管等方面职责分开

　　C. 建立详尽的会计核算制度

　　D. 委托专门机构保管,或者由内部建立至少两名人员以上的联合控制制度

4. 下面所列筹资循环的职责分离控制措施中,不正确的是（　　）。

　　A. 筹资计划的编制与审批要相互分离

　　B. 业务的执行人员与记录人员要相互分离

　　C. 明细账与总账登记职务要相互分离

　　D. 银行存款日记账与现金日记账登记职务要相互分离

5. 投资循环一般不涉及的项目是（　　）。

　　A. 交易性金融资产　　　　　　　B. 可供出售金融资产

　　C. 持有至到期投资　　　　　　　D. 短期借款

6. 筹资循环一般不涉及的项目是（　　）。

　　A. 短期借款　　　B. 应付债券　　　C. 长期借款　　　D. 投资收益

7. 审计发现被审计单位可供出售金融资产的公允价值发生较大幅度下降,并且预期这种下降趋势属于非暂时性的,注册会计师最应（　　）。

　　A. 检查被审计单位是否计提资产减值准备,计提金额和相关会计处理是否正确

　　B. 判定可供出售金融资产价值被低估

　　C. 判定是否由突然事件导致的系统性风险,使全行业拥有的可供出售金融资产发生了减值

　　D. 不必在意

8. 下列说法中正确的是（　　）。

    A. 长期股权投资减值准备的计提要按月进行

    B. 计提长期股权投资减值准备的会计处理需要借记管理费用

    C. 已经计提的长期股权投资减值准备可以次年随时冲回

    D. 注册会计师应检查被审计单位长期股权投资期末是否减值及是否正确计提减值

       准备

9. 下列注册会计师应不认可被审计单位纳入营业外收入核算范围的是（　　）。

    A. 非流动资产处理利得　　　　　　　　B. 非货币性资产交换利得

    C. 债务重组利得　　　　　　　　　　　D. 出售半成品

10. 下列不属于所有者类账户错弊的是（　　）。

    A. 注册资本金不实　　　　　　　　　　B. 少提取资本公积或盈余公积

    C. 违规使用盈余公积　　　　　　　　　D. 变卖原材料

（三）多项选择题

1. 企业投资活动主要由（　　）组成。

    A. 权益性投资交易　　　　　　　　　　B. 债权性投资交易

    C. 借款交易　　　　　　　　　　　　　D. 股东权益交易

2. 投资循环的主要凭证和会计记录有（　　）。

    A. 股票或债券　　　　　　　　　　　　B. 经纪人通知书

    C. 企业的章程及有关协议　　　　　　　D. 债券及债券契约

3. 下列属于筹资循环职责分离控制方面的内容有（　　）。

    A. 筹资计划的编制与审批分离

    B. 业务的执行人员与记录人员分离

    C. 明细账与总账登记职务分离

    D. 收取款项与还本付息分离

4. 企业如果自行保管证券投资资产，应当建立起严格的保管制度，具体包括（　　）。

    A. 证券必须由两个人共同保管

    B. 一人不能单独接触证券

    C. 证券的存入、取出应有严格的批准手续，并由经办人员签字

    D. 合理设计各种投资账簿，除建立明细账和总账外还应建立证券投资登记簿

5. 注册会计师可以通过（　　）了解投资与筹资循环的重要交易流程。

    A. 进行函证

    B. 检查被审计单位的手册和其他书面指引

    C. 询问被审计单位的适当人员

    D. 观察所运用的处理方法和程序

6. 由于筹资决策不当，可能引发的后果和危害有（　　）。

    A. 引发资本结构不合理　　　　　　　　B. 引发无效融资

    C. 导致企业筹资成本过高　　　　　　　D. 导致债务危机

7. 投资业务的实物保管制度可以是（　　）。

    A. 委托银行、证券公司、信托投资公司等机构保管投资资产，证券一般比较安全

    B. 建立严格的保管制度，证券必须由两名以上人员共同保管，一人不能单独接触

证券

C. 证券的存入、取出应有严格的批准手续,并由经办人员签字

D. 合理设计各种投资账簿,除建立明细账和总账外还应建立证券投资登记簿

8. 投资交易常用控制测试有(　　)等。

A. 索取投资授权批准文件,检查审批手续是否齐全

B. 询问投资业务的职责分工情况及内部对账情况

C. 检查被审计单位是否定期与交易对方或被投资方核对账目

D. 检查被审计单位是否定期与债务人核对账目,并检查会计主管复核印记

9. 投资与筹资循环所涉及的金融资产、负债和所有者类相关账户的错报的背后,多与(　　)因素有关。

A. 投资、筹资业务缺乏战略规划,或者决策过程上的偏差,导致投资、筹资业务资金损失

B. 金融资产类账户的错弊

C. 负债类账户的错弊

D. 所有者类账户的错弊

10. 所有者权益审计的主要内容包括(　　)。

A. 实收资本审计　B. 资本公积审计　　C. 盈余公积审计　D. 利润分配审计

货币资金内部控制和控制测试

引导案例：

"达尔曼"之死

1996年12月30日，以生产珠宝、玉器为主业的西安达尔曼实业股份有限公司（简称"达尔曼"）在上海证券交易所上市，当时是陕西第一家民营上市公司，享有"中华珠宝第一股"的美誉。2004年4月，却曝出"达尔曼"2003年年报有重大问题。随后，"达尔曼"董事长卷款出逃，"达尔曼"股价也开始狂跌。到2004年12月30日，股价以0.96元收于跌停板位，创出中国A股市场成立以来股价的最低纪录。2005年1月10日，"达尔曼"股票被停牌。

经查，"达尔曼""通关"上市，造假8年：

（1）虚增销售收入。"达尔曼"上市8年来，90%以上的收入都是虚假的，而且不惜以高额税负（上亿元）作为代价。例如，每一笔完成的交易都要缴纳增值税，形成的利润也要缴纳所得税。

（2）虚假采购，虚增存货。

（3）虚构生产记录。

（4）虚构往来，虚增在建工程、固定资产和对外投资。

（5）伪造与公司业绩相关的资金流。从形式上看，公司的购销业务都有资金流转轨迹和银行单据。为此，"达尔曼"设立大量"壳公司"融资来支持造假所需资金。

从"达尔曼"的合并报表来看，公司2001年以前的货币资金一直在2亿元左右。2001年及以后的货币资金都超过6.5亿元，而公司的平均年主营业务收入约为2.5亿元，现金存量规模明显超过业务所需周转资金。另一方面，公司账面有大量现金，却又向银行高额举债，2002年和2003年的期末银行借款分别达到5.7亿元和6.7亿元，不合逻辑。在2002年财务报表附注中，注册会计师当时亦发现了银行存款中有4.27亿元被质押的定期存单，但却没有怀疑其合理性并实施进一步审计程序，未能揭示出"达尔曼"以4.27亿元定期存单质押为其他单位贷款提供担保的重大事项。

要求：讨论达尔曼公司货币资金内部控制有哪些重大缺陷。结合本案例谈谈企业加强货币资金业务内部控制应注意哪些重要方面。

第一节　货币资金业务活动及风险

货币资金是企业资产的重要组成部分，是企业资产中流动性最强的一种资产。

一、货币资金与交易循环

货币资金与前述 4 个业务循环均直接相关,如图 14-1 所示。企业货币资金的循环情况如图 14-2 所示。需要说明的是,图 14-1 和图 14-2 仅选取各业务循环中具有代表性的会计科目或财务报表项目予以列示。

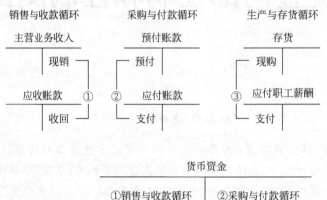

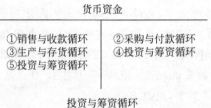

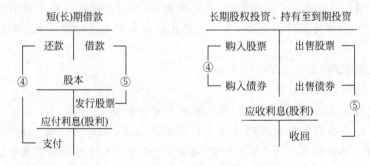

图 14-1　货币资金与交易循环的关系

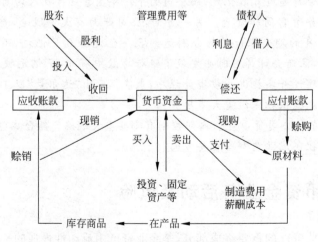

图 14-2　企业货币资金流转图

二、货币资金涉及的主要凭证与会计记录

（1）库存现金盘点表。

（2）银行对账单。

（3）银行存款余额调节表。

（4）收款凭证与付款凭证。

（5）库存现金、银行存款日记账和总账。

（6）其他相关原始凭证与账簿（如支票及支票存根簿）。

三、货币资金业务相关的风险

（1）资金调度不合理、营运不畅，可能导致企业陷入财务困境或资金冗余。

（2）资金活动管控不严，可能导致资金被挪用、侵占、抽逃或遭受欺诈。

应对策略是加强库存现金、银行存款，以及其他货币资金收、付使用管理和会计控制。

第二节　测试内部控制设计与运行有效性

一、了解货币资金循环内部控制

注册会计师应当对被审计单位货币资金内部控制进行了解，以评价其内部控制设计有效性，并将审计工作过程及发现记录于审计工作底稿中。

（一）职责分离

（1）货币资金支付的审批与执行要相互分离。

（2）货币资金的保管、记录与盘点清查要相互分离。

（3）货币资金的会计记录与审计监督要相互分离。

另外，出纳人员不得兼任稽核、会计档案保管，以及收入、支出、费用、债权债务账目的登记工作。不得由一人办理货币资金业务的全过程。

【例 14-1·案例题】　ABC 公司的王某为会计兼出纳，他利用职务上的便利，擅自从开户行提取现金 16 万元，并篡改账簿，给公司造成了严重损失。

［解析］　此案发生的主要原因是会计和出纳岗位没有分离，给王某以可乘之机。

（二）授权批准

（1）对货币资金业务建立严格的授权批准制度，明确审批人对货币资金业务的授权批准方式、权限、程序、责任和相关控制措施，规定经办人办理货币资金业务的职责范围和工作要求。

（2）应按照规定的权限和程序办理货币资金支付业务。

①　支付申请。有关部门或个人用款时，应当提前向经授权的审批人提交货币资金支付申请，注明款项的用途、金额、预算、限额、支付方式等内容，并附有效经济合同、原始单据或相关证明。

② 支付审批。审批人根据其职责、权限和相应工作程序对支付申请进行审批。对不符合规定的货币资金支付申请,审批人应当拒绝批准;对于性质或金额重大的情况,还应及时报告有关部门。

③ 支付复核。复核人应当对批准后的货币资金支付申请进行复核,复核货币资金支付申请的批准范围、权限、程序是否正确,手续及相关单证是否齐备,金额计算是否准确,支付方式、支付企业是否妥当等。复核无误后,交由出纳人员等相关负责人员办理支付手续。

④ 办理支付。出纳人员应当根据复核无误的支付申请,按规定办理货币资金支付手续,及时登记库存现金和银行存款日记账。

(3) 对于重要货币资金支付业务,实行集体决策和审批,并建立责任追究制度,防范贪污、侵占、挪用货币资金等行为。

(4) 严禁未经授权的机构或人员办理货币资金业务或直接接触货币资金。

【例 14-2·案例题】　ABC 公司为严格控制货币资金的开支,对在年度预算内的资金支付进行规定:日常经济业务开支 10 万元以下由财务经理审批;10 万元以上(含 10 万元)至 30 万元以下由总会计师审批;30 万元以上(含 30 万元)由总会计师签署意见,总经理审批。对于重要货币资金支付业务,实行集体决策和审批,各部门一律按授权范围严格执行,违者受到责任追究与处理,直至除名。

[解析]　该公司对货币资金的支出制定了严格的授权审批制度,并建立责任追究制度,可以有效防范贪污、侵占、挪用货币资金的行为。

(三) 票据、印章和支付密码的控制

(1) 明确各种票据的购买、保管、领用、背书转让、注销等环节的职责权限和程序,并专设登记簿进行记录,防止空白票据的遗失和被盗用。

(2) 加强银行预留印鉴和支付密码的管理。财务专用章应由专人保管,个人名章必须由本人或其授权人员保管。严禁一人保管支付款项所需的全部印章和支付密码。

【例 14-3·案例题】　ABC 公司的银行预留印鉴、支票、支付密码等均由李某一人保管。李某得以私自开出现金支票,任意提取现金,两年间先后作案十几次,共贪污公款 24.3 万元,挪用公款 32 万元。

[解析]　该公司印鉴管理混乱,李某一人负责管理预留印鉴、支票、支付密码,是货币资金内部控制的一大漏洞。

(四) 库存现金和银行存款的管理

(1) 加强现金库存限额的管理,超过库存限额的现金应及时存入银行。

(2) 确定现金的开支范围。不属于现金开支范围的业务应当通过银行办理转账结算。

(3) 现金收入应当及时存入银行,不得坐支。

(4) 货币资金收入必须及时入账,不得私设"小金库",不得账外设账,严禁收款不入账。

(5) 加强银行账户的管理,严格按照规定开立账户,办理存款、取款和结算。

(6) 严格遵守银行结算纪律,不准签发没有资金保证的票据或远期支票,套取银行信用;不准签发、取得和转让没有真实交易和债权债务的票据,套取银行和他人资金;不准无理拒绝付款,任意占用他人资金;不准违反规定开立和使用银行账户。

（7）指定专人定期核对银行账户，每月至少核对一次，编制银行存款余额调节表。

（8）定期和不定期地进行库存现金盘点。

（五）监督检查

建立对货币资金业务的监督检查制度，明确监督检查机构或人员的职责权限，定期和不定期地对上述控制执行情况进行检查。

二、货币资金的控制测试

注册会计师应当对被审计单位货币资金内部控制运行进行测试，注册会计师应根据了解内部控制及执行控制测试的结果，认定相关控制缺陷的类型和严重程度，评价相关内部控制的有效性。注册会计师应将审计工作过程及发现记录于审计工作底稿中。

（一）抽取并检查收款凭证

（1）核对库存现金、银行存款日记账的收入金额是否正确。

（2）核对银行存款收款凭证与存入银行账户的日期和金额是否相符。

（3）核对银行存款收款凭证与银行对账单是否相符。

（4）核对收款凭证与应收账款等相关明细账的有关记录是否相符。

（5）核对实收金额与销售发票等相关凭据是否一致。

（二）抽取并检查付款凭证

（1）检查付款的授权批准手续是否符合规定。

（2）核对库存现金、银行存款日记账的付出金额是否正确。

（3）核对银行存款付款凭证与银行对账单是否相符。

（4）核对付款凭证与应付账款等相关明细账的记录是否一致。

（5）核对实付金额与购货发票等相关凭据是否相符。

（三）抽取一定期间的库存现金、银行存款日记账与总账核对

抽取一定期间的库存现金、银行存款日记账，检查其有无计算错误，加总是否正确，并根据日记账提供的线索，核对总账中的库存现金、银行存款、应收账款、应付账款等有关账户的记录。

（四）抽取一定期间的银行存款余额调节表

抽取一定期间的银行存款余额调节表，将其同银行对账单、银行存款日记账及总账进行核对，确定被审计单位是否按月正确编制并经过复核。

第三节 对财务报表审计结果的利用

注册会计师应将财务报表审计过程中所识别的报表错报进行分析，结合对被审计单位本循环内部控制设计和运行方面的测试结果，将该错报及其他错报与可能的错误或舞弊相联系。

一、将所识别的错报与可能的错误或舞弊相联系

货币资金循环涉及库存现金、银行存款等重要项目,这里介绍与库存现金、银行存款项目相关的可能存在的主要错弊。

(一) 与库存现金有关的错弊

(1) 截留各种生产经营收入和其他收入。对于这种情况,应将销售收入明细账与产成品明细账进行核对,看有无产成品账中有销售记录而销售账中却没有此记录,将销售收入转入"小金库"的情况。

(2) 非法侵占出售国家和其他单位资产的收入。应根据"固定资产"账查有关物品报废过程中有无残值收入记录,如有残值未入账则可能将残值收入转入"小金库"。

(3) 虚列支出、虚报冒领。对于这种情况,应检查成本、费用明细账及会计凭证中有无以领代报、以借代报记录,若有则可能转入"小金库"。

(4) 私自或有意将投资、联营所得转移存放于外单位或境外。这种情况应审阅对外投资有关账目,看其是否根据协议中金额收取投资收益,可向投资、联营方查证。

(5) 隐匿回扣、佣金或好处费。对于这种情况,应检查材料采购记录与实际情况,分析是否存在舍近求远、购买质次价高材料,从中收取回扣、好处费并存入"小金库"的情况。

(6) 截留企业各种罚款收入。对这种情况,应查阅是否有将罚款收取的款项未开收据,核对了解被查单位罚没款收据编号是否连续及有无撕票匿票,从而将罚款收入存入"小金库"的情况。

(7) 企业向客户收取的押金及收回的保证金不入账。对这种情况,应检查"其他应收款",是否有长期拖欠押金未退还的情况,与收取押金方取得联系,查证有无已退回押金未入库而存入"小金库"的情况。

(8) 出纳人员或其他人员打白条抵冲库存现金。盘点库存现金时,若发现白条抵库情况或较大金额的现金短缺情况,应进一步查实是否存在挪用公款的现象。

(9) 经单位领导批准用于个人生活或投资方面需要,从企业借出公款挪用。对这种情况,应审查"其他应收款"明细账,其中是否有个人长期拖欠情况,如有,再抽调会计凭证进行核对,从而证实是否有挪用公款情况。

(10) 支付回扣后,直接打入生产成本或期间费用。审阅有关生产成本及期间费用明细账和现金日记账、银行存款日记账中摘要等内容,检查有无明列或隐列好处费、回扣费的情况。

(11) 支付回扣后,虚拟退货,开具红字发票入账。应审阅"销售收入"明细账和现金、银行存款日记账冲销记录,看其是否以假退货方式支付了回扣。

(12) 用"小金库"资金支付回扣或好处费。应在查证被查单位存在私设的"小金库"后,看其是否将资金用于支付回扣或好处费。

(13) 贪污公款。

(二) 银行存款业务的错弊

(1) 制造余额差错。即会计人员故意算错银行存款日记账的余额,来掩饰利用转账支票套购商品或擅自提现等行为。也有的在月结银行存款日记账试算不平时,乘机制造余额

差错,为今后贪污做准备。这种手法看起来非常容易被察觉,但如果本年内未复核查明,以后除非再全部检查银行存款日记账,否则很难发现。

(2)擅自提现。即会计人员或出纳人员利用工作上的便利条件,私自签发现金支票后,提取现金,不留存根不记账,从而将提取的现金占为己有的行为。这种手法主要发生在支票管理制度混乱、内部控制制度不严的单位。

(3)混用"现金"和"银行存款"科目。会计人员利用工作上的便利,在账务处理中,将银行存款收支业务混同起来编制记账凭证,用银行存款的收入代替现金的收入,或者用现金的支出代替银行存款的支出,从而套取现金并占为己有。

(4)公款私存。即将公款转入自己的银行户头,从而侵吞利息或挪用单位资金。其主要手法有:①将各种现金收入以个人名义存入银行;②以"预付货款"名义从单位银行账户转汇到个人银行账户;③虚拟业务而将银行存款转入个人账户;④业务活动中的回扣、劳务费、好处费等不交公、不入账,以业务部门或个人名义存入银行等。

(5)出借转账支票。即会计人员利用工作上的便利,非法将转账支票借给他人用于私人营利性业务结算,或者将空白转账支票为他人做买卖充当抵押。

(6)转账套现。转账套现是指会计人员或有关人员通过外单位的银行账户为其套取现金。这种手法既能达到贪污的目的,也能达到转移资金的目的。

(7)涂改银行对账单。涂改银行对账单是指涂改银行对账单上的发生额,从而掩盖从银行存款日记账中套取现金的事实。这种手法一般是将银行存款对账单和银行存款日记账上的同一发生额一并涂改,并保持账面上的平衡。为了使账证相符,有的还涂改相应的记账凭证。

(8)支票套物。支票套物是指会计人员利用工作之便擅自签发转账支票套购商品或物品,不留存根不记账,将所购商品据为己有。

(9)入银陷现。入银陷现是指会计人员利用工作上的便利条件,在由现金支票提出现金时,只登记银行存款日记账,不登记现金日记账,从而将提出的现金占为己有。实务工作中,由于企业的现金日记账和银行存款日记账是分两本账簿记,如果不对照检查,这种手法极难被发现。

(10)存款漏账。存款漏账是指会计人员利用业务上的漏洞和可乘之机,故意漏记银行存款收入账,伺机转出转存,占为己有。这种手法大多发生在银行代为收款的业务中,银行收款后通知企业,会计人员将收账通知单隐匿后不记日记账,以后再开具现金支票提出存款。

(11)重支存款。重支存款是指会计人员利用实际支付款项时取得的银行结算凭证和有关的付款原始凭证,分别登记银行存款日记账,使得一笔业务两次报账,再利用账户余额平衡原理,采取提现不入账的手法,将款项占为己有。

(12)出借账户。出借账户是指本单位有关人员与外单位人员相互勾结,借用本单位银行账户转移资金或套购物品,并将其占为己有。也有些单位通过对外单位或个人出借账户转账结算而收取好处费。这种手法一般是外单位先将款项汇入本单位账户,再从本单位账户上套取现金或转入其他单位账户。这样收付相抵,不记银行存款日记账。

(13)涂改转账支票日期。采用这种手法,会计人员将以前年度已入账的转账支票收账通知上的日期涂改为报账年度的日期进行重复记账,再擅自开具现金支票提取现金并占为已有。这种手法由于重复记账,银行存款日记账余额将大于对账单余额。

(14) 套取利息。会计人员利用账户余额平衡原理,采取支取存款利息不记账的手法将其占为己有。

(15) 涂改银行存款进账单日期。会计人员利用工作上的便利条件,将以前年度会计档案中的现金送存银行的进账单日期,涂改为本年度的日期,采取重复记账的手法侵吞现金。

(三)银行存款业务的其他错弊

(1) 未将超过库存限额的现金全部及时地送存开户银行。

(2) 通过银行结算划回的银行存款不及时、不足额。

(3) 违反国家规定进行预收货款业务。

(4) 开立"黑户",截留存款。

(5) 签发空头支票、空白支票,并由此给单位造成经济损失。

(6) 银行存款账单不符。

二、分析错弊对相关内部控制的影响

注册会计师应当分析已经识别的错弊,考虑这些错弊对被审计单位内部控制缺陷的认定及对内部控制有效性发表审计意见的影响。注册会计师应当就库存现金、银行存款业务及相关账户有关的内部控制是否存在缺陷进行分析,对控制缺陷的严重程度进行认定,以确定这些缺陷单独或组合起来,是否构成重大缺陷。注册会计师应将货币资金内部控制审计中发现问题对内部控制有效性的影响,以及后续的审计工作过程详细记录于内部控制审计相关工作底稿。

本章小结

企业货币资金业务具有职责分离、授权批准、票据、印章和支付密码、库存现金和银行存款管理、监督检查等方面控制活动。注册会计师应综合运用检查、观察、询问及重新执行等程序实施控制测试。应将所识别的错报与可能的错误或舞弊相联系。

习题

一、思考题

1. 简述货币资金循环业务活动及涉及的主要凭证与会计记录。

2. 简述货币资金循环业务控制风险。

3. 简述货币资金循环业务的内部控制。

4. 简述货币资金循环业务的控制测试。

二、实训题

(一)判断题

1. 货币资金是企业资产的重要组成部分,是企业资产中流动性最强的一种资产。

(　　)

2. 货币资金与销售与收款循环、采购与付款循环、生产与存货循环、投资与筹资循环一样,是一项独立的业务循环。　　　　　　　　　　　　　　　　　　　　　　（　　）

3. 出纳人员不得兼管稽核、档案保管工作,但可以进行收入、费用、债权账目的登记工作。　　　　　　　　　　　　　　　　　　　　　　　　　　　　　　　　（　　）

4. 单位对于重要货币资金支付业务,应当实行集体决策和审批,并建立责任追究制度。（　　）

5. 单位应当指定专人定期核对银行账户,每年至少核对一次。　　　　　　　（　　）

6. 严禁未经授权的机构或人员办理货币资金业务或直接接触货币资金。　　（　　）

7. 企业财务专用章、法人名章及空白支票,在人员不足的情况下可以由一人兼管。
　　　　　　　　　　　　　　　　　　　　　　　　　　　　　　　　　　　（　　）

8. 企业应该加强现金库存限额的管理,超过库存限额的现金应及时对外拆借,以获取利息。　　　　　　　　　　　　　　　　　　　　　　　　　　　　　　　　（　　）

9. 注册会计师应当抽取一定期间的银行存款余额调节表,将其同银行对账单、银行存款日记账及总账进行核对,确定被审计单位是否按月正确编制并经过复核。　　（　　）

10. 为揭查截留各种生产经营收入和其他收入的情况,注册会计师应将销售收入明细账与产成品明细账进行核对,看有无产成品账中有销售记录而销售账中却没有此记录,将销售收入转入"小金库"的情况。　　　　　　　　　　　　　　　　　　　　（　　）

（二）单项选择题

1. 货币资金审计不涉及的凭证与记录是（　　）。
    A. 库存现金盘点表　　　　　　　　B. 银行对账单
    C. 银行存款余额调节表　　　　　　D. 库存现金对账单

2. 下列不属于货币资金涉及的主要凭证与会计记录的是（　　）。
    A. 库存现金盘点表　　　　　　　　B. 银行对账单
    C. 转账凭证　　　　　　　　　　　D. 收款凭证与付款凭证

3. 下列关于货币资金业务控制风险及应对策略的表述中,不正确的是（　　）。
    A. 资金调度不合理、营运不畅,可能导致企业陷入财务困境或资金冗余
    B. 资金活动管控不严,可能导致资金被挪用、侵占、抽逃或遭受欺诈
    C. 应对货币资金业务控制风险的策略是加强库存现金、银行存款和其他货币资金收、付使用管理和会计控制
    D. 应对货币资金业务控制风险的策略是最大限度保留现金,确保流动性充足

4. 下列与库存现金业务有关的职责可以不分离的是（　　）。
    A. 库存现金支付的审批与执行
    B. 库存现金保管与库存现金日记账的记录
    C. 库存现金的会计记录与定期盘点监督
    D. 库存现金日记账与库存现金总账的记录

5. 货币资金内部控制的以下关键环节中,存在重大缺陷的是（　　）。
    A. 财务专用章由专人保管,个人名章由本人或其授权人员保管
    B. 对重要货币资金支付业务,实行集体决策
    C. 现金收入及时存入银行,特殊情况下,经主管领导审查批准方可坐支现金

D. 指定专人定期核对银行账户,每月核对一次,编制银行存款余额调节表

6. 下列关于企业库存现金管理中,不正确的是( )。

A. 加强现金库存限额的管理,超过库存限额的现金应及时存入银行

B. 确定现金的开支范围。不属于现金开支范围的业务应当通过银行办理转账结算

C. 当日的现金支出可以从当日的现金收入中抵扣,将净剩现金款解交银行即可

D. 定期和不定期地进行库存现金盘点

7. 下列关于企业银行存款管理中,不正确的是( )。

A. 加强银行账户的管理,严格按照规定开立账户,办理存款、取款和结算

B. 严格遵守银行结算纪律,不准签发没有资金保证的票据或远期支票,套取银行信用

C. 不准签发、取得和转让没有真实交易和债权债务的票据,套取银行和他人资金

D. 将银行存款账户有偿对外出借

8. 2010 年 12 月 28 日,ABC 公司收到当地一家公司交来的购货款 8000 元。当天该公司购入原材料一批,需要付款,于是该公司用收到的货款直接支付了购入原材料的货款。下列关于这种行为的表述最佳的是( )。

A. 用收到的货款直接支付购入原材料的货款,能够提高工作效率

B. 用收到的货款直接支付购入原材料的货款,加速了社会资金运动

C. 以支付现金的方式购入原材料是错误的,违反了现金使用范围方面的规定

D. 这是坐支现金行为,违反了《中华人民共和国现金管理暂行条例》

9. 注册会计师审阅对外投资有关账目,看其是否根据协议中金额收取投资收益,并向投资、联营方查证,应是为查出( )错弊。

A. 截留各种生产经营收入和其他收入

B. 隐匿回扣、佣金或好处费

C. 私自或有意将投资、联营所得转移存放于外单位或境外

D. 截留企业各种罚款收入

10. ( )是指会计人员或出纳人员利用工作上的便利条件,私自签发现金支票后,提取现金,不留存根不记账,从而将提取的现金占为己有的行为。

A. 公款私存　　 B. 擅自提现　　 C. 转账套现　　 D. 重支存款

(三) 多项选择题

1. 影响货币资金的循环包括( )。

A. 销售与收款循环　　　　　　 B. 采购与付款循环

C. 投资与筹资循环　　　　　　 D. 生产与存货循环

2. 货币资金涉及的主要凭证与会计记录有( )。

A. 库存现金盘点表　　　　　　 B. 银行对账单

C. 银行存款余额调节表　　　　 D. 收款凭证与付款凭证

3. 良好的货币资金内部控制要求是( )。

A. 控制现金坐支,当日收入现金应及时送存银行

B. 货币资金收付与相关记账岗位分离

C. 全部收支及时准确入账,并且支出要有核准手续

D. 按月盘点库存现金,编制库存现金盘点表,以做到账实相符

4. 评审内部控制时,认为被审计单位以下职责应分离的有(　　)。

A. 登记库存现金日记账与银行存款日记账

B. 登记银行存款日记账与核对银行账

C. 出纳和稽核

D. 登记库存现金及银行存款日记账与登记总账

5. 投资业务中涉及货币资金流入的事项可以包括(　　)。

A. 购入股票 　　　B. 出售股票 　　　C. 出售债券 　　　D. 收到现金股利

6. 货币资金业务职责分离控制要求(　　)。

A. 货币资金支付的审批与执行要相互分离

B. 货币资金的保管、记录与盘点清查要相互分离

C. 货币资金的会计记录与审计监督要相互分离

D. 货币资金保管与空白支付凭证的保管要相互分离

7. 企业应按照规定的权限和程序办理货币资金支付业务,下列表述正确的有(　　)。

A. 有关部门或个人用款时,应当提前向经授权的审批人提交货币资金支付申请,注明款项的用途、金额、预算、限额、支付方式等内容,并附有效经济合同、原始单据或相关证明

B. 审批人根据其职责、权限和相应程序对支付申请进行审批

C. 复核人应当对批准后的货币资金支付申请进行复核,复核货币资金支付申请的批准范围、权限、程序是否正确,手续及相关单证是否齐备,金额计算是否准确,支付方式、支付企业是否妥当等

D. 会计人员应当根据复核无误的支付申请,按规定办理货币资金支付手续,及时登记库存现金和银行存款日记账

8. 注册会计师抽取并检查付款凭证,应当(　　)。

A. 检查付款的授权批准手续是否符合规定

B. 核对库存现金、银行存款日记账的付出金额是否正确

C. 核对银行存款付款凭证与银行对账单是否相符

D. 核对付款凭证与应付账款等相关明细账的记录是否一致

9. 货币资金循环涉及(　　)等重要项目。

A. 库存现金 　　　B. 银行存款 　　　C. 应收账款 　　　D. 应付账款

10. 下列属于银行存款业务错弊的有(　　)。

A. 出借转账支票。即指会计人员利用工作上的便利,非法将转账支票借给他人用于私人营利性业务结算,或者将空白转账支票为他人做买卖充当抵押

B. 转账套现。转账套现是指会计人员或有关人员通过外单位的银行账户为其套取现金。这种手法既能达到贪污的目的,也能达到转移资金的目的

C. 涂改银行对账单。涂改银行对账单是指涂改银行对账单上的发生额,从而掩盖从银行存款日记账中套取现金的事实。这种手法一般是将银行存款对账单和银行存款日记账上的同一发生额一并涂改,并保持账面上的平衡。为了使账证相符,有的还涂改相应的记账凭证

D. 支票套物。支票套物是指会计人员利用工作之便擅自签发转账支票套购商品或物品，不留存根不记账，将所购商品据为己有

（四）案例分析题

1. 注册会计师审计 ABC 公司 2009 年度的货币资金，根据以往经验及对内部控制的了解，决定信赖客户的货币资金内部控制，为此决定对相关内部控制进行控制测试，发现以下情况。

（1）财务处处长负责支票的签署，外出时其职责由副处长代为履行；副处长负责银行预留印鉴的保管和财务专用章的管理，外出时其职责由处长代为履行；财务人员乙负责空白支票的管理，仅在出差期间交由财务处长管理。负责签署支票的财务处长的个人名章由其本人亲自掌管，仅在出差期间交由副处长临时代管。

（2）部门或个人用款时，应提前向审批人提交申请，注明款项的用途、金额、支付方式、经济合同或相关证明；对于金额在 10 000 元以下的用款申请，必须经过财务副处长的审批，金额在 10 000 元以上（含 10 000 元）的用款申请，应经过财务处长的审批；出纳人员根据已经批准的支付申请，按规定办理货币资金支付手续，及时登记现金和银行存款日记账；货币资金支付后，应由专职的复核人员进行复核，复核货币资金的批准范围、权限、程序、手续、金额、支付方式、时间等，发现问题后及时纠正。

要求：请指出上述内控存在的问题并提出改进建议。

2. 注册会计师在对 ABC 公司进行审计时，发现该公司设置了以下关于货币资金的控制。

（1）每日所收入的现金应当日存入银行。

（2）报销费用时应将所有的附件、单据打孔或盖章注销。

（3）由独立人员核对银行存款日记账和银行对账单，并针对未达账项编制银行存款余额调节表。

（4）开票和收款工作由不同人员来担任。

要求：分析被审计单位设置各项控制的特定目的。

第十五章

完成审计工作与
出具内部控制审计报告

引导案例:

项目组该做如何选择

H 会计师事务所一项目组在为 A 公司审计其 2010 年度会计报表过程中,累计发现报表错报金额达到 420 万余元,A 公司已经按照项目组的要求进行了相关账项调整,按照业务约定书的约定,审计人员还须提交一份管理建议书。

项目组进行了充分的内部研讨。经过讨论大家一致认为可以出具无保留意见的审计报告。然而,就向 A 公司提出怎样的管理建议问题,项目组内部产生了较大分歧。

(1)小张注册会计师认为:A 公司几项重大错报均系相关内部控制重大缺陷所致,理应善意地以书面方式提出具体改进管理方面的建议。

(2)小赵注册会计师认为:几项重大错报与内部控制的重大缺陷之间的相关性还有待论证,应不予提出管理建议。

(3)小李注册会计师认为:即便相关内部控制有缺陷也未必是重大缺陷,对是否属重大缺陷要做进一步认定并与 A 公司管理层进行沟通。那么,项目组到底该做出怎样的决定呢?

要求:结合自身的理解,讨论一下已经识别的报表错报对相关内部控制缺陷认定的影响。

第一节 完成审计工作

一、考虑财务报表审计发现问题对内部控制有效性的影响

通常,财务报表审计过程通过实质性程序所识别和发现的被审计单位财务报表中的重大错报,虽然不是针对内部控制本身而实施的,但是在实质性程序过程中识别出的问题会对内部控制审计产生影响。注册会计师需要重点考虑财务报表审计中发现的财务报表错报,考虑这些错报对被审计单位内部控制缺陷的认定及对内部控制有效性发表审计意见的影响。例如,在整合审计中,注册会计师执行财务报表审计时需要盘点存货,当通过现场盘点得以发现某企业存在虚记库存存货现象,且金额重大时,就应追查其与存货存在认定相关的内部控制是否具有重大缺陷。对于能够认定财务报表审计所发现的重大错报形成了对内部控制有效性的严重影响时,注册会计师应评估其控制缺陷的严重程度,并考虑是否实行追加

审计程序。注册会计师应将财务报表审计发现问题对内部控制有效性的影响,以及后续的审计工作过程详细记录于内部控制审计相关工作底稿。

二、取得经企业签署的书面声明

注册会计师完成审计工作后,应当取得经企业签署的书面声明。书面声明应当包括下列内容。

(1) 企业董事会认可其对建立健全和有效实施内部控制负责。

(2) 企业已对内部控制的有效性作出自我评价,并说明评价时采用的标准及得出的结论。

(3) 企业没有利用注册会计师执行的审计程序及其结果作为自我评价的基础。

(4) 企业已向注册会计师披露识别出的所有内部控制缺陷,并单独披露其中的重大缺陷和重要缺陷。

(5) 企业对于注册会计师在以前年度审计中识别的重大缺陷和重要缺陷,是否已经采取措施予以解决。

(6) 企业在内部控制自我评价基准日后,内部控制是否发生重大变化,或者存在对内部控制具有重要影响的其他因素。

企业如果拒绝提供或以其他不当理由回避书面声明,注册会计师应当将其视为审计范围受到限制,解除业务约定或出具无法表示意见的内部控制审计报告。

三、与被审计单位的沟通

注册会计师应当与企业沟通审计过程中识别的所有控制缺陷。对于其中的重大缺陷和重要缺陷,应当以书面形式与董事会和经理层沟通。

当注册会计师认为审计委员会和内部审计机构对内部控制的监督无效时,应当就此以书面形式直接与董事会和经理层沟通。

书面沟通应当在注册会计师出具内部控制审计报告之前进行。

另外,注册会计师还应当对获取的证据进行评价,评价审计证据的充分性、适当性,形成对内部控制有效性的意见。

第二节　出具内部控制审计报告

一、内部控制审计报告要素

注册会计师在完成内部控制审计工作后,应当出具内部控制审计报告。标准内部控制审计报告应当包括下列要素。

(一) 标题

审计报告的标题应当统一规范为"内部控制审计报告"。

(二) 收件人

收件人是指注册会计师按照业务约定书的要求致送内部控制审计报告的对象,一般是指审计业务的委托人。审计报告应当载明收件人的全称。

（三）引言段

引言段是指内部控制审计报告中用于描述已审计财务报告内部控制。应当说明被审计单位的名称和财务报告内部控制已经过审计，并包括下列内容。

（1）指出按照《企业内部控制审计指引》和《中国注册会计师执业准则》进行审计。

（2）指明财务报表的日期和涵盖的期间。

（四）企业对内部控制的责任段

企业对内部控制的责任段是指内部控制审计报告中用于描述管理层对财务报告内部控制的责任的段落。这种责任即设计、实施和维护与财务报表编制相关的内部控制，以使财务报表不存在由于舞弊或错误而导致的重大错报。

（五）注册会计师的责任段

注册会计师的责任段是指内部控制审计报告中用于描述注册会计师责任的段落。注册会计师的责任段应当说明下列内容。

（1）注册会计师的责任是在实施审计工作的基础上，对财务报告内部控制的有效性发表审计意见。注册会计师按照《中国注册会计师审计准则》的规定执行审计工作，《中国注册会计师审计准则》要求注册会计师遵守职业道德规范，计划和实施审计工作以对财务报表内部控制的重大缺陷进行说明。

（2）对注意到的非财务报告内部控制的重大缺陷进行披露。

（3）注册会计师相信已获取的审计证据是充分的、适当的，为其发表审计意见提供了基础。

（六）内部控制固有局限性的说明段

内部控制固有局限性的说明段是指内部控制审计报告中对内部控制存在固有局限性进行说明的段落。内部控制具有固有局限性，存在不能防止和发现错报的可能性。此外，由于情况的变化可能导致内部控制变得不恰当，或者对控制政策和程序遵循的程度降低，根据内部控制审计结果推测未来内部控制的有效性具有一定风险。

（七）财务报告内部控制审计意见段

财务报告内部控制审计意见段是指内部控制审计报告中用于描述注册会计师对财务报告内部控制发表意见的段落。审计意见段应当说明，财务报告内部控制是否按照《企业内部控制基本规范》和相关规定在所有重大方面保持了有效的财务报告内部控制，包括设计和运行方面的有效性。

（八）非财务报告内部控制重大缺陷描述段

非财务报告内部控制重大缺陷描述段是指内部控制审计报告中用于描述注册会计师注意到的非财务报告内部控制重大缺陷情况的段落。在内部控制审计过程中，注册会计师对于注意到的被审计单位非财务报告内部控制存在的重大缺陷，应当描述该缺陷的性质及其对实现相关控制目标的影响程度，以及就该重大缺陷提醒报告使用者注意相关风险。

（九）注册会计师的签名和盖章

内部控制审计报告应当由两名具备相关业务资格的注册会计师签名、盖章，并经会计师事务所盖章方为有效。注册会计师在审计报告上签名并盖章，有利于明确法律责任。

（十）会计师事务所的名称、地址及盖章

内部控制审计报告应当载明会计师事务所的名称和地址，并加盖事务所公章。

（十一）报告日期

内部控制审计报告应当注明报告日期。内部控制审计报告的日期不应早于注册会计师获取充分、适当的审计证据(包括管理层认可对财务报表的责任且已批准财务报表的证据)，并在此基础上对财务报表形成审计意见的日期。

二、企业内部控制审计报告意见类型及情形

企业内部控制审计报告有 4 种意见类型，分别是无保留意见的内部控制审计报告、带强调事项段的无保留意见的内部控制审计报告、否定意见的内部控制审计报告和无法表示意见的内部控制审计报告。其中，无保留意见的内部控制审计报告属于标准内部控制审计报告，带强调事项段的无保留意见的内部控制审计报告、否定意见的内部控制审计报告和无法表示意见的内部控制审计报告属于非标准内部控制审计报告。

（一）出具无保留意见的内部控制审计报告情形

符合下列所有条件的，注册会计师应当对财务报告内部控制出具无保留意见的内部控制审计报告。

(1) 企业按照《企业内部控制基本规范》《企业内部控制应用指引》《企业内部控制评价指引》及企业自身内部控制制度的要求，在所有重大方面保持了有效的内部控制。

(2) 注册会计师已经按照《企业内部控制审计指引》的要求计划和实施审计工作，在审计过程中未受到限制。

（二）出具带强调事项段的无保留意见的内部控制审计报告情形

注册会计师认为财务报告内部控制虽不存在重大缺陷，但仍有一项或多项重大事项需要提请内部控制审计报告使用者注意，这种情形下应当在内部控制审计报告中增加强调事项段予以说明。

注册会计师应当在强调事项段中指明，该段内容仅用于提醒内部控制审计报告使用者关注，并不影响对财务报告内部控制发表的审计意见。

（三）出具否定意见的内部控制审计报告的情形

注册会计师认为财务报告内部控制存在一项或多项重大缺陷，除非审计范围受到限制，否则应当对财务报告内部控制发表否定意见。

注册会计师出具否定意见的内部控制审计报告，还应当包括下列内容。

(1) 重大缺陷的定义。

(2) 重大缺陷的性质及其对财务报告内部控制的影响程度。

（四）出具无法表示意见的内部控制审计报告的情形

当注册会计师审计范围受到限制时，应当解除业务约定或出具无法表示意见的内部控制审计报告，并就审计范围受到限制的情况，以书面形式与董事会进行沟通。审计范围受到限制的情形有以下几方面。

(1) 客观环境造成的限制。在客观环境造成限制的情况下，注册会计师应当考虑是否

可能实施替代审计程序,以获取充分、适当的审计证据。

(2) 管理层造成的限制。在管理层造成限制的情况下,注册会计师应当提请管理层放弃限制。如果管理层不配合,注册会计师应当考虑这一事项对风险评估的影响,以及是否可能实施替代审计程序,以获取充分、适当的审计证据。

注册会计师在出具无法表示意见的内部控制审计报告时,应当在内部控制审计报告中指明审计范围受到限制,无法对内部控制的有效性发表意见。

三、其他注意事项

注册会计师在已执行的有限程序中发现财务报告内部控制存在重大缺陷的,应当在内部控制审计报告中对重大缺陷作出详细说明。

注册会计师对在审计过程中注意到的非财务报告内部控制缺陷,应当根据具体情况予以不同处理。

(1) 注册会计师认为非财务报告内部控制缺陷为一般缺陷的,应当与企业进行沟通,提醒企业加以改进,但无须在内部控制审计报告中说明。

(2) 注册会计师认为非财务报告内部控制缺陷为重要缺陷的,应当以书面形式与企业董事会和治理层沟通,提醒企业加以改进,但无须在内部控制审计报告中说明。

(3) 注册会计师认为非财务报告内部控制缺陷为重大缺陷的,应当以书面形式与企业董事会和治理层沟通,提醒企业加以改进;同时应当在内部控制审计报告中增加非财务报告内部控制重大缺陷描述段,对重大缺陷的性质及其对实现相关控制目标的影响程度进行披露,提示内部控制审计报告使用者注意相关风险。

在企业内部控制自我评价基准日并不存在,但在该基准日之后至审计报告日之前(以下简称期后期间)内部控制可能发生变化,或者出现其他可能对内部控制产生重要影响的因素。注册会计师应当询问是否存在这类变化或影响因素,并获取企业关于这些情况的书面声明。如果注册会计师知悉对企业内部控制自我评价基准日内部控制有效性有重大负面影响的期后事项,应当对财务报告内部控制发表否定意见。

注册会计师若不能确定期后事项对内部控制有效性的影响程度,应当出具无法表示意见的内部控制审计报告。

四、内部控制审计报告的参考格式

(一) 标准内部控制审计报告

内部控制审计报告

××股份有限公司全体股东:

按照《企业内部控制审计指引》及《中国注册会计师执业准则》的相关要求,我们审计了××股份有限公司(以下简称××公司)××年×月×日的财务报告内部控制的有效性。

一、企业对内部控制的责任

按照《企业内部控制基本规范》《企业内部控制应用指引》《企业内部控制评价指引》的规定,建立健全和有效实施内部控制,并评价其有效性是企业董事会的责任。

二、注册会计师的责任

我们的责任是在实施审计工作的基础上,对财务报告内部控制的有效性发表审计意见,并对注意

到的非财务报告内部控制的重大缺陷进行披露。

三、内部控制的固有局限性

内部控制具有固有局限性,存在不能防止和发现错报的可能性。此外,由于情况的变化可能导致内部控制变得不恰当,或者对控制政策和程序遵循的程度降低,根据内部控制审计结果推测未来内部控制的有效性具有一定风险。

四、财务报告内部控制审计意见

我们认为,××公司按照《企业内部控制基本规范》和相关规定在所有重大方面保持了有效的财务报告内部控制。

五、非财务报告内部控制的重大缺陷

在内部控制审计过程中,我们注意到××公司的非财务报告内部控制存在重大缺陷[描述该缺陷的性质及其对实现相关控制目标的影响程度]。由于存在上述重大缺陷,我们提醒本报告使用者注意相关风险。需要指出的是,我们并不对××公司的非财务报告内部控制发表意见或提供保证。本段内容不影响对财务报告内部控制有效性发表的审计意见。

××会计师事务所(盖章)　　　　　　　　　中国注册会计师:×××(签名并盖章)

　　　　　　　　　　　　　　　　　　　　中国注册会计师:×××(签名并盖章)

中国××市　　　　　　　　　　　　　　　　　　　　××年×月×日

(二)带强调事项段的无保留意见内部控制审计报告

内部控制审计报告

××股份有限公司全体股东:

按照《企业内部控制审计指引》及《中国注册会计师执业准则》的相关要求,我们审计了××股份有限公司(以下简称××公司)××年×月×日的财务报告内部控制的有效性。

["一、企业对内部控制的责任"至"五、非财务报告内部控制的重大缺陷"参见标准内部控制审计报告相关段落表述。]

六、强调事项

我们提醒内部控制审计报告使用者关注(描述强调事项的性质及其对内部控制的重大影响)。本段内容不影响已对财务报告内部控制发表的审计意见。

××会计师事务所(盖章)　　　　　　　　　中国注册会计师:×××(签名并盖章)

　　　　　　　　　　　　　　　　　　　　中国注册会计师:×××(签名并盖章)

中国××市　　　　　　　　　　　　　　　　　　　　××年×月×日

(三)否定意见内部控制审计报告

内部控制审计报告

××股份有限公司全体股东:

按照《企业内部控制审计指引》及《中国注册会计师执业准则》的相关要求,我们审计了××股份有限公司(以下简称××公司)××年×月×日的财务报告内部控制的有效性。

〔"一、企业对内部控制的责任"至"三、内部控制的固有局限性"参见标准内部控制审计报告相关段落表述。〕

四、导致否定意见的事项

重大缺陷是指一个或多个控制缺陷的组合,可能导致企业严重偏离控制目标。

〔指出注册会计师已识别出的重大缺陷,并说明重大缺陷的性质及其对财务报告内部控制的影响程度。〕

有效的内部控制能够为财务报告及相关信息的真实完整提供合理保证,而上述重大缺陷使××公司内部控制失去这一功能。

五、财务报告内部控制审计意见

我们认为,由于存在上述重大缺陷及其对实现控制目标的影响,××公司未能按照《企业内部控制基本规范》和相关规定在所有重大方面保持有效的财务报告内部控制。

六、非财务报告内部控制的重大缺陷

〔参见标准内部控制审计报告相关段落表述。〕

××会计师事务所(盖章)　　　　　　　　　中国注册会计师:×××(签名并盖章)

　　　　　　　　　　　　　　　　　　　　中国注册会计师:×××(签名并盖章)

中国××市　　　　　　　　　　　　　　　　××年×月×日

(四) 无法表示意见内部控制审计报告

内部控制审计报告

××股份有限公司全体股东:

我们接受委托,对××股份有限公司(以下简称××公司)××年×月×日的财务报告内部控制进行审计。

〔删除注册会计师的责任段,"一、企业对内部控制的责任"和"二、内部控制的固有局限性"参见标准内部控制审计报告相关段落表述。〕

三、导致无法表示意见的事项

〔描述审计范围受到限制的具体情况。〕

四、财务报告内部控制审计意见

由于审计范围受到上述限制,我们未能实施必要的审计程序以获取发表意见所需的充分、适当证据,因此,我们无法对××公司财务报告内部控制的有效性发表意见。

五、识别的财务报告内部控制重大缺陷

〔如在审计范围受到限制前,执行有限程序未能识别出重大缺陷,则应删除本段。〕

重大缺陷是指一个或多个控制缺陷的组合,可能导致企业严重偏离控制目标。

尽管我们无法对××公司财务报告内部控制的有效性发表意见,但在我们实施的有限程序的过程中,发现了以下重大缺陷:

〔指出注册会计师已识别出的重大缺陷,并说明重大缺陷的性质及其对财务报告内部控制的影响程度。〕

有效的内部控制能够为财务报告及相关信息的真实完整提供合理保证,而上述重大缺陷使××公司内部控制失去这一功能。

六、非财务报告内部控制的重大缺陷

[参见标准内部控制审计报告相关段落表述。]

××会计师事务所(盖章)　　　　　　　　中国注册会计师：×××(签名并盖章)

　　　　　　　　　　　　　　　　　　　中国注册会计师：×××(签名并盖章)

中国××市　　　　　　　　　　　　　　　　　　××年×月×日

本章小结

　　注册会计师在内部控制审计报告出具之前,应当考虑财务报表审计发现的问题对内部控制有效性的影响,应取得企业签署的书面声明,应当与被审计单位沟通审计过程中识别的所有控制缺陷。内部控制审计报告有标题、收件人、引言段、企业对内部控制责任段、注册会计师责任段、内部控制固有局限性说明段、财务报告内部控制审计意见段、非财务报告内部控制重大缺陷描述段、注册会计师签名和盖章,以及会计师事务所的名称、地址和盖章、报告日期等要素。内部控制审计报告类型有无保留意见、带强调事项段的无保留意见、否定意见与无法表示意见等类型。

习题

一、思考题

1. 注册会计师完成审计工作以后,是否应当取得经被审计单位签署的书面声明?该声明应当包括哪些内容?

2. 注册会计师在与被审计单位沟通审计过程中发现的控制缺陷时,应当注意哪些事项?

3. 注册会计师是否应考虑财务报表审计中的实质性程序所发现的问题对内部控制有效性的影响?

4. 内部控制审计报告应当包括哪些要素?

5. 内部控制审计报告有哪几种意见类型?

6. 出具无保留意见的内部控制审计报告应具备哪些条件?

7. 出具否定意见的内部控制审计报告应具备哪些条件?

8. 试比较无保留意见的内部控制审计报告与带强调事项的无保留意见内部控制审计报告的异同。

9. 试比较否定意见的内部控制审计报告与无法表示意见的内部控制审计报告的异同。

二、实训题

（一）判断题

1. 注册会计师不必考虑财务报表审计发现问题对内部控制有效性的影响。　　（　　）

2. 注册会计师完成审计工作后,应当取得经企业签署的书面声明。　　（　　）

3. 企业签署的书面声明中不必包括以前年度审计中识别的重大缺陷和重要缺陷的解决情况。　　　　　　　　　　　　　　　　　　　　　　　　　　　　　（　　）

4. 注册会计师的责任是在实施审计工作的基础上,对财务报告内部控制的有效性发表审计意见。　　　　　　　　　　　　　　　　　　　　　　　　　　　　　（　　）

5. 内部控制审计报告的致送对象通常为被审计单位的总经理。　　　　　（　　）

6. 审计报告的签署日期为审计报告完稿日期。　　　　　　　　　　　　（　　）

7. 在内部控制审计过程中,注册会计师对于注意到的被审计单位非财务报告内部控制存在的重大缺陷,应当描述该缺陷的性质及其对实现相关控制目标的影响程度,以及就该重大缺陷提醒报告使用者注意相关风险。　　　　　　　　　　　　　　　　（　　）

8. 附加强调事项段的无保留意见审计报告也是标准审计报告。　　　　（　　）

9. 由于审计范围受到委托人、被审计单位管理层或客观环境的严重限制,不能获取必要的审计证据,以致无法对财务报表整体反映发表审计意见时,注册会计师应当出具否定意见的审计报告。　　　　　　　　　　　　　　　　　　　　　　　　　　　（　　）

10. 注册会计师明知应当出具否定意见的审计报告时,为了规避风险,可以用无法表示意见的审计报告来代替。　　　　　　　　　　　　　　　　　　　　　　（　　）

（二）单项选择题

1. 下列关于注册会计师与被审计单位的沟通方面说明不正确的是(　　)。

　　A. 注册会计师应当与企业沟通审计过程中识别的所有控制缺陷

　　B. 注册会计师对于其中的重大缺陷和重要缺陷,应当以书面形式与董事会和经理层沟通

　　C. 注册会计师认为审计委员会和内部审计机构对内部控制的监督是无效的,应当就此以书面形式直接与董事会和经理层沟通

　　D. 书面沟通应当在注册会计师出具内部控制审计报告之后进行

2. 在我国,注册会计师对企业内部控制进行审计的报告标题统一为(　　)。

　　A. 会计师事务所审计报告　　　　　　B. 查账报告

　　C. 审计报告　　　　　　　　　　　　D. 内部控制审计报告

3. 下列日期中,(　　)最应当是内部控制审计报告的日期。

　　A. 撰写审计报告日　　　　　　　　　B. 外勤审计工作结束日

　　C. 接受委托审计日　　　　　　　　　D. 已取得充分、适当证据形成审计意见日

4. 企业内部控制审计报告的意见类型有(　　)。

　　A. 1 种　　　　　　B. 2 种　　　　　　C. 3 种　　　　　　D. 4 种

5. 注册会计师出具无保留意见的审计报告,如果认为必要,可以在(　　)增加强调事项段,对重大不确定事项加以说明。

　　　A. 引言段之后　　　B. 意见段之后　　　C. 意见段之前　　　D. 审计报告附注中

6. 被审计单位对审计范围进行限定,致使某些重要审计程序无法实施,审计人员出具的审计意见类型最可能是(　　)。

　　　A. 无保留意见　　　B. 保留意见　　　　C. 否定意见　　　　D. 无法表示意见

7. 如果注册会计师知悉对企业内部控制自我评价基准日内部控制有效性有重大负面影响的期后事项,应当对财务报告内部控制发表(　　)。

　　　A. 无保留意见　　　　　　　　　　　　B. 带强调事项段的无保留意见

  C. 否定意见   D. 无法表示意见

  8. 某位审计人员在编写审计报告时,在意见段中使用了"由于审计范围受到上述限制,我们未能实施必要的审计程序以获取发表意见所需的充分、适当证据……",这种内部控制审计报告最可能是(　　)。

    A. 无保留意见内部控制审计报告

    B. 带强调事项段的无保留意见内部控制审计报告

    C. 带否定意见内部控制审计报告

    D. 无法表示意见内部控制审计报告

  9. 某位审计人员在编写审计报告时,在意见段中使用了"由于存在上述重大缺陷及其对实现控制目标的影响……",这种内部控制审计报告最可能是(　　)。

    A. 无保留意见内部控制审计报告

    B. 带强调事项段的无保留意见内部控制审计报告

    C. 带否定意见内部控制审计报告

    D. 无法表示意见内部控制审计报告

  10. 某位审计人员在编写审计报告时,在意见段后增加了提请财务报表使用者关注事项,但不影响已发表的审计意见,这种内部控制审计报告最可能是(　　)。

    A. 无保留意见内部控制审计报告

    B. 带强调事项段的无保留意见内部控制审计报告

    C. 带否定意见内部控制审计报告

    D. 无法表示意见内部控制审计报告

（三）多项选择题

  1. 被审计单位如果拒绝提供或以不当理由回避书面声明,注册会计师可能的选择包括(　　)。

    A. 将其视为审计范围受到限制

    B. 解除业务约定

    C. 出具无法表示意见的内部控制审计报告

    D. 出具否定意见的内部控制审计报告

  2. 注册会计师完成审计工作后,应当取得经企业签署的书面声明。书面声明应当包括(　　)内容。

    A. 企业董事会认可其对建立健全和有效实施内部控制负责

    B. 企业已对内部控制的有效性作出自我评价,并说明评价时采用的标准及得出的结论

    C. 企业没有利用注册会计师执行的审计程序及其结果作为自我评价的基础

    D. 企业已向注册会计师披露识别出的所有内部控制缺陷,并单独披露其中的重大缺陷和重要缺陷

  3. 标准内部控制审计报告应当包括的要素有(　　)。

    A. 标题   B. 收件人

    C. 引言段   D. 企业对内部控制的责任段

  4. 同时具备下列(　　)等条件的,注册会计师应当对财务报告内部控制出具无保留意

见的内部控制审计报告。

    A. 企业按照《企业内部控制基本规范》《企业内部控制应用指引》《企业内部控制评价指引》及企业自身内部控制制度的要求,在所有重大方面保持了有效的内部控制

    B. 注册会计师已经按照《企业内部控制审计指引》的要求计划和实施审计工作,在审计过程中未受到限制

    C. 被审计单位没有控制缺陷

    D. 被审计单位已经按照注册会计师要求,对存在的内部控制重大缺陷进行整改

5. 注册会计师出具否定意见的内部控制审计报告,还应当包括( )内容。

    A. 重大缺陷的定义

    B. 重要缺陷的定义

    C. 重大缺陷的性质及其对财务报告内部控制的影响程度

    D. 重要缺陷的性质及其对财务报告内部控制的影响程度

6. 下列关于无法表示意见的内部控制审计报告的说法中,正确的有( )。

    A. 注册会计师审计范围受到限制的,应当解除业务约定或出具无法表示意见的内部控制审计报告

    B. 注册会计师应就审计范围受到限制的情况,以书面形式与董事会进行沟通

    C. 注册会计师应当在内部控制审计报告中指明审计范围受到限制,无法对内部控制的有效性发表意见

    D. 注册会计师应就审计范围受到限制的情况,以口头形式与董事会进行沟通

7. 注册会计师对在审计过程中注意到的非财务报告内部控制缺陷,应当区别具体情况予以处理,下列处理中正确的有( )。

    A. 注册会计师认为非财务报告内部控制缺陷为一般缺陷的,应当与企业进行沟通,提醒企业加以改进,但无须在内部控制审计报告中说明

    B. 注册会计师认为非财务报告内部控制缺陷为重要缺陷的,应当以书面形式与企业董事会和经理层沟通,提醒企业加以改进,但无须在内部控制审计报告中说明

    C. 注册会计师认为非财务报告内部控制缺陷为重大缺陷的,除应当以书面形式与企业董事会和经理层沟通外,还应当在内部控制审计报告中增加非财务报告内部控制重大缺陷描述段进行说明

    D. 注册会计师若不能确定期后事项对内部控制有效性的影响程度,应当出具否定意见的内部控制审计报告

8. 非标准内部控制审计报告包括( )。

    A. 带强调事项段的无保留意见内部控制审计报告

    B. 保留意见内部控制审计报告

    C. 带否定意见内部控制审计报告

    D. 无法表示意见内部控制审计报告

9. 审计范围受到限制是指( )。

    A. 客观环境选择的限制　　　　　　　　B. 审计成本过高造成的限制

　　C. 管理层造成的限制　　　　　　　　D. 审计抽样造成的限制

10. 需要在意见段前增加说明段,以说明所持意见的理由的审计报告有(　　　)。

　　A. 无保留意见内部控制审计报告

　　B. 带强调事项段的无保留意见内部控制审计报告

　　C. 带否定意见内部控制审计报告

　　D. 无法表示意见的内部控制审计报告

(四)综合题

1. A 和 B 注册会计师首次接受委托,负责审计上市公司甲公司 20×1 年度财务报表。发现问题如下:

　　因主导产品不符合国家环保要求,政府部门于 20×1 年 12 月要求甲公司在 20×2 年 9 月 30 日前停止生产和销售该类产品。A 和 B 注册会计师复核了管理层对持续经营能力作出的评估和拟采取的应对措施,认为在编制财务报表时运用持续经营假设是适当的,但可能导致对持续经营能力产生重大疑虑的事项或情况存在重大不确定性。甲公司已在财务报表附注中作出充分披露。

　　要求:假定只存在以上资料所述情况,请代为编制内部控制审计报告。

2. ××会计师事务所对××股份公司内部控制审计意见段中指出下列事项:

　　在内部控制审计中,注册会计师注意到××股份的财务报告内部控制存在如下重大缺陷:

　　(1)××股份的部分贸易业务缺少暂估入库核算流程,未及时按实际业务完成时间填制出入库单,商品出入库时间晚于买方收货确认时间,货权转移手续不完整,与之相关的财务报告内部控制失效且影响较大。××股份在 2015 年底已完成上述重大缺陷的内部控制整改工作,但整改后的控制尚未运行足够长的时间。

　　(2)××股份公司未对搬迁停产资产的减值进行合理估计,也未计提资产减值损失,与之相关的内部控制运行失效。

　　要求:根据上述事项,试说明注册会计师应出具何种内部控制审计报告,并完成审计报告撰写。

第十六章 信息技术内部控制审计

引导案例:

现代信息技术在农村经济审计中的应用实践

北京市昌平区着眼于服务农村经济,积极探索农村集体经济审计的新路子。2008年,由北京市经管站牵头,昌平区经管站与基层政务软件研发单位共同开发了"北京农村经济在线审计系统"并成功上线使用。通过这套系统,市、区县、乡镇三级经管部门可通过网络随时随地地进行远程的农村资产审计工作,准确、快速得到审计结果。这种新型的审计方法,实现了审计工作的"业务信息化、数据标准化、操作流程化、管理规范化",其社会效益十分显著。

以往处理村民的上访或纠纷事件,审计工作从手工查原始票据到得出审计结果,环节多,耗时长。农村经济在线审计系统可以迅速将审计结果对村民公开,所有的细目都有很清楚的收支表。另外,村民也可以通过多样化的方法和途径全面了解收支情况,让农民一起参与到新农村经济建设中,从而减少农民对村干部的不理解和误会。

以往的手工审计都是按照个人自身的工作经验实施审计,审计方法不尽相同,影响审计质量。农村经济在线审计系统通过引入农村经济审计业务中常用的统计学和经济学的分析方法,设定了规范的审计程序,编制了17种常规审计专用模板,审计人员可根据不同的要求生成多种统计图形及报表类型的分析结果,采取事前、事中、事后的全方位审计监督,克服了人为因素,防止漏审、丢审现象的发生,方便快捷,为领导决策提供及时的审计信息。还可通过设置查询条件,随意查询审计项目的每一笔明细业务及原始资料,做到适时监控,审计监管到位,促进了村级干部的自我约束、廉洁从政,同时也保障了审计质量。

以往的手工审计要手工查账、看票、分类、汇总,还要进行分析、写报告,工作量大,操作复杂,而且不全面、有遗漏,不易制订审计计划,无法满足常规审计需求。把现有审计工作的所有申请及审批流程全部在系统中通过网络传输来完成,自定义设置,只要单击对应的模块,所有项目情况一目了然,并可自动汇总分析,而且提供了提醒、督办的功能,实现了电子文件无纸化办公,大大减轻了手工审计的工作量和工作难度,极大地缩短审计周期,提高了审计工作效率。

实践证明,昌平区新型的农村审计模式是一项成功模式,值得推广。

要求:结合北京市昌平区新型农村审计模式的成功经验,讨论信息技术对审计工作带来哪些方面积极的变化。

第一节 信息技术及其对审计过程的影响

一、信息技术的概念

从广义上来讲,凡是能扩展人类信息功能的技术,都是信息技术。具体而言,信息技术是指利用电子计算机和现代通信手段实现获取信息、传递信息、存储信息、处理信息、显示信息、分配信息等的相关技术。

二、信息技术审计的演变

在计算机产生以前,企业内部的信息处理最初是以手工处理的方式进行的。一个企业的会计部门,通过不同岗位之间的分工协作,将日常经营活动中产生的财务资料进行加工处理,形成企业内部和外部需要的各种纸质会计信息。这种情况下的审计方式毫无疑问是手工的形式。

随着计算机的普及,尤其是微型计算机的大众化,一些企业开始用计算机来处理部分会计资料。例如,企业内部自行开发的工资管理程序、存货管理程序等,逐步用机器替代了部分人工劳动。但由于计算机处理的范围还比较小,注册会计师可以忽略计算机的存在,直接对打印出来的纸质文档进行审计。

由于会计信息技术化的大面积普及,大部分企业的会计处理已经实现信息化。注册会计师开始意识到信息技术审计的重要性,但这时人们对信息技术审计的认识还停留在对财务数据的采集和分析阶段,注册会计师仍然可以绕过信息系统,对财务数据和报表进行核实,以获取审计证据。

伴随着会计信息化的成熟,以 ERP 为代表的企业信息系统的高度集成逐渐开始兴起。这时的企业信息系统已不仅仅是一个孤立的系统,而是集财务、人事、供销、生产为一体的综合性系统,财务信息只是这个系统所处理的信息的一部分,因此,注册会计师必须在规划和执行审计工作时对企业信息技术进行全面考虑。

三、信息技术和财务报告的关系

企业可以运用信息系统来创建、记录、处理和报告各项交易,以衡量和审查企业自身的财务业绩,并持续记录资产、负债及所有者权益。具体来讲,创建是指企业可以采取手工或自动的方式来创建各项交易信息;记录是指信息系统识别并保留交易及事项的相关信息;处理是指企业可以采取手工或自动的方式对信息系统的数据信息进行编辑、确认、计算、衡量、估价、分析、汇总和调整;报告是指企业以电子或打印的方式,编制财务报告和其他信息,并运用上述信息来衡量和审查企业的财务业绩及其他方面的职能。

信息系统的使用,会给企业的管理和工作程序带来很多重要的变化,包括以下几方面。

(1)计算机输入和输出设备代替了手工记录。

(2)计算机显示屏和电子影像代替了纸质凭证。

(3)计算机文档代替了纸质日记账和分类账。

（4）网络通信和电子邮件代替了公司间的邮寄。

（5）管理需求固化到应用程序之中。

（6）灵活多样的报告代替了固定的定期报告。

（7）数据更加充分，信息实现共享。

（8）系统问题的存在比偶然性误差更为普遍。

信息系统形成的信息质量影响企业编制财务报告、管理企业活动和做出适当的管理决策。因此有效的信息系统需要实现下列功能并保留记录结果。

（1）识别和记录全部授权交易。

（2）及时、详细记录交易内容，并在财务报告中对全部交易进行适当分类。

（3）衡量交易价值，并在财务报告中适当体现相关价值。

（4）确定交易发生期间，并将交易记录在适当的会计期间。

（5）将相关交易信息在财务报告中作适当披露。

因此，审计人员在进行财务报告审计时，如果依赖相关信息系统所形成的财务信息和报告作为审计工作的依据，则必须考虑相关信息和报告的质量，而财务报告相关的信息质量是通过交易的从录入到输出整个过程中适当的控制来实现的，所以，审计人员需要在整个过程中考虑信息的准确性、完整性、授权体系及访问限制4个方面。

四、信息技术对审计过程的影响

信息技术在企业中的应用并不改变审计人员制定审计目标、进行风险评估和了解内部控制的原则性要求，基本审计准则和财务报告审计目标在所有情况下都适用。但是，注册会计师必须更深入了解企业的信息技术应用范围和性质，因为系统的设计和运行对审计风险的评价、对业务流程和控制的了解、对审计工作的执行，以及需要收集的审计证据的性质都有直接的影响。

信息技术对审计过程的影响主要体现在以下5个方面。

1. 对审计线索的影响

审计线索对审计来说极其重要。传统的手工会计系统，审计线索包括凭证、日记账、分类账和报表。审计人员通过顺查和逆查的方法来审查记录，检查和确定其是否正确地反映了被审计单位的经济业务，检查企业的会计核算是否合理、合规。而在信息技术环境下，从业务数据的具体处理过程到报表的输出都由计算机按照程序指令完成，数据均保存在磁性介质上，从而会影响到审计线索，如数据存储介质、存取方式及处理程序等。

2. 对审计技术手段的影响

过去，注册会计师的审计都是手工进行的，但随着信息技术的广泛应用，若仍以手工方式进行审计，显然已经难以满足工作的需要，难以达到审计的目的。因此，注册会计师需要掌握相关信息技术，把信息技术当作一种有力的审计工具。

3. 对内部控制的影响

随着信息技术的发展，内部控制虽然在形式及内涵方面发生了变化，但根据内部控制的

概念,完善的内部控制的目标并没有发生改变,即:

(1) 提高管理层决策制定的效果和业务流程的效率。

(2) 提高会计信息的可靠性。

(3) 促进企业遵守法律和规章。

但必须关注的是,在高度电算化的信息环境中,业务活动和业务流程引发了新的风险,从而使具体控制活动的性质有所改变。

4. 对审计内容的影响

在信息化条件下,由于信息化的特点,审计内容发生了相应的变化,在信息化的会计系统中,各项会计事项都是由计算机按照程序进行自动处理的,信息系统的特点及固有风险决定了信息化环境下审计的内容包括对信息化系统的处理和相关控制功能的审查。例如,在审计账龄分析表时,在信息技术环境下,注册会计师必须考虑其数据准确性以支持相关审计结论,因此需要对基于系统的数据来源及处理过程进行考虑。

5. 对注册会计师的影响

信息技术在被审计单位的广泛应用,要求注册会计师一定要具备相关信息技术方面的知识。因此,注册会计师要成为知识全面的复合型人才,他们不仅要有丰富的会计、审计、经济、法律、管理等方面的知识和技能,还需要熟悉信息系统的应用技术、结构和运行原理,有必要对信息化环境下的内部控制做出适当的评价。

因此,注册会计师必须对系统内的风险和控制都非常熟悉,然后对审计的策略、范围、方法和手段做出相应的调整,以获取充分、适当的审计证据,支持发表的审计意见。

第二节　对内部控制的测试

一、与信息技术相关的控制

(一) 自动控制的好处

在信息技术环境下,传统的手工控制越来越多地被自动控制所替代,概括地讲,自动控制能为企业带来以下好处。

(1) 自动控制能够有效处理大流量交易及数据,因为自动信息系统可以提供与业务规则一致的系统处理方法。

(2) 自动控制不容易被绕过。

(3) 自动信息系统、数据库及操作系统的相关安全控制可以实现有效的职责分离。

(4) 自动信息系统可以提高信息及时性、准确性,并使信息变得更易获取。

(5) 自动信息系统可以提高管理层对企业业务活动及相关政策的监督水平。

(二) 自动控制带来的风险

对自动控制的依赖也可能给企业带来下列风险。

(1) 信息系统或相关系统程序可能会对数据进行错误处理,也可能会去处理那些本身就错误的数据。

（2）自动信息系统、数据库及操作系统的相关安全控制如果无效，会增加对数据信息非授权访问的风险，这种风险可能导致系统内数据和系统中非授权交易及不存在交易的记录遭到破坏，系统、系统程序、数据被不适当地改变，系统对交易进行不适当的记录，以及信息技术人员获得超过其职责范围的过大系统权限等。

（3）数据丢失风险或数据无法访问风险，如系统瘫痪。

（4）不适当的人工干预，或者人为绕过自动控制。

因此，被审计单位采用信息系统处理业务，并不意味着手工控制被完全取代，信息系统对控制的影响，取决于被审计单位对信息系统的依赖程度。例如，在基于信息技术的自动信息系统中，系统进行自动操作来实现对交易信息的创建、记录、处理和报告，并将相关信息保存为电子形式，如电子的采购订单、采购发票、发运凭证和相关会计记录。但相关控制活动中也可能同时包括手工的部分，如订单的审批和事后审阅以及会计记录调整之类的手工控制。

因此，与财务报告相关的控制活动一般由一系列手工控制和自动控制组成。由于被审计单位信息技术的特点及复杂程度不同，被审计单位的手工及自动控制的组合方式往往会有所区别。

二、信息技术内部控制审计

信息技术内部控制审计在信息技术环境中，但手工控制的基本原理与方式在信息环境下并不会发生实质性的改变。注册会计师仍需要按照标准执行相关的审计程序，而对于自动控制，就需要从信息技术一般性控制审计与信息技术应用性控制审计两方面进行考虑。

（一）信息技术一般性控制审计

信息系统一般性控制是指为了保证信息系统的安全，对整个信息系统及外部各种环境要素实施的、对所有的应用或控制模块具有普遍影响的控制措施，信息技术一般性控制通常会对实现部分或全部财务报告认定做出间接贡献。在有些情况下，信息技术一般性控制也可能对实现信息处理目标和财务报告认定做出直接贡献。这是因为有效的信息技术一般性控制确保了应用系统控制和依赖计算机处理的自动会计程序得以持续有效的运行。当手工控制依赖自动应用控制、自动会计程序或依赖系统生成信息的控制时，它们就需要对相关的信息技术一般性控制进行验证。

注册会计师应清楚记录信息技术一般性控制与关键的自动应用控制及接口、关键的自动会计程序、关键手工控制使用的系统生成数据和报告，或者生成手工日记账时使用系统生成的数据和报告的关系。

由于程序变更控制、计算机操作控制及程序数据访问控制影响到系统驱动组件的持续有效运行，注册会计师需要对上述 3 个领域实施控制测试。

信息技术一般性控制包括程序开发、程序变更、程序和数据访问及计算机运行 4 个方面，具体说明如表 16-1 所示。

（二）信息技术应用性控制审计

信息技术应用性控制一般要经过输入、处理及输出等环节。与手工控制一样，自动系统控制同样关注信息处理目标的 4 个要素：完整性、准确性、经过授权和访问限制，如表 16-2 所示。

然而,自动系统控制造成的影响程度比信息技术一般性控制要显著得多,并且需要进一步的手工调查。另外,所有的自动应用性控制都会有一个手工控制与之相对应。例如,通过批次汇总的方式验证数据传输的准确性和完整性时,如果出现例外,就需要有相应的手工控制进行跟踪调查。理论上,在测试的时候,每个自动系统控制都要与其对应的手工控制一起进行测试,才能得到控制是否可信赖的结论。例如,一笔交易被否定或被做了标记,将会进行一个手工调查流程,并且被记录下来。表16-2将针对不同的信息处理目标来阐述应用性控制的应用。

表 16-1　信息技术一般性控制说明

内　容	目　标	要　素
1. 程序开发	确保系统的开发、配置和实施能够实现管理层的应用控制目标	(1)对开发和实施活动的管理;(2)项目启动、分析和设计;(3)对程序开发实施过程的控制软件包的选择;(4)测试和质量确保;(5)数据迁移;(6)程序实施;(7)记录和培训;(8)职责分离
2. 程序变更	确保对程序和相关基础组件的变更是经过请求、授权执行、测试和实施的,以达到管理层的应用控制目标	(1)对维护活动的管理;(2)对变更请求的规范、授权与跟踪;(3)测试和质量确保;(4)程序实施;(5)记录和培训;(6)职责分离
3. 程序和数据访问	确保分配的访问程序和数据的权限是经过用户身份认证并经过授权的	程序和数据访问的子组件一般包括安全活动管理、安全管理、数据安全、操作系统安全、网络安全和物理安全
4. 计算机运行	确保生产系统根据管理层的控制目标完整准确地运行,确保运行问题被完整准确地识别并解决,以维护财务数据的完整性	计算机运行活动的总体管理、调度和批处理、实时处理、备份和问题管理及灾难恢复

表 16-2　信息技术应用性控制说明

信息处理目标	应用性控制的应用
1. 完整性	(1) 顺序标号,可以保证系统每笔日记账都是唯一的,并且系统不会接受相同编号,或者在编号范围外的凭证。此时,需要系统提供一个没有编号凭证的报告,如果存在例外,需要相关人员进行调查跟进 (2) 编辑检查以确保无重复交易录入,如发票付款时应检查发票编号
2. 准确性	(1) 编辑检查。包括限制检查、合理性检查、存在性检查和格式检查等 (2) 将客户、供应商、部分数据、发票和采购订单等信息与现有数据进行比较
3. 经过授权	(1) 交易流程中必须包含恰当的授权 (2) 将客户、供应商、部分数据、发票和采购订单等信息与现有数据进行比较
4. 访问限制	(1) 对于某些特殊的会计记录的访问,必须经过数据所有者的正式授权。管理层必须定期检查系统的访问权限来确保只有经过授权的用户才能够拥有访问权限,并且符合职责分离原则。如果存在例外,必须进行调查 (2) 访问控制必须满足适当的职责分离(如交易的审批和处理必须由不同的人员来完成) (3) 对每个系统的访问控制都要单独考虑。密码必须要定期更换,并且在规定次数内不能重复;定期生成多次登录失败导致用户账号锁定的报告;管理层必须跟踪这些登录失败的具体原因

三、信息技术应用性控制与信息技术一般性控制之间的关系

应用性控制是设计在计算机应用系统中的、有助于达到信息处理目标的控制。例如,许多应用系统中包含很多编辑检查来帮助确保录入数据的准确性。编辑检查可能包括格式检查(如日期格式或数字格式)、存在性检查(如客户编码存在于客户主数据文档中)或合理性检查(如最大支付金额)。如果录入数据的某一要素未通过编辑检查,那么系统可能拒绝录入该数据或系统可能将该录入数据拖入系统生成的例外报告中,留待后续跟进和处理。

如果带有关键的编辑检查功能的应用系统所依赖的计算机环境发现了信息技术一般控制的缺陷,注册会计师可能就不能信赖上述编辑检查功能按设计发挥作用。例如,程序变更控制缺陷可能导致未授权人员对检查录入数据字段格式的编程逻辑进行修改,以至于系统接受不准确的录入数据。此外,与安全和访问权限相关的控制缺陷可能导致数据录入不恰当地绕过合理性检查,而该合理性检查在其他方面将使系统无法处理金额超过最大容差范围的支付操作。信息技术一般性控制与财务报表认定、业务流程及其他控制的关系如图 16-1 所示。

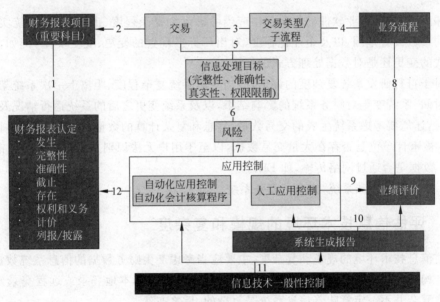

图 16-1 信息技术一般性控制与其他控制的关系

第三节 信息技术审计范围的确定

注册会计师在确定审计策略时,需要结合被审计单位业务流程复杂度、信息系统复杂度、系统生成的交易数量、信息和复杂计算的数量、信息技术环境规模和复杂度等 5 个方面,对信息技术审计范围进行适当考虑。信息技术审计的范围与被审计单位在业务流程及信息系统相关方面的复杂度成同方向变化,在具体评估复杂度时,可以从以下几个方面予以考虑。

一、评估业务流程的复杂度（如销售流程、薪酬流程、采购流程等）

对业务流程复杂度的评估并不是一个纯粹客观的过程，而是需要注册会计师的职业判断。注册会计师可以考虑以下因素，对业务流程复杂度做出适当判断。

（1）该流程涉及人员及部门数量，并且相关人员及部门之间的关系复杂度。

（2）该流程涉及操作及决策活动数量。

（3）该流程的数据处理过程涉及复杂的公式和数据录入操作情况。

（4）该流程所需对信息进行手工处理程度。

（5）该流程对系统生成的报告依赖程度。

二、评估信息系统的复杂度

与评估业务流程的复杂度相类似，对企业信息系统复杂度的评估也不是一个纯粹客观的过程，评估过程包含大量的职业判断，也受到所使用系统类型（如商业软件或自行研发系统）的影响。

具体来说，评估商业软件的复杂程度应当考虑系统复杂程度、市场份额、系统实施和运行所需的参数设置范围，以及企业化程度（对出厂标准配置的变更、变更类型，例如，是仅为报告形式的变更还是对数据处理方式的变更）。

而对于自行研发系统复杂度的评估，应当考虑系统复杂程度、距离上一次系统架构重大变更的时间、系统变更对财务系统的影响结果，以及系统变更之后的系统运行情况及运行期间。同时，还需要考虑系统生成的交易数量、信息和复杂计算的数量，包括以下几方面。

（1）被审计单位是否存在大量交易数据，以至于用户无法识别并更正数据处理错误。

（2）数据是否通过网络传输，如 EDI。

（3）是否使用特殊系统，如电子商务系统。

三、评估信息技术环境的规模和复杂度

评估信息技术环境的规模和复杂度，主要应当考虑产生财务数据的信息系统数量、信息部门的结构与规模、网络规模、用户数量、外包及访问方式（如本地登录或远程登录）。信息技术环境复杂并不一定意味着信息系统是复杂的，反之亦然。

在具体审计过程中，注册会计师除了考虑以上所提及的复杂度外，还需要充分考虑系统在实际应用中存在的问题，评价这些问题对审计范围的影响。

（1）管理层如何了解并应对与 IT 相关的问题。

（2）系统功能中是否发现严重问题或不准确成分，如果是，是否存在可以绕过的程序（如自行修复程序等）。

（3）是否发生过信息系统运行出错、安全事件或对固定数据的修改等严重问题，如果是，管理层如何应对这些问题，以及如何确保这些问题得到可靠解决。

（4）内部审计或其他报告中是否提出过与信息系统、数据环境或应用系统相关的问题。

（5）报告中提及的最普遍的系统问题是什么。

本章小结

注册会计师必须在规划和执行审计工作时对企业信息技术进行全面考虑。信息系统的设计和运行对审计风险的评价、业务流程和控制的了解、审计工作的执行,以及需要收集的审计证据的性质都有直接的影响。信息技术环境下的自动控制能为企业带来大流量数据处理等功能,同时也带来诸如系统安全性等风险。信息技术一般性控制与应用性控制存在密切联系。注册会计师需要结合被审计单位业务流程复杂度、信息系统复杂度、系统生成的交易数量、信息和复杂计算的数量、信息技术环境规模和复杂度等 5 个方面,对信息技术审计范围进行适当考虑。

习题

一、思考题

1. 什么是信息技术? 信息技术与财务报告是怎样的关系? 信息技术对审计过程产生了哪些方面的影响?

2. 简述信息技术一般性控制审计的过程。

3. 简述信息技术应用性控制审计的过程。

4. 结合本章的学习,探讨未来信息技术审计发展的方向。

二、实训题

（一）判断题

1. 在会计信息化不断成熟的今天,注册会计师必须在规划和执行审计工作时对企业信息技术进行全面考虑。 （ ）

2. 信息技术在企业中的应用改变了审计人员制定审计目标、进行风险评估和了解内部控制的原则性要求。 （ ）

3. 在高度电算化的信息环境中,业务活动和业务流程引发了新的风险,从而使具体控制活动的性质有所改变。 （ ）

4. 信息技术在被审计单位的广泛应用要求注册会计师一定要具备相关信息技术方面的知识。因此,注册会计师要成为知识全面的复合型人才。 （ ）

5. 信息系统或相关系统程序可能会对数据进行错误处理,也可能会去处理那些本身就错误的数据。 （ ）

6. 企业采用信息系统处理业务,意味着手工控制被完全取代。 （ ）

7. 考虑到手工控制的基本原理与方式在信息系统环境下会发生实质性的改变,注册会计师不再需要按照标准执行相关的审计程序。 （ ）

8. 信息技术一般控制通常会对实现部分或全部财务报告认定做出直接贡献。 （ ）

9. 注册会计师应清楚记录信息技术一般控制与关键的自动应用性控制及接口、关键的自动会计程序、关键手工控制使用的系统生成数据和报告,或者生成手工日记账时使用系统生成的数据和报告的关系。 （ ）

10. 信息技术一般性控制包括程序开发、程序变更、程序和数据访问及计算机运行 4 个

方面。　　　　　　　　　　　　　　　　　　　　　　　　　　　　　　　　(　　)

（二）单项选择题

1. 下列(　　)事件,能够标志企业信息系统已经成为集财务、人事、供销、生产为一体的综合性系统。

A. 计算机产生

B. 微型计算机的大众化

C. 人们对信息技术审计的认识停留在财务数据的采集和分析阶段

D. 以 ERP 为代表的企业信息系统的高度集成逐渐开始兴起

2. 在信息技术环境下,从业务数据的具体处理过程到报表的输出都由计算机按照程序指令完成,数据均保存在磁性介质上,从而会影响到审计线索,如数据存储介质、存取方式及处理程序等。这体现出(　　)。

A. 对审计线索的影响　　　　　　　　B. 对审计技术手段的影响

C. 对内部控制的影响　　　　　　　　D. 对审计内容的影响

3. 下列关于信息技术对审计内容的影响表述中,不正确的是(　　)。

A. 在信息化条件下,由于信息化的特点,审计内容发生了相应的变化

B. 在信息化的会计系统中,各项会计事项都是由计算机按照程序进行自动处理的

C. 信息系统的特点及固有风险决定了信息化环境下审计的内容包括对信息化系统的处理和相关控制功能的审查

D. 信息化环境下审计需要审查信息化系统的处理,但不必审查相关控制功能

4. (　　)是指为了保证信息系统的安全,对整个信息系统及外部各种环境要素实施的、对所有的应用或控制模块具有普遍影响的控制措施。

A. 信息系统一般性控制　　　　　　　B. 信息系统应用性控制

C. 程序开发　　　　　　　　　　　　D. 程序变更

5. (　　)的目标是确保对程序和相关基础组件的变更是经过请求、授权执行、测试和实施的,以达到管理层的应用控制目标。

A. 程序开发　　　　　　　　　　　　B. 程序变更

C. 程序和数据访问　　　　　　　　　D. 计算机运行

6. (　　)的目标是确保分配的访问程序和数据的权限是经过用户身份认证并经过授权的。

A. 程序开发　　　　　　　　　　　　B. 程序变更

C. 程序和数据访问　　　　　　　　　D. 计算机运行

7. 下列关于信息技术对审计过程的影响的表述中,不当的是(　　)。

A. 在信息技术环境下,从业务数据的具体处理过程到报表的输出都由计算机按照程序指令完成,数据均保存在磁性介质上,从而会影响到审计线索

B. 在信息技术环境下,注册会计师需要掌握相关信息技术,把信息技术当作一种有力的审计工具

C. 在信息技术环境下,内部控制在形式、内涵、概念,以及完善的内部控制的目标都发生完全改变

D. 信息技术在被审计单位的广泛应用要求注册会计师一定要具备相关信息技术方面的知识

8. 对自动控制的依赖也可能给企业带来诸多风险,下列表述不当的是(　　)。

    A. 信息系统或相关系统程序可能会对数据进行错误处理,也可能会去处理那些本身就错误的数据

    B. 数据丢失风险或数据无法访问风险,如系统瘫痪

    C. 不适当的人工干预,或者人为绕过自动控制

    D. 自动信息系统、数据库及操作系统的相关安全控制的运行,会减少对数据信息非授权访问的风险

9. 在信息技术环境下,"订单的审批和事后审阅以及会计记录调整之类的手工控制"的存在,说明了(　　)。

    A. 信息技术环境下,相关控制活动也可能同时包括手工的部分

    B. 信息技术环境下,相关控制活动不必包括手工的部分

    C. 信息技术环境下,手工控制比自动控制更加重要

    D. 信息技术环境下,手工控制与自动控制可以互相取代

10. 与财务报告相关的控制活动一般由一系列(　　)所组成。

    A. 手工控制和自动控制　　　　　　B. 手工控制

    C. 自动控制　　　　　　　　　　　D. 财务报告

(三) 多项选择题

1. 下列(　　)情况体现出信息系统的使用给企业的管理和程序带来重要变化。

    A. 计算机输入和输出设备代替了手工记录

    B. 计算机显示屏和电子影像代替了纸质凭证

    C. 计算机文档代替了纸质日记账和分类账

    D. 网络通信和电子邮件代替了公司间的邮寄

2. 注册会计师在进行财务报告审计时,如果依赖相关信息系统所形成的财务信息和报告作为审计工作的依据,则需要在整个过程中考虑信息的(　　)等方面。

    A. 准确性　　　　B. 完整性　　　　C. 授权体系　　　　D. 访问限制

3. 信息技术对审计过程的影响主要体现在(　　)等方面。

    A. 对审计线索的影响　　　　　　　B. 对审计技术手段的影响

    C. 对内部控制的影响　　　　　　　D. 对审计内容的影响

4. 在信息技术环境下,传统的手工控制越来越多地被自动控制所替代,概括地讲,自动控制能为企业带来以下好处(　　)。

    A. 自动控制能够有效处理大流量交易及数据,因为自动信息系统可以提供与业务规则一致的系统处理方法

    B. 自动信息系统、数据库及操作系统的相关安全控制可以实现有效的职责分离

    C. 自动信息系统可以提高信息及时性、准确性,并使信息变得更易获取

    D. 自动信息系统可以提高管理层对企业业务活动及相关政策的监督水平

5. 在信息技术环境下对企业内部控制进行审计,一般需要对自动控制(　　)等两方面进行考虑。

    A. 信息技术一般性控制　　　　　　B. 信息技术应用性控制

    C. 信息技术会计控制　　　　　　　D. 信息技术管理控制

6. 根据控制是否对系统驱动组件的持续有效运行产生影响,注册会计师需要对以下

(　　)领域实施控制测试。

A. 程序设计控制 　　　　　　　　　　B. 程序变更控制

C. 计算机操作控制 　　　　　　　　　D. 程序和数据访问控制

7. 与手工控制一样,自动系统控制同样关注信息处理目标(　　)等要素。

A. 完整性 　　　　B. 准确性 　　　　C. 经过授权 　　　　D. 访问限制

8. 下列与准确性信息处理目标相关的应用控制有(　　)。

A. 编辑检查,包括限制检查、合理性检查、存在性检查和格式检查等

B. 将客户、供应商、部分数据、发票和采购订单等信息与现有数据进行比较

C. 交易流程中必须包含恰当的授权

D. 编辑检查以确保无重复交易录入,如发票付款时应检查发票编号

9. 下列与访问限制有关的信息技术应用性控制有(　　)。

A. 对于某些特殊的会计记录的访问,必须经过数据所有者的正式授权

B. 访问控制必须满足适当的职责分离

C. 访问密码必须要定期更换,并且在规定次数内不能重复

D. 定期生成多次登录失败导致用户账号锁定的报告

10. 系统中对最大支付金额的检查控制属于(　　)。

A. 格式检查 　　　　B. 存在性检查 　　　　C. 合理性检查 　　　　D. 以上都不对

附录 **A**

企业内部控制审计指引

第一章　总　　则

第一条　为了规范注册会计师执行企业内部控制审计业务,明确工作要求,保证执业质量,根据《企业内部控制基本规范》《中国注册会计师鉴证业务基本准则》及相关执业准则,制定本指引。

第二条　本指引所称内部控制审计,是指会计师事务所接受委托,对特定基准日内部控制设计与运行的有效性进行审计。

第三条　建立健全和有效实施内部控制,评价内部控制的有效性是企业董事会的责任。按照本指引的要求,在实施审计工作的基础上对内部控制的有效性发表审计意见,是注册会计师的责任。

第四条　注册会计师执行内部控制审计工作,应当获取充分、适当的证据,为发表内部控制审计意见提供合理保证。

注册会计师应当对财务报告内部控制的有效性发表审计意见,并对内部控制审计过程中注意到的非财务报告内部控制的重大缺陷,在内部控制审计报告中增加"非财务报告内部控制重大缺陷描述段"予以披露。

第五条　注册会计师可以单独进行内部控制审计,也可将内部控制审计与财务报表审计整合进行(以下简称整合审计)。

在整合审计中,注册会计师应当对内部控制设计与运行的有效性进行测试,以同时实现下列目标。

(一)获取充分、适当的证据,支持其在内部控制审计中对内部控制有效性发表的意见。

(二)获取充分、适当的证据,支持其在财务报表审计中对控制风险的评估结果。

第二章　计划审计工作

第六条　注册会计师应当恰当地计划内部控制审计工作,配备具有专业胜任能力的项目组,并对助理人员进行适当的督导。

第七条　在计划审计工作时,注册会计师应当评价下列事项对内部控制、财务报表及审计工作的影响。

(一)与企业相关的风险。

(二)相关法律法规和行业概况。

(三)企业组织结构、经营特点和资本结构等相关重要事项。

(四)企业内部控制最近发生变化的程度。

（五）与企业沟通过的内部控制缺陷。

（六）重要性、风险等与确定内部控制重大缺陷相关的因素。

（七）对内部控制有效性的初步判断。

（八）可获取的、与内部控制有效性相关的证据的类型和范围。

第八条　注册会计师应当以风险评估为基础，选择拟测试的控制，确定测试所需收集的证据。

内部控制的特定领域存在重大缺陷的风险越高，给予该领域的审计关注就越多。

第九条　注册会计师应当对企业内部控制自我评价工作进行评估，判断是否利用企业内部审计人员、内部控制评价人员和其他相关人员的工作及可利用的程度，相应减少可能本应由注册会计师执行的工作。

注册会计师利用企业内部审计人员、内部控制评价人员和其他相关人员的工作，应当对其专业胜任能力和客观性进行充分评价。

与某项控制相关的风险越高，可利用程度就越低，注册会计师应当更多地对该项控制亲自进行测试。

注册会计师应当对发表的审计意见独立承担责任，其责任不因为利用企业内部审计人员、内部控制评价人员和其他相关人员的工作而减轻。

第三章　实施审计工作

第十条　注册会计师应当按照自上而下的方法实施审计工作。自上而下的方法是注册会计师识别风险、选择拟测试控制的基本思路。

注册会计师在实施审计工作时，可以将企业层面控制和业务层面控制的测试结合进行。

第十一条　注册会计师测试企业层面控制，应当把握重要性原则，至少应当关注以下几方面。

（一）与内部环境相关的控制。

（二）针对董事会、经理层凌驾于控制之上的风险而设计的控制。

（三）企业的风险评估过程。

（四）对内部信息传递和财务报告流程的控制。

（五）对控制有效性的内部监督和自我评价。

第十二条　注册会计师测试业务层面控制，应当把握重要性原则，结合企业实际、企业内部控制各项应用指引的要求和企业层面控制的测试情况，重点对企业生产经营活动中的重要业务与事项的控制进行测试。

注册会计师应当关注信息系统对内部控制及风险评估的影响。

第十三条　注册会计师在测试企业层面控制和业务层面控制时，应当评价内部控制是否足以应对舞弊风险。

第十四条　注册会计师应当测试内部控制设计与运行的有效性。

如果某项控制由拥有必要授权和专业胜任能力的人员按照规定的程序与要求执行，能够实现控制目标，表明该项控制的设计是有效的。

如果某项控制正在按照设计运行，执行人员拥有必要授权和专业胜任能力，能够实现控制目标，表明该项控制的运行是有效的。

第十五条　注册会计师应当根据与内部控制相关的风险,确定拟实施审计程序的性质、时间安排和范围,获取充分、适当的证据。与内部控制相关的风险越高,注册会计师需要获取的证据应越多。

第十六条　注册会计师在测试控制设计与运行的有效性时,应当综合运用询问适当人员、观察经营活动、检查相关文件、穿行测试和重新执行等方法。

询问本身并不足以提供充分、适当的证据。

第十七条　注册会计师在确定测试的时间安排时,应当在下列两个因素之间做出平衡,以获取充分、适当的证据。

(一)尽量在接近企业内部控制自我评价基准日实施测试。

(二)实施的测试需要涵盖足够长的期间。

第十八条　注册会计师对于内部控制运行偏离设计的情况(即控制偏差),应当确定该偏差对相关风险评估、需要获取的证据及控制运行有效性结论的影响。

第十九条　在连续审计中,注册会计师在确定测试的性质、时间安排和范围时,应当考虑以前年度执行内部控制审计时了解的情况。

第四章　评价控制缺陷

第二十条　内部控制缺陷按其成因分为设计缺陷和运行缺陷,按其影响程度分为重大缺陷、重要缺陷和一般缺陷。

注册会计师应当评价其识别的各项内部控制缺陷的严重程度,以确定这些缺陷单独或组合起来,是否构成重大缺陷。

第二十一条　在确定一项内部控制缺陷或多项内部控制缺陷的组合是否构成重大缺陷时,注册会计师应当评价补偿性控制(替代性控制)的影响。企业执行的补偿性控制应当具有同样的效果。

第二十二条　表明内部控制可能存在重大缺陷的迹象,主要包括以下几方面。

(一)注册会计师发现董事、监事和高级管理人员舞弊。

(二)企业更正已经公布的财务报表。

(三)注册会计师发现当期财务报表存在重大错报,而内部控制在运行过程中未能发现该错报。

(四)企业审计委员会和内部审计机构对内部控制的监督无效。

第五章　完成审计工作

第二十三条　注册会计师完成审计工作后,应当取得经企业签署的书面声明。书面声明应当包括下列内容。

(一)企业董事会认可其对建立健全和有效实施内部控制负责。

(二)企业已对内部控制的有效性做出自我评价,并说明评价时采用的标准及得出的结论。

(三)企业没有利用注册会计师执行的审计程序及其结果作为自我评价的基础。

(四)企业已向注册会计师披露识别出的所有内部控制缺陷,并单独披露其中的重大缺陷和重要缺陷。

（五）企业对于注册会计师在以前年度审计中识别的重大缺陷和重要缺陷，是否已经采取措施予以解决。

（六）企业在内部控制自我评价基准日后，内部控制是否发生重大变化，或者存在对内部控制具有重要影响的其他因素。

第二十四条　企业如果拒绝提供或以其他不当理由回避书面声明，注册会计师应当将其视为审计范围受到限制，解除业务约定或出具无法表示意见的内部控制审计报告。

第二十五条　注册会计师应当与企业沟通审计过程中识别出的所有控制缺陷。对于其中的重大缺陷和重要缺陷，应当以书面形式与董事会和经理层沟通。

注册会计师认为审计委员会和内部审计机构对内部控制的监督无效的，应当就此以书面形式直接与董事会和经理层沟通。

书面沟通应当在注册会计师出具内部控制审计报告之前进行。

第二十六条　注册会计师应当对获取的证据进行评价，形成对内部控制有效性的意见。

第六章　出具审计报告

第二十七条　注册会计师在完成内部控制审计工作后，应当出具内部控制审计报告。标准内部控制审计报告应当包括下列要素。

（一）标题。

（二）收件人。

（三）引言段。

（四）企业对内部控制的责任段。

（五）注册会计师的责任段。

（六）内部控制固有局限性的说明段。

（七）财务报告内部控制审计意见段。

（八）非财务报告内部控制重大缺陷描述段。

（九）注册会计师的签名和盖章。

（十）会计师事务所的名称、地址及盖章。

（十一）报告日期。

第二十八条　符合下列所有条件的，注册会计师应当对财务报告内部控制出具无保留意见的内部控制审计报告。

（一）企业按照《企业内部控制基本规范》《企业内部控制应用指引》《企业内部控制评价指引》及企业自身内部控制制度的要求，在所有重大方面保持了有效的内部控制。

（二）注册会计师已经按照《企业内部控制审计指引》的要求计划和实施审计工作，在审计过程中未受到限制。

第二十九条　注册会计师认为财务报告内部控制虽不存在重大缺陷，但仍有一项或多项重大事项需要提请内部控制审计报告使用者注意的，应当在内部控制审计报告中增加强调事项段予以说明。

注册会计师应当在强调事项段中指明，该段内容仅用于提醒内部控制审计报告使用者关注，并不影响对财务报告内部控制发表的审计意见。

第三十条 注册会计师认为财务报告内部控制存在一项或多项重大缺陷的,除非审计范围受到限制,应当对财务报告内部控制发表否定意见。

注册会计师出具否定意见的内部控制审计报告,还应当包括下列内容。

(一)重大缺陷的定义。

(二)重大缺陷的性质及其对财务报告内部控制的影响程度。

第三十一条 注册会计师审计范围受到限制的,应当解除业务约定或出具无法表示意见的内部控制审计报告,并就审计范围受到限制的情况,以书面形式与董事会进行沟通。

注册会计师在出具无法表示意见的内部控制审计报告时,应当在内部控制审计报告中指明审计范围受到限制,无法对内部控制的有效性发表意见。

注册会计师在已执行的有限程序中发现财务报告内部控制存在重大缺陷的,应当在内部控制审计报告中对重大缺陷做出详细说明。

第三十二条 注册会计师对在审计过程中注意到的非财务报告内部控制缺陷,应当区别具体情况予以处理。

(一)注册会计师认为非财务报告内部控制缺陷为一般缺陷的,应当与企业进行沟通,提醒企业加以改进,但无须在内部控制审计报告中说明。

(二)注册会计师认为非财务报告内部控制缺陷为重要缺陷的,应当以书面形式与企业董事会和经理层沟通,提醒企业加以改进,但无须在内部控制审计报告中说明。

(三)注册会计师认为非财务报告内部控制缺陷为重大缺陷的,应当以书面形式与企业董事会和经理层沟通,提醒企业加以改进;同时应当在内部控制审计报告中增加非财务报告内部控制重大缺陷描述段,对重大缺陷的性质及其对实现相关控制目标的影响程度进行披露,提示内部控制审计报告使用者注意相关风险。

第三十三条 在企业内部控制自我评价基准日并不存在,但在该基准日之后至审计报告日之前(以下简称期后期间)内部控制可能发生变化,或者出现其他可能对内部控制产生重要影响的因素。注册会计师应当询问是否存在这类变化或影响因素,并获取企业关于这些情况的书面声明。

注册会计师知悉对企业内部控制自我评价基准日内部控制有效性有重大负面影响的期后事项的,应当对财务报告内部控制发表否定意见。

注册会计师不能确定期后事项对内部控制有效性的影响程度的,应当出具无法表示意见的内部控制审计报告。

第七章 记录审计工作

第三十四条 注册会计师应当按照《中国注册会计师审计准则第1131号——审计工作底稿》的规定,编制内部控制审计工作底稿,完整记录审计工作情况。

第三十五条 注册会计师应当在审计工作底稿中记录下列内容。

(一)内部控制审计计划及重大修改情况。

(二)相关风险评估和选择拟测试的内部控制的主要过程及结果。

(三)测试内部控制设计与运行有效性的程序及结果。

(四)对识别的控制缺陷的评价。

(五)形成的审计结论和意见。

(六)其他重要事项。

附录B
企业内部控制审计指引实施意见

为了规范注册会计师执行财务报告内部控制(以下简称内部控制)审计业务,明确工作要求,提高执业质量,维护公众利益,根据中国注册会计师审计准则、《企业内部控制基本规范》和《企业内部控制审计指引》,在整合审计框架下,制定本意见。

一、关于签订业务约定书

只有当内部控制审计的前提条件得到满足,并且会计师事务所符合独立性要求,具备专业胜任能力时,会计师事务所才能接受或保持内部控制审计业务。

(一)内部控制审计的前提条件

在确定内部控制审计的前提条件是否得到满足时,注册会计师应当:

(1)确定被审计单位采用的内部控制标准是否适当;

(2)就被审计单位认可并理解其责任与治理层和管理层达成一致意见。

被审计单位的责任包括:

(1)按照适用的内部控制标准,建立健全和有效实施内部控制,以使财务报表不存在由于舞弊或错误导致的重大错报;

(2)对内部控制的有效性进行评价并编制内部控制评价报告;

(3)向注册会计师提供必要的工作条件,包括允许注册会计师接触与内部控制审计相关的所有信息(如记录、文件和其他事项),允许注册会计师在获取审计证据时不受限制地接触其认为必要的内部人员和其他相关人员等。

(二)签订单独的内部控制审计业务约定书

如果决定接受或保持内部控制审计业务,会计师事务所应当与被审计单位签订单独的内部控制审计业务约定书。业务约定书应当至少包括下列内容:

(1)内部控制审计的目标和范围;

(2)注册会计师的责任;

(3)被审计单位的责任;

(4)指出被审计单位采用的内部控制标准;

(5)提及注册会计师拟出具的内部控制审计报告的形式和内容,以及对在特定情况下出具的内部控制审计报告可能不同于预期形式和内容的说明;

(6)审计收费。

二、关于计划审计工作

注册会计师应当贯彻风险导向审计的思路,恰当地计划内部控制审计工作,制订总体审计策略和具体审计计划。

(一)总体审计策略

注册会计师应当在总体审计策略中体现下列内容:

(1)确定内部控制审计业务特征,以界定审计范围。例如,被审计单位采用的内部控制标准、注册会计师预期内部控制审计工作涵盖的范围、对组成部分注册会计师工作的参与程度、注册会计师对被审计单位内部控制评价工作的了解以及拟利用被审计单位内部相关人员工作的程度等。

对于按照权益法核算的投资,内部控制审计范围应当包括针对权益法下相关会计处理而实施的内部控制,但通常不包括针对权益法下被投资方的内部控制。

内部控制审计范围应当包括被审计单位在内部控制评价基准日(最近一个会计期间截止日,以下简称基准日)或在此之前收购的实体,以及在基准日作为终止经营进行会计处理的业务。注册会计师应当确定是否有必要对与这些实体或业务相关的控制实施测试。

如果法律法规的相关豁免规定允许被审计单位不将某些实体纳入内部控制评价范围,注册会计师可以不将这些实体纳入内部控制审计的范围。

(2)明确内部控制审计业务的报告目标,以计划审计的时间安排和所需沟通的性质。例如,被审计单位对外公布或报送内部控制审计报告的时间、注册会计师与管理层和治理层讨论内部控制审计工作的性质、时间安排和范围,注册会计师与管理层和治理层讨论拟出具内部控制审计报告的类型和时间安排以及沟通的其他事项等。

(3)根据职业判断,考虑用以指导项目组工作方向的重要因素。例如,财务报表整体的重要性和实际执行的重要性、初步识别的可能存在重大错报的风险领域、内部控制最近发生变化的程度、与被审计单位沟通过的内部控制缺陷、对内部控制有效性的初步判断、信息技术和业务流程的变化等。

(4)考虑初步业务活动的结果,并考虑对被审计单位执行其他业务时获得的经验是否与内部控制审计业务相关(如适用)。

(5)确定执行内部控制审计业务所需资源的性质、时间安排和范围。例如,项目组成员的选择以及对项目组成员审计工作的分派,项目时间预算等。

(二)具体审计计划

注册会计师应当在具体审计计划中体现下列内容:

(1)了解和识别内部控制的程序的性质、时间安排和范围;

(2)测试控制设计有效性的程序的性质、时间安排和范围;

(3)测试控制运行有效性的程序的性质、时间安排和范围。

(三)对应对舞弊风险的考虑

在计划和实施内部控制审计工作时,注册会计师应当考虑财务报表审计中对舞弊风险的评估结果。在识别和测试企业层面控制以及选择其他控制进行测试时,注册会计师应当评价被审计单位的内部控制是否足以应对识别出的、由于舞弊导致的重大错报风险,并评价为应对管理层和治理层凌驾于控制之上的风险而设计的控制。

被审计单位为应对这些风险可能设计的控制包括：

（1）针对重大的非常规交易的控制,尤其是针对导致会计处理延迟或异常的交易的控制;

（2）针对期末财务报告流程中编制的分录和做出的调整的控制;

（3）针对关联方交易的控制;

（4）与管理层的重大估计相关的控制;

（5）能够减弱管理层和治理层伪造或不恰当操纵财务结果的动机和压力的控制。

如果在内部控制审计中识别出旨在防止或发现并纠正舞弊的控制存在缺陷,注册会计师应当按照《中国注册会计师审计准则第 1141 号——财务报表审计中与舞弊相关的责任》的规定,在财务报表审计中制定重大错报风险的应对方案时考虑这些缺陷。

三、关于实施审计工作

（一）采用自上而下的方法

注册会计师应当采用自上而下的方法选择拟测试的控制。

自上而下的方法始于财务报表层次,以注册会计师对内部控制整体风险的了解开始,然后,将关注重点放在企业层面的控制上,并将工作逐渐下移至重要账户、列报及其相关认定。随后,验证其对被审计单位业务流程中风险的了解,并选择能足以应对评估的每个相关认定的重大错报风险的控制进行测试。

自上而下的方法分为下列步骤：

（1）从财务报表层次初步了解内部控制整体风险;

（2）识别、了解和测试企业层面控制;

（3）识别重要账户、列报及其相关认定;

（4）了解潜在错报的来源并识别相应的控制;

（5）选择拟测试的控制。

本部分第（二）至（五）对自上而下的方法的各个步骤进行了规定,第（六）至（十三）对控制有效性测试进行了规定。

（二）识别、了解和测试企业层面控制

注册会计师应当识别、了解和测试对内部控制有效性有重要影响的企业层面控制。注册会计师对企业层面控制的评价,可能增加或减少本应对其他控制进行的测试。

1. 企业层面控制对其他控制及其测试的影响

不同的企业层面控制在性质和精确度上存在差异,注册会计师应当从下列方面考虑这些差异对其他控制及其测试的影响：

（1）某些企业层面控制,如与控制环境相关的控制,对及时防止或发现并纠正相关认定的错报的可能性有重要影响。虽然这种影响是间接的,但这些控制仍然可能影响注册会计师拟测试的其他控制,以及测试程序的性质、时间安排和范围。

（2）某些企业层面控制旨在识别其他控制可能出现的失效情况,能够监督其他控制的

有效性,但还不足以精确到及时防止或发现并纠正相关认定的错报。当这些控制运行有效时,注册会计师可以减少对其他控制的测试。

（3）某些企业层面控制本身能够精确到足以及时防止或发现并纠正相关认定的错报。如果一项企业层面控制足以应对已评估的错报风险,注册会计师就不必测试与该风险相关的其他控制。

2. 企业层面控制的内容

企业层面控制包括下列内容:

（1）与控制环境（即内部环境）相关的控制;

（2）针对管理层和治理层凌驾于控制之上的风险而设计的控制;

（3）被审计单位的风险评估过程;

（4）对内部信息传递和期末财务报告流程的控制;

（5）对控制有效性的内部监督（即监督其他控制的控制）和内部控制评价。

此外,集中化的处理和控制（包括共享的服务环境）、监控经营成果的控制以及针对重大经营控制及风险管理实务的政策也属于企业层面控制。

3. 对期末财务报告流程的评价

期末财务报告流程对内部控制审计和财务报表审计有重要影响,注册会计师应当对期末财务报告流程进行评价。

期末财务报告流程包括:

（1）将交易总额登入总分类账的程序;

（2）与会计政策的选择和运用相关的程序;

（3）总分类账中会计分录的编制、批准等处理程序;

不同的控制以应对这些风险,注册会计师应当分别予以考虑。

（三）识别重要账户、列报及其相关认定

注册会计师应当基于财务报表层次识别重要账户、列报及其相关认定。

如果某账户或列报可能存在一个错报,该错报单独或连同其他错报将导致财务报表发生重大错报,则该账户或列报为重要账户或列报。判断某账户或列报是否重要,应当依据其固有风险,而不应考虑相关控制的影响。

如果某财务报表认定可能存在一个或多个错报,这些错报将导致财务报表发生重大错报,则该认定为相关认定。判断某认定是否为相关认定,应当依据其固有风险,而不应考虑相关控制的影响。

为识别重要账户、列报及其相关认定,注册会计师应当从下列方面评价财务报表项目及附注的错报风险因素:

（1）账户的规模和构成;

（2）易于发生错报的程度;

（3）账户或列报中反映的交易的业务量、复杂性及同质性;

（4）账户或列报的性质;

（5）与账户或列报相关的会计处理及报告的复杂程度;

（6）账户发生损失的风险；

（7）账户或列报中反映的活动引起重大或有负债的可能性；

（8）账户记录中是否涉及关联方交易；

（9）账户或列报的特征与前期相比发生的变化。

在识别重要账户、列报及其相关认定时,注册会计师还应当确定重大错报的可能来源。注册会计师可以通过考虑在特定的重要账户或列报中错报可能发生的领域和原因,确定重大错报的可能来源。

在内部控制审计中,注册会计师在识别重要账户、列报及其相关认定时应当评价的风险因素,与财务报表审计中考虑的因素相同。因此,在这两种审计中识别的重要账户、列报及其相关认定应当相同。

如果某账户或列报的各组成部分存在的风险差异较大,被审计单位可能需要采用不同的控制以应对这些风险,注册会计师应当分别予以考虑。

（四）了解潜在错报的来源并识别相应的控制

注册会计师应当实现下列目标,以进一步了解潜在错报的来源,并为选择拟测试的控制奠定基础：

（1）了解与相关认定有关的交易的处理流程,包括这些交易如何生成、批准、处理及记录；

（2）验证注册会计师识别出的业务流程中可能发生重大错报(包括由于舞弊导致的错报)的环节；

（3）识别被审计单位用于应对这些错报或潜在错报的控制；

（4）识别被审计单位用于及时防止或发现并纠正未经授权的、导致重大错报的资产取得、使用或处置的控制。

注册会计师应当亲自执行能够实现上述目标的程序,或对提供直接帮助的人员的工作进行督导。

穿行测试通常是实现上述目标的最有效方式。穿行测试是指追踪某笔交易从发生到最终被反映在财务报表中的整个处理过程。注册会计师在执行穿行测试时,通常需要综合运用询问、观察、检查相关文件及重新执行等程序。

在执行穿行测试时,针对重要处理程序发生的环节,注册会计师可以询问被审计单位员工对规定程序及控制的了解程度。实施询问程序连同穿行测试中的其他程序,可以帮助注册会计师充分了解业务流程,识别必要控制设计无效或出现缺失的重要环节。为有助于了解业务流程处理的不同类型的重大交易,在实施询问程序时,注册会计师不应局限于关注穿行测试所选定的单笔交易。

（五）选择拟测试的控制

注册会计师应当针对每一相关认定获取控制有效性的审计证据,以便对内部控制整体的有效性发表意见,但没有责任对单项控制的有效性发表意见。

注册会计师应当对被审计单位的控制是否足以应对评估的每个相关认定的错报风险形成结论。因此,注册会计师应当选择对形成这一评价结论具有重要影响的控制进行测试。

对特定的相关认定而言,可能有多项控制用以应对评估的错报风险；反之,一项控制也可能应对评估的多项相关认定的错报风险。注册会计师没有必要测试与某项相关认定有关的所有控制。

在确定是否测试某项控制时,注册会计师应当考虑该项控制单独或连同其他控制,是否足以应对评估的某项相关认定的错报风险,而不论该项控制的分类和名称如何。

(六)测试控制设计的有效性

注册会计师应当测试控制设计的有效性。如果某项控制由拥有有效执行控制所需的授权和专业胜任能力的人员按规定的程序和要求执行,能够实现控制目标,从而有效地防止或发现并纠正可能导致财务报表发生重大错报的错误或舞弊,则表明该项控制的设计是有效的。

(七)测试控制运行的有效性

注册会计师应当测试控制运行的有效性。

如果某项控制正在按照设计运行、执行人员拥有有效执行控制所需的授权和专业胜任能力,能够实现控制目标,则表明该项控制的运行是有效的。

如果被审计单位利用第三方的帮助完成一些财务报告工作,注册会计师在评价负责财务报告及相关控制的人员的专业胜任能力时,可以一并考虑第三方的专业胜任能力。

注册会计师获取的有关控制运行有效性的审计证据包括:

(1)控制在所审计期间的相关时点是如何运行的;

(2)控制是否得到一贯执行;

(3)控制由谁或以何种方式执行。

(八)与控制相关的风险和拟获取的审计证据之间的关系

在测试所选定控制的有效性时,注册会计师应当根据与控制相关的风险,确定所需获取的审计证据。

与控制相关的风险包括一项控制可能无效的风险,以及如果该控制无效,可能导致重大缺陷的风险。与控制相关的风险越高,注册会计师需要获取的审计证据就越多。

下列因素影响与某项控制相关的风险:

(1)该项控制拟防止或发现并纠正的错报的性质和重要程度;

(2)相关账户、列报及其认定的固有风险;

(3)交易的数量和性质是否发生变化,进而可能对该项控制设计或运行的有效性产生不利影响;

(4)相关账户或列报是否曾经出现错报;

(5)企业层面控制(特别是监督其他控制的控制)的有效性;

(6)该项控制的性质及其执行频率;

(7)该项控制对其他控制(如控制环境或信息技术一般控制)有效性的依赖程度;

(8)执行该项控制或监督该项控制执行的人员的专业胜任能力,以及其中的关键人员是否发生变化;

(9)该项控制是人工控制还是自动化控制;

(10)该项控制的复杂程度,以及在运行过程中依赖判断的程度。

（九）测试控制有效性的程序

注册会计师通过测试控制有效性获取的审计证据,取决于其实施程序的性质、时间安排和范围的组合。此外,就单项控制而言,注册会计师应当根据与控制相关的风险对测试程序的性质、时间安排和范围进行适当的组合,以获取充分、适当的审计证据。

注册会计师测试控制有效性的程序,按其提供审计证据的效力,由弱到强排序通常为:询问、观察、检查和重新执行。询问本身并不能为得出控制是否有效的结论提供充分、适当的审计证据。

测试控制有效性的程序,其性质在很大程度上取决于拟测试控制的性质。某些控制可能存在反映控制有效性的文件记录,而另外一些控制,如管理理念和经营风格,可能没有书面的运行证据。

对缺乏正式的控制运行证据的被审计单位或业务单元,注册会计师可以通过询问并结合运用其他程序,如观察活动、检查非正式的书面记录和重新执行某些控制,获取有关控制是否有效的充分、适当的审计证据。

注册会计师在测试控制设计的有效性时,应当综合运用询问适当人员、观察经营活动和检查相关文件等程序。注册会计师执行穿行测试通常足以评价控制设计的有效性。

注册会计师在测试控制运行的有效性时,应当综合运用询问适当人员、观察经营活动、检查相关文件以及重新执行等程序。

（十）控制测试的涵盖期间

对控制有效性的测试涵盖的期间越长,提供的控制有效性的审计证据越多。

单就内部控制审计业务而言,注册会计师应当获取内部控制在基准日之前一段足够长的期间内有效运行的审计证据。在整合审计中,控制测试所涵盖的期间应当尽量与财务报表审计中拟信赖内部控制的期间保持一致。

注册会计师执行内部控制审计业务旨在对基准日内部控制有效性出具报告。如果已获取有关控制在期中运行有效性的审计证据,注册会计师应当确定还需要获取哪些补充审计证据,以证实剩余期间控制的运行情况。在将期中测试结果更新至基准日时,注册会计师应当考虑下列因素以确定需要获取的补充审计证据:

(1) 基准日之前测试的特定控制,包括与控制相关的风险、控制的性质和测试的结果;

(2) 期中获取的有关审计证据的充分性和适当性;

(3) 剩余期间的长短;

(4) 期中测试之后,内部控制发生重大变化的可能性。

针对所有重要账户和列报的每个相关认定,注册会计师应当获取控制有效性的审计证据。《中国注册会计师审计准则第1231号——针对评估的重大错报风险采取的应对措施》第十四条提及的"三年轮换测试"不适用(本意见第四部分提及的与基准相比较的策略除外)。

（十一）控制测试的时间安排

对控制有效性测试的实施时间越接近基准日,提供的控制有效性的审计证据越有力。为了获取充分、适当的审计证据,注册会计师应当在下列两个因素之间做出平衡,以确定测试的时间:

（1）尽量在接近基准日实施测试；

（2）实施的测试需要涵盖足够长的期间。

整改后的内部控制需要在基准日之前运行足够长的时间，注册会计师才能得出整改后的内部控制是否有效的结论。因此，在接受或保持内部控制审计业务时，注册会计师应当尽早与被审计单位沟通这一情况，并合理安排控制测试的时间，留出提前量。例如，注册会计师在基准日前 3 个月完成期中测试工作。此外，由于对企业层面控制的评价结果将影响注册会计师测试其他控制的性质、时间安排和范围，注册会计师可以考虑在执行业务的早期阶段对企业层面控制进行测试。

（十二）控制测试的范围

注册会计师在测试控制的运行有效性时，应当在考虑与控制相关的风险的基础上，确定测试的范围（样本规模）。

注册会计师确定的测试范围，应当足以使其获取充分、适当的审计证据，为基准日内部控制是否存在重大缺陷提供合理保证。

1. 测试人工控制的最小样本规模

在测试人工控制时，如果采用检查或重新执行程序，注册会计师测试的最小样本量区间参见表 B-1。

表 B-1　测试人工控制的最小样本量区间

控制运行频率	控制运行总次数	测试的最小样本量区间
每年 1 次	1	1
每季 1 次	4	2
每月 1 次	12	2～5
每周 1 次	52	5～15
每天 1 次	250	20～40
每天多次	大于 250 次	25～60

在运用附表 B-1 时，注册会计师应当注意下列事项：

（1）测试的最小样本量是指所需测试的控制运行次数；

（2）注册会计师应当根据与控制相关的风险，基于最小样本量区间确定具体的样本规模；

（3）表 B-1 假设控制的运行偏差率预期为零。如果预期偏差率不为零，注册会计师应当大样本规模；

（4）如果注册会计师不能确定控制运行频率，但是知道控制运行总次数，仍可根据"控制运行总次数"一列确定测试的最小样本规模。

2. 测试自动化应用控制的最小样本规模

信息技术处理具有内在一贯性。在信息技术一般控制有效的前提下，除非系统发生变动，注册会计师只要对自动化应用控制的运行测试一次，即可得出所测试自动化应用控制是否运行有效的结论。

3．发现偏差时的处理

如果发现控制偏差,注册会计师应当确定其对下列事项的影响:

(1) 与所测试控制相关的风险的评估;

(2) 需要获取的审计证据;

(3) 控制运行有效性的结论。

评价控制偏差的影响需要注册会计师运用职业判断,并受到控制的性质和所发现偏差数量的影响。如果发现的控制偏差是系统性偏差或人为有意造成的偏差,注册会计师应当考虑舞弊的可能迹象以及对审计方案的影响。

在评价控制测试中发现的某项控制偏差是否为控制缺陷时,注册会计师可以考虑的因素包括:

(1) 该偏差是如何被发现的。例如,某控制偏差是被另外一项控制所发现的,则可能意味着被审计单位存在有效的发现性控制。

(2) 该偏差是与某一特定的地点、流程或应用系统相关,还是对被审计单位有广泛影响。

(3) 就被审计单位的内部政策而言,该控制出现偏差的严重程度。例如,某项控制在执行上晚于被审计单位政策要求的时间,但仍在编制财务报表之前得以执行,还是该项控制根本没有得以执行。

(4) 与控制运行频率相比,偏差发生的频率大小。

由于有效的内部控制不能为实现控制目标提供绝对保证,单项控制并非一定要毫无偏差地运行,才被认为有效。在按照表 B-1 所列示的样本规模进行测试的情况下,如果发现控制偏差,注册会计师应当考虑偏差的原因及性质,并考虑采用扩大样本量等适当的应对措施以判断该偏差是否对总体不具有代表性。例如,对每日发生多次的控制,如果初始样本量为25 个,当测试发现一项控制偏差,且该偏差不是系统性偏差时,注册会计师可以扩大样本规模进行测试,所增加的样本量至少为 15 个。如果测试后再次发现偏差,则注册会计师可以得出该控制无效的结论。如果扩大样本量没有再次发现偏差,则注册会计师可以得出控制有效的结论。

(十三) 控制变更时的特殊考虑

在基准日之前,被审计单位可能为提高控制效率、效果或弥补控制缺陷而改变控制。

对内部控制审计而言,如果新控制实现了相关控制目标,且运行了足够长的时间,使注册会计师能够通过对该控制进行测试评价其设计和运行的有效性,则无须测试被取代的控制。

对财务报表审计而言,如果被取代控制的运行有效性对控制风险的评估有重大影响,注册会计师应当测试被取代控制的设计和运行的有效性。

(十四) 利用他人的工作

注册会计师应当评估是否利用他人(包括被审计单位的内部审计人员、内部控制评价人员和其他人员以及在管理层或治理层指导下的第三方)的工作以及利用的程度,以减少可能本应由注册会计师执行的工作。如果他人的工作能够提供有关内部控制有效性的审计证据,注册会计师可以利用其工作或者提供的直接帮助。

注册会计师应当参照《中国注册会计师审计准则第 1411 号——利用内部审计人员的工作》的规定,评价他人的专业胜任能力和客观性,以确定可利用的程度。

在评价他人的专业胜任能力时,注册会计师应当考虑其专业资格、专业经验与技能等相关因素。在评价他人的客观性时,注册会计师应当考虑是否存在某些因素,将削弱或者增强其客观性。

无论他人的专业胜任能力如何,注册会计师都不应利用客观程度低的人员的工作。同样,无论他人的客观程度如何,注册会计师都不应利用专业胜任能力低的人员的工作。

被审计单位内部负责监督、稽核或合规工作的人员,如内部审计人员,通常拥有较高的专业胜任能力和客观性。他们的工作可能对注册会计师有用。

注册会计师利用他人工作的程度还受到与所测试控制相关的风险的影响。与某项控制相关的风险越高,注册会计师应当越多地亲自对该项控制进行测试。

在识别、了解和测试企业层面控制时,注册会计师不得利用他人的工作。

(十五)对被审计单位使用服务机构的考虑

如果服务机构提供的服务和对服务的控制,构成被审计单位与财务报告相关的信息系统(包括相关业务流程)的一部分,注册会计师应当按照《中国注册会计师审计准则第 1241 号——对被审计单位使用服务机构的考虑》的规定办理。

注册会计师在对被审计单位内部控制的有效性发表意见时,不应在内部控制审计报告中提及服务机构注册会计师的报告。

四、关于连续审计时的特殊考虑

在连续审计中,注册会计师在确定测试的性质、时间安排和范围时,应当考虑以前年度执行内部控制审计所了解的情况。

(一)影响连续审计中与某项控制相关风险的因素

除本意见第三部分第(八)项"与控制相关的风险和拟获取的审计证据之间的关系"所列因素外,下列因素也会影响连续审计中与某项控制相关的风险:

(1) 以前年度审计中所实施程序的性质、时间安排和范围;

(2) 以前年度对控制的测试结果及以前年度发现的缺陷是否得以整改;

(3) 上次审计之后,控制或其运行所处的流程是否发生变化。

在考虑本意见所列的风险因素,以及连续审计中可获取的进一步信息后,如果认为与控制相关的风险水平比以前年度有所下降,注册会计师在本年度审计中可以减少测试。

(二)对自动化应用控制实施与基准相比较的策略

在连续审计中,由于完全自动化的应用控制通常不会因人为失误而失效,因此,注册会计师可以考虑对自动化应用控制实施与基准相比较的策略。

与基准相比较的策略,是指如果认为程序变更、访问权限及计算机操作方面的一般控制有效,且可持续对其进行测试,并能证实自动化应用控制自最近一次测试之后未发生变化,则可将最近一次测试设为基准,在以后年度测试时,注册会计师不必重复执行测试,只需将该年的情况与基准相比较,就可以认为自动化应用控制是否是持续有效的。

注册会计师为证实控制未发生变化而需获取审计证据的性质和范围,可能随情况的变化而变化。例如,被审计单位程序变更控制的强弱将影响需获取审计证据的性质和范围。

自动化应用控制能否一贯有效地运行可能取决于所使用的相关文件、表格、数据和参数的正确性。例如,计算利息收入的自动化应用控制,其运行的有效性可能取决于使用的利率表的正确性。

注册会计师应当在评价下列风险因素的基础上,确定是否使用与基准相比较的策略:

(1) 应用控制与相关应用程序直接对应的程度;

(2) 应用系统的稳定性,即各期间的变化大小;

(3) 有关投入使用的程序编译日期的信息的可获得性和可靠性(该信息可作为此程序中的控制未发生变化的审计证据)。

当上述因素表明风险较低时,对所评价的控制可能比较适合使用与基准相比较的策略。反之,不宜使用与基准相比较的策略。但是基础数据的准确性与完整性,以及依赖系统的人工控制部分不适用与基准相比较的策略。

在一段时期之后,注册会计师应当重新设置自动化应用控制运行的基准。在确定何时重设基准时,注册会计师应当考虑下列因素:

(1) 信息技术控制环境的有效性,包括针对应用及操作系统和数据库系统的取得与维护访问权限以及计算机操作而实施控制的有效性;

(2) 如果包含控制的具体程序发生变化,注册会计师对该变化性质的了解;

(3) 其他相关测试的性质和时间;

(4) 相关应用控制发生错误导致的后果;

(5) 控制是否易于受到其他可能变化的经营因素的影响。

(三) 增加测试的不可预见性

为使对控制有效性的测试具有不可预见性并能够应对环境的变化,注册会计师应当每年改变测试的性质、时间安排和范围。

注册会计师可以每年在期中不同的时间测试控制,并增加或减少所执行测试的数量和种类,或者改变所使用测试程序的组合。

五、关于集团审计的特殊考虑

(一) 识别重要账户、列报及其相关认定

在执行集团内部控制审计业务时,注册会计师应当基于集团财务报表识别重要账户、列报及其相关认定。

(二) 确定对组成部分执行的工作

1. 一般原则

在执行集团内部控制审计业务时,注册会计师应当采用自上而下的方法,合理运用职业判断,确定对组成部分执行的工作。

注册会计师应当评估与组成部分相关的导致集团财务报表发生重大错报的风险,并根据其风险程度给予相应的审计关注。

在评估与某组成部分相关的导致集团财务报表发生重大错报的风险时,注册会计师应当考虑的因素包括:

(1) 以前执行的与该组成部分内部控制相关的审计工作的结果;

(2) 影响该组成部分重要账户的固有风险;

(3) 从财务数据角度看,该组成部分的相对重要程度;

(4) 风险在各组成部分间的分布(即风险分布于数量众多的小规模组成部分,还是分布于数量较少但规模较大的组成部分);

(5) 组成部分之间业务经营和内部控制的类似程度;

(6) 业务流程和财务报告系统的集中化程度;

(7) 该组成部分执行交易及相关资产的性质和金额;

(8) 该组成部分存在重大未确认义务的可能性;

(9) 测试集团企业层面控制的结果,包括控制环境、集团对组成部分实施的监控活动及在组成部分层面运行的企业层面控制的有效性。

2. 对重要组成部分执行的工作

注册会计师应当按照《中国注册会计师审计准则第1401号——对集团财务报表审计的特殊考虑》的规定,确定重要组成部分。重要组成部分包括:(1)对集团具有财务重大性的组成部分(以下简称具有财务重大性的组成部分);(2)由于其特定性质和情况,可能存在导致集团财务报表发生重大错报的特别风险的组成部分(以下简称具有特别风险的组成部分)。注册会计师应当对重要组成部分的重要账户、列报及其相关认定的内部控制实施测试。

(1) 对具有财务重大性的组成部分执行的工作

对于具有财务重大性的组成部分,除非通过实施下列测试工作能够获取有关控制有效性的充分、适当的审计证据,注册会计师应当测试该组成部分内与重要账户、列报及其相关认定相关的业务流程、应用系统或交易层面的内部控制的有效性:

① 对整个集团企业层面控制和该组成部分企业层面控制(包括界于组成部分和整个集团之间层次的其他企业层面控制,下同)的测试;

② 对除该组成部分以外的其他组成部分相同账户、列报及其相关认定的内部控制已实施的测试。

(2) 对具有特别风险的组成部分执行的工作

对具有特别风险的组成部分,注册会计师应当测试针对该项特别风险的控制。

3. 对其他组成部分执行的工作

对于重要组成部分以外的其他组成部分,如果存在重要账户、列报及其相关认定,注册会计师应当首先评价对整个集团企业层面控制和该组成部分企业层面控制的测试以及针对重要组成部分相同的账户、列报及其相关认定的内部控制已实施的测试能否提供充分、适当的审计证据。如果不能提供充分、适当的审计证据,注册会计师应当选择适当数量的其他组成部分,测试与该重要账户、列报及其相关认定相关的业务流程、应用系统或交易层面的控制,直至能够获取充分、适当的审计证据为止。

六、关于控制缺陷评价

(一)控制缺陷的分类

内部控制存在的缺陷包括设计缺陷和运行缺陷。

设计缺陷是指缺少为实现控制目标所必需的控制,或现有控制设计不适当、即使正常运行也难以实现预期的控制目标。

运行缺陷是指现存设计适当的控制没有按设计意图运行,或执行人员没有获得必要授权或缺乏胜任能力,无法有效地实施内部控制。

内部控制存在的缺陷,按其严重程度分为重大缺陷、重要缺陷和一般缺陷。

重大缺陷是内部控制中存在的、可能导致不能及时防止或发现并纠正财务报表出现重错报的一项控制缺陷或多项控制缺陷的组合。

重要缺陷是内部控制中存在的、其严重程度不如重大缺陷但足以引起负责监督被审计单位财务报告的人员(如审计委员会或类似机构)关注的一项控制缺陷或多项控制缺陷的组合。

一般缺陷是内部控制中存在的、除重大缺陷和重要缺陷之外的控制缺陷。

(二)评价控制缺陷的严重程度

注册会计师应当评价其识别的各项控制缺陷的严重程度,以确定这些缺陷单独或组合起来,是否构成内部控制的重大缺陷。但是,在计划和实施审计工作时,不要求注册会计师寻找单独或组合起来不构成重大缺陷的控制缺陷。

控制缺陷的严重程度取决于:

(1)控制不能防止或发现并纠正账户或列报发生错报的可能性的大小;

(2)因一项或多项控制缺陷导致的潜在错报的金额大小。

控制缺陷的严重程度与错报是否发生无关,而取决于控制不能防止或发现并纠正错报的可能性的大小。

在评价一项控制缺陷或多项控制缺陷的组合是否可能导致账户或列报发生错报时,注册会计师应当考虑的风险因素包括:

(1)所涉及的账户、列报及其相关认定的性质;

(2)相关资产或负债易于发生损失或舞弊的可能性;

(3)确定相关金额时所需判断的主观程度、复杂程度和范围;

(4)该项控制与其他控制的相互作用或关系;

(5)控制缺陷之间的相互作用;

(6)控制缺陷在未来可能产生的影响。

评价控制缺陷是否可能导致错报时,注册会计师无须将错报发生的概率量化为某特定的百分比或区间。

如果多项控制缺陷影响财务报表的同一账户或列报,错报发生的概率会增加。在存在多项控制缺陷时,即使这些缺陷从单项看不重要,但组合起来也可能构成重大缺陷。因此,注册会计师应当确定,对同一重要账户、列报及其相关认定或内部控制要素产生影响的各项控制缺陷,组合起来是否构成重大缺陷。

在评价因一项或多项控制缺陷导致的潜在错报的金额大小时,注册会计师应当考虑的因素包括:

(1)受控制缺陷影响的财务报表金额或交易总额;

(2)在本期或预计的未来期间受控制缺陷影响的账户余额或各类交易涉及的交易量。

在评价潜在错报的金额大小时,账户余额或交易总额的最大多报金额通常是已记录的金额,但其最大少报金额可能超过已记录的金额。通常,小金额错报比大金额错报发生的概率更高。

在确定一项控制缺陷或多项控制缺陷的组合是否构成重大缺陷时,注册会计师应当评价补偿性控制的影响。在评价补偿性控制是否能够弥补控制缺陷时,注册会计师应当考虑补偿性控制是否有足够的精确度以防止或发现并纠正可能发生的重大错报。

（三）表明可能存在重大缺陷的迹象

如果注册会计师确定发现的一项控制缺陷或多项控制缺陷的组合将导致审慎的管理人员在执行工作时,认为自身无法合理保证按照适用的财务报告编制基础记录交易,应当将这一项控制缺陷或多项控制缺陷的组合视为存在重大缺陷的迹象。下列迹象可能表明内部控制存在重大缺陷:

(1)注册会计师发现董事、监事和高级管理人员的任何舞弊;

(2)被审计单位重述以前公布的财务报表,以更正由于舞弊或错误导致的重大错报;

(3)注册会计师发现当期财务报表存在重大错报,而被审计单位内部控制在运行过程中未能发现该错报;

(4)审计委员会和内部审计机构对内部控制的监督无效。

（四）被审计单位对存在缺陷的控制进行整改

如果被审计单位在基准日前对存在缺陷的控制进行了整改,整改后的控制需要运行足够长的时间,才能使注册会计师得出其是否有效的审计结论。注册会计师应当根据控制的性质和与控制相关的风险,合理运用职业判断,确定整改后控制运行的最短期间(或整改后控制的最少运行次数)以及最少测试数量。整改后控制运行的最短期间(或最少运行次数)和最少测试数量参见附表 B-2。

附表 B-2　整改后控制运行的最短期间(或最少运行次数)和最少测试数量

控制运行频率	整改后控制运行的最短期间或最少运行次数	最少测试数量
每季 1 次	2 个季度	2
每月 1 次	2 个月	2
每周 1 次	5 周	5
每天 1 次	20 天	20
每天多次	25 次(分布于涵盖多天的期间,通常不少于 15 天)	25

如果被审计单位在基准日前对存在重大缺陷的内部控制进行了整改,但新控制尚没有运行足够长的时间,注册会计师应当将其视为内部控制在基准日存在重大缺陷。

七、关于完成审计工作

(一)形成审计意见

注册会计师应当评价从各种来源获取的审计证据,包括对控制的测试结果、财务报表审计中发现的错报以及已识别的所有控制缺陷,形成对内部控制有效性的意见。在评价审计据时,注册会计师应当查阅本年度涉及内部控制的内部审计报告或类似报告,并评价这些报告中指出的控制缺陷。

在对内部控制的有效性形成意见后,注册会计师应当评价企业内部控制评价报告对相关法律法规规定的要素的列报是否完整和恰当。

(二)获取书面声明

注册会计师应当获取经被审计单位签署的书面声明。书面声明的内容应当包括:

(1)被审计单位董事会认可其对建立健全和有效实施内部控制负责;

(2)被审计单位已对内部控制进行了评价,并编制了内部控制评价报告;

(3)被审计单位没有利用注册会计师在内部控制审计和财务报表审计中执行的程序及其结果作为评价的基础;

(4)被审计单位根据内部控制标准评价内部控制有效性得出的结论;

(5)被审计单位已向注册会计师披露识别出的所有内部控制缺陷,并单独披露其中的重大缺陷和重要缺陷;

(6)被审计单位已向注册会计师披露导致财务报表发生重大错报的所有舞弊,以及其他不会导致财务报表发生重大错报,但涉及管理层、治理层和其他在内部控制中具有重要作用的员工的所有舞弊;

(7)注册会计师在以前年度审计中识别出的且已与被审计单位沟通的重大缺陷和重要缺陷是否已经得到解决,以及哪些缺陷尚未得到解决;

(8)在基准日后,内部控制是否发生变化,或者是否存在对内部控制产生重要影响的其他因素,包括被审计单位针对重大缺陷和重要缺陷采取的所有纠正措施。

如果被审计单位拒绝提供或以其他不当理由回避书面声明,注册会计师应当将其视为审计范围受到限制,解除业务约定或出具无法表示意见的内部控制审计报告。此外,注册会计师应当评价拒绝提供书面声明这一情况对其他声明(包括在财务报表审计中获取的声明)的可靠性的影响。

注册会计师应当按照《中国注册会计师审计准则第1341号——书面声明》的规定,确定声明书的签署者、涵盖的期间以及何时获取更新的声明书等。

(三)沟通相关事项

对于重大缺陷和重要缺陷,注册会计师应当以书面形式与管理层和治理层沟通。书面沟通应当在注册会计师出具内部控制审计报告之前进行。注册会计师应当以书面形式与管理层沟通其在审计过程中识别的所有其他内部控制缺陷,并在沟通完成后告知治理层。在进行沟通时,注册会计师无须重复自身、内部审计人员或被审计单位其他人员以前书面沟通过的控制缺陷。

虽然并不要求注册会计师执行足以识别所有控制缺陷的程序,但是,注册会计师应当沟通其注意到的内部控制的所有缺陷。内部控制审计不能保证注册会计师能够发现严重程度低于重大缺陷的所有控制缺陷。注册会计师不应在内部控制审计报告中声明,在审计过程中没有发现严重程度低于重大缺陷的控制缺陷。

如果发现被审计单位存在或可能存在舞弊或违反法规行为,注册会计师应当按照《中国注册会计师审计准则第 1141 号——财务报表审计中与舞弊相关的责任》《中国注册会计师审计准则第 1142 号——财务报表审计中对法律法规的考虑》的规定,确定并履行自身的责任。

八、关于内部控制审计报告

注册会计师在完成内部控制审计和财务报表审计后,应当分别对内部控制和财务报表出具审计报告,并签署相同的日期。

(一)出具无保留意见内部控制审计报告的条件

如果符合下列所有条件,注册会计师应当对内部控制出具无保留意见的内部控制审计报告:

(1)在基准日,被审计单位按照适用的内部控制标准的要求,在所有重大方面保持了有效的内部控制;

(2)注册会计师已经按照《企业内部控制审计指引》的要求计划和实施审计工作,在审计过程中未受到限制。

(二)内部控制存在重大缺陷时的处理

如果认为内部控制存在一项或多项重大缺陷,除非审计范围受到限制,注册会计师应当对内部控制发表否定意见。否定意见的内部控制审计报告还应当包括重大缺陷的定义、重大缺陷的性质及其对内部控制的影响程度。

如果重大缺陷尚未包含在企业内部控制评价报告中,注册会计师应当在内部控制审计报告中说明重大缺陷已经识别、但没有包含在企业内部控制评价报告中。如果企业内部控制评价报告中包含了重大缺陷,但注册会计师认为这些重大缺陷未在所有重大方面得到公允反映,注册会计师应当在内部控制审计报告中说明这一结论,并公允表达有关重大缺陷的必要信息。此外,注册会计师还应当就这些情况以书面形式与治理层沟通。

如果对内部控制的有效性发表否定意见,注册会计师应当确定该意见对财务报表审计意见的影响,并在内部控制审计报告中予以说明。

(三)审计范围受到限制时的处理

注册会计师只有实施了必要的审计程序,才能对内部控制的有效性发表意见。如果审计范围受到限制,注册会计师应当解除业务约定或出具无法表示意见的内部控制审计报告。

如果法律法规的相关豁免规定允许被审计单位不将某些实体纳入内部控制的评价范围,注册会计师可以不将这些实体纳入内部控制审计的范围。这种情况不构成审计范围受到限制,但注册会计师应当在内部控制审计报告中增加强调事项段或者在注册会计师的责任段中,就这些实体未被纳入评价范围和内部控制审计范围这一情况,做出与被审计单位类似的恰当陈述。注册会计师应当评价相关豁免是否符合法律法规的规定,以及被审计单位针对该项豁免做出的陈述是否恰当。如果认为被审计单位有关该项豁免的陈述不恰当,注册会计师应当提请其做出适当修改。如果被审计单位未做出适当修改,注册会计师应当在内部控制审计报告的强调事项段中说明被审计单位的陈述需要修改的理由。

在出具无法表示意见的内部控制审计报告时,注册会计师应当在内部控制审计报告中指明审计范围受到限制,无法对内部控制的有效性发表意见,并单设段落说明无法表示意见的实质性理由。注册会计师不应在内部控制审计报告中指明所执行的程序,也不应描述内部控制审计的特征,以避免报告使用者对无法表示意见的误解。如果在已执行的有限程序中发现内部控制存在重大缺陷,注册会计师应当在内部控制审计报告中对重大缺陷做出详细说明。

只要认为审计范围受到限制将导致无法获取发表审计意见所需的充分、适当的审计证据,注册会计师不必执行任何其他工作即可对内部控制出具无法表示意见的内部控制审计报告。在这种情况下,内部控制审计报告的日期应为注册会计师已就该报告中陈述的内容获取充分、适当的审计证据的日期。

在因审计范围受到限制而无法表示意见时,注册会计师应当就未能完成整个内部控制审计工作的情况,以书面形式与管理层和治理层沟通。

(四) 强调事项

如果认为内部控制虽然不存在重大缺陷,但仍有一项或多项重大事项需要提请内部控制审计报告使用者注意,注册会计师应当在内部控制审计报告中增加强调事项段予以说明。注册会计师应当在强调事项段中指明,该段内容仅用于提醒内部控制审计报告使用者关注,并不影响对内部控制发表的审计意见。

如果确定企业内部控制评价报告对要素的列报不完整或不恰当,注册会计师应当在内部控制审计报告中增加强调事项段,说明这一情况并解释得出该结论的理由。

(五) 期后事项

在基准日后至审计报告日前(以下简称期后期间),内部控制可能发生变化,或出现其他可能对内部控制产生重要影响的因素。注册会计师应当询问是否存在这类变化或因素,并获取被审计单位关于这类变化或因素的书面声明。注册会计师应当针对期后期间,询问并检查下列信息:

(1) 在期后期间出具的内部审计报告或类似报告;

(2) 其他注册会计师出具的涉及被审计单位内部控制缺陷的报告;

(3) 监管机构发布的涉及被审计单位内部控制的报告;

(4) 注册会计师在执行其他业务中获取的、有关被审计单位内部控制有效性的信息。

此外,注册会计师还应当考虑获取期后期间的其他文件,并按照《中国注册会计师审计准则第 1332 号——期后事项》的规定,对其进行检查。

如果知悉对基准日内部控制有效性有重大负面影响的期后事项,注册会计师应当对内部控制发表否定意见。如果注册会计师不能确定期后事项对内部控制有效性的影响程度,应当出具无法表示意见的内部控制审计报告。

如果管理层在评价报告中披露了基准日之后采取的整改措施,注册会计师应当在内部控制审计报告中指明不对这些信息发表意见。

注册会计师可能知悉在基准日并不存在、但在期后期间发生的事项。如果这类期后事项对内部控制有重大影响,注册会计师应当在内部控制审计报告中增加强调事项段,描述该事项及其影响,或提醒内部控制审计报告使用者关注企业内部控制评价报告中披露的该事项及其影响。

在出具内部控制审计报告后,如果知悉在审计报告日已存在的、可能对审计意见产生影响的情况,注册会计师应当按照《中国注册会计师审计准则第1332号——期后事项》第四章第二节和第三节的规定办理。如果被审计单位更正以前公布的财务报表,注册会计师应当按照《中国注册会计师审计准则第1332号——期后事项》第四章第三节的规定重新考虑以前发表的内部控制审计意见的适当性。

(六) 其他信息

如果企业内部控制评价报告中除包括法定要求的信息外,还包括其他信息,且该报告的使用者有理由认为该报告包括这些其他信息,注册会计师应当在内部控制审计报告中指明不对这些其他信息发表意见。

如果认为其他信息含有对事实的重大错报,注册会计师应当就此与管理层进行讨论。如果讨论后仍认为存在对事实的重大错报,注册会计师应当以书面形式将其看法告知管理层和治理层。

如果其他信息未包含在企业内部控制评价报告中,而是包含在年度财务报告中,注册会计师无须在内部控制审计报告中指明不对其发表意见。但是,如果注册会计师认为其他信息中存在对事实的重大错报,应当按照上述要求办理。

九、关于整合审计的进一步考虑

(一) 总体要求

在整合审计中,注册会计师应当计划和实施对控制设计和运行有效性的测试,以同时实现下列目标:

(1) 获取充分、适当的审计证据,支持其在内部控制审计中对内部控制的有效性发表的意见;

(2) 获取充分、适当的审计证据,支持其在财务报表审计中对内部控制的拟信赖程度(即评估的控制风险)。

(二) 审计证据和结论的相互参照

在内部控制审计中,注册会计师在对内部控制有效性形成结论时,应当同时考虑财务报表审计中实施的、所有针对控制设计和运行有效性测试的结果。

在财务报表审计中,注册会计师在评估控制风险时,应当同时考虑内部控制审计中实施的、所有针对控制设计和运行有效性测试的结果。

如果在内部控制审计中识别出某项控制缺陷,注册会计师应当评价该项缺陷对财务报表审计中拟实施的实质性程序的性质、时间安排和范围的影响。

在财务报表审计中,无论控制风险或重大错报风险的评估水平如何,注册会计师都应当针对所有重大类别的交易、账户余额和披露实施实质性程序。为对内部控制的有效性发表意见而实施的测试程序并不减轻该项要求。

在内部控制审计中,注册会计师应当评价财务报表审计中实施的实质性程序的结果对控制有效性结论的影响。评价内容应当包括：

（1）注册会计师做出的、与选择和实施实质性程序相关（尤其是与舞弊相关）的风险评估；

（2）发现的违反法规行为和关联方交易方面的问题；

（3）表明管理层在选择会计政策和做出会计估计时存在偏见的情况；

（4）实施实质性程序发现的错报。

注册会计师应当通过直接测试控制获取控制是否有效的审计证据，而不能根据实质性程序没有发现错报，推断该项控制的有效性。

十、关于项目质量控制复核

会计师事务所应当制定政策和程序，要求对上市实体和符合特定标准的其他实体的内部控制审计业务实施项目质量控制复核。

（一）项目质量控制复核的时间

会计师事务所的政策和程序应当要求在出具内部控制审计报告前完成项目质量控制复核。

（二）项目质量控制复核人员

会计师事务所应当制定政策和程序，解决项目质量控制复核人员的委派问题，明确项目质量控制复核人员的资格要求，包括：

（1）履行职责需要的技术资格，包括精通内部控制审计业务并具备必要的经验和权限；

（2）在不损害其客观性的前提下，项目质量控制复核人员能够提供业务咨询的程度。

同时，会计师事务所应当制定政策和程序，以使项目质量控制复核人员保持客观性。这些政策和程序要求项目质量控制复核人员符合下列规定：

（1）不由项目合伙人挑选；

（2）在复核期间不以其他方式参与该业务；

（3）不代替项目组进行决策；

（4）不存在可能损害复核人员客观性的其他情形。

（三）项目质量控制复核的内容

项目质量控制复核人员应当客观地评价项目组做出的重大判断以及在编制内部控制审计报告时得出的结论。评价工作应当涉及下列内容：

（1）与项目合伙人讨论重大事项；

（2）复核拟出具的内部控制审计报告；

（3）复核选取的与项目组做出的重大判断和得出的结论相关的审计工作底稿；

（4）评价在编制内部控制审计报告时得出的结论，并考虑拟出具内部控制审计报告的恰当性。

对于上市实体内部控制审计，项目质量控制复核人员还应当考虑下列事项：

（1）项目组就具体业务对会计师事务所独立性做出的评价；

（2）项目组是否已就涉及意见分歧的事项，或者其他疑难问题或争议事项进行适当咨询，以及咨询得出的结论；

（3）选取的用于复核的审计工作底稿，是否反映项目组针对重大判断执行的工作，以及是否支持得出的结论。

十一、关于记录审计工作

注册会计师应当在审计工作底稿中清楚地显示内部控制审计的过程和结果。

注册会计师应当就下列内容形成审计工作记录：

（1）制定的内部控制总体审计策略和具体审计计划及重大修改情况；

（2）对企业层面控制的识别、了解和测试；

（3）确定重要账户、列报及其相关认定的过程，包括对拟测试组成部分的确定；

（4）选择拟测试控制的主要过程及结果；

（5）测试控制设计和运行有效性的程序及结果；

（6）利用他人工作的程度，以及对他人胜任能力和客观性的评估；

（7）对识别的控制缺陷的评价；

（8）可能导致出具非标准内部控制审计报告的其他审计发现；

（9）形成的审计结论和意见；

（10）其他重要事项。

附录 C

中国注册会计师协会负责人就发布《企业内部控制审计指引实施意见》答记者问

近日,中国注册会计师协会(简称中注协)发布了《企业内部控制审计指引实施意见》(简称《意见》),这是贯彻落实财政部、证监会、审计署、银监会和保监会联合发布的《企业内部控制基本规范》、《企业内部控制审计指引》,提升我国上市公司财务报告信息披露质量和内部控制水平的重要举措。近日,中注协负责人就《意见》的有关问题回答了记者的提问。

记者:《意见》的出台无论是对注册会计师行业,还是上市公司都是一件大事,请谈谈《意见》出台的背景和意义。

答:内部控制是防范企业财务报告错误和舞弊行为的第一道防线,也是保证企业财务报告真实、完整的内在机制。美国安然、世通财务舞弊事件发生后,各国监管机构将监管重心从单纯注重财务报告本身的信息质量,转向财务报告本身信息质量与建立健全财务报告信息质量保证体系并重。

在此背景下,美国国会在 2002 年颁布的《萨班斯-奥克利法案》中,首次提出对"财务报告内部控制"的有效性进行审计的要求。与此相适应,美国公众公司会计监督委员会(I, CAOB)随后发布审计准则,对会计师事务所执行上市公司财务报告内部控制审计工作进行了规范。同样日本《金融商品交易法》也要求审计师对企业财务报告内部控制进行审计。

顺应国际资本市场监管变革趋势,2008 年 5 月和 2010 年 4 月,财政部会同证监会、审计署、银监会和保监会分别发布了《企业内部控制基本规范》和《企业内部控制审计指引》等企业内部控制制度,确立了我国企业内部控制审计制度,要求执行内部控制规范体系的企业,必须聘请会计师事务所对其财务报告内部控制有效性进行审计。其中《企业内部控制审计指引》自 2011 年 1 月 1 日起在境内外同时上市的公司施行,自 2012 年 1 月 1 日起在上海证券交易所、深圳证券交易所主板上市公司施行。

企业内部控制审计制度的确立,改变了企业在上市或再融资时才委托注册会计师对内部控制进行审计的局面,使得企业内部控制审计与财务报告审计一样,成为经常性、周期性业务,上市公司每年要与年报一同公布企业内部控制审计报告。

实施企业内部控制审计的意义在于,注册会计师对企业内部控制有效性进行客观、独立的鉴证,不仅能够监督、推动企业将内部控制规范落到实处,促进企业加强内部控制规范建设,提升财务报告风险防范能力,同时也能够进一步提升企业信息披露的透明度,增强投资者对企业财务信息可靠性的信心,对保护投资者权益和社会公众利益具有重要作用。

发布实施《意见》的意义则在于,为注册会计师更有效地执行企业内部控制审计业务提供了全面的技术指引。如果说 2010 年发布的《企业内部控制审计指引》是"航行的灯塔",此次发布的《意见》则是走向航行目标的具体"技术路线图"。

具体来说,《意见》在《企业内部控制审计指引》的基础上,对执行内部控制审计各个关键环节的要求进行补充和细化,从业务约定书签订,到总体审计策略和具体审计计划的制定,到审计工作实施,以及控制缺陷评价,形成审计意见到最终的审计报告出具都进行了较为详细的规定,对注册会计师执行企业内部控制审计业务具有较强的指导意义。特别是对在实务工作中的具体操作问题,如自上而下和风险导向审计方法的运用、控制测试的涵盖期间、控制测试的时间安排、控制测试的样本量、集团企业控制测试、审计工作底稿编制等,《意见》既给出注册会计师需要考虑的基本原则,又提供了具有可操作性的具体措施。

记者:企业内部控制审计的主要内容有哪些? 内部控制审计报告对投资人等利益相关者的价值何在?

答:内部控制审计是会计师事务所接受委托,对特定基准日企业内部控制设计与运行的有效性进行审计,并发表审计意见,审计内容包括企业治理结构、机构设置、企业文化、人力资源政策等内部控制环境因素,以及企业识别风险的评估程序、应对风险的具体措施和信息传递有效性、保证内部控制规范建设和有效运行的机制等,全面评价企业设计和运行的内部控制是否能够合理保证财务报告及相关信息合法、真实、完整,以及用于保护资产安全的内部控制是否可靠。

企业内部控制审计意见包括无保留意见、否定意见和无法表示意见三种类型。如果注册会计师审计后认为企业内部控制在所有重大方面是有效的,则出具无保留意见的内部控制审计报告;如果注册会计师认为企业内部控制存在重大缺陷,则出具否定意见内部控制审计报告;如果注册会计师审计范围受到限制,则应当解除业务约定或出具无法表示意见的内部控制审计报告。

企业内部控制审计与财务报告审计两种意见类型相互关联,但并非一一对应。例如,在执行内部审计过程中,注册会计师发现企业财务报告内部控制存在重大缺陷,应该出具否定意见的内部控制审计报告。如果该内部控制重大缺陷尚未引起企业财务报告的重大错报,注册会计师则出具标准意见的财务报告审计报告。又如,注册会计师对企业财务报告发表否定意见,意味着财务报告的编制不符合适用的会计准则和会计制度的规定,这种情况下,企业的内部控制也通常存在重大缺陷,应该出具否定意见的内部控制审计报告。

因此,企业内部控制审计能够比财务报告审计提供更进一步的信息,有利于投资者在财务报告审计意见类型基础上,深入分析企业内部控制情况、投资风险和投资价值。

问:企业内部控制审计与财务报告审计有何联系?

答:企业内部控制的了解和测试,及其有效性评估是制定财务报告审计策略、实施进一步审计程序的基础和前提。因此,内部控制审计和财务报告审计存在着多方面联系,主要体现在以下五个方面:

一是两者的最终目的一致,虽然两者各有侧重,但最终目的均为提高财务信息质量,提高财务报告的可靠性,为利益相关者提供高质量的信息。

二是两者都采取风险导向审计模式,注册会计师首先实施风险评估程序,识别和评估重大缺陷(或错报)存在的风险。在此基础上,有针对性地采取应对措施,实施相应的审计程序。

三是两者都要了解和测试内部控制,并且对内部控制有效性的定义和评价方法相同,都可能用到询问、检查、观察、穿行测试、重新执行等方法和程序。

四是两者均要识别重点账户、重要交易类别等重点审计领域。注册会计师在财务报告审计中,需要评价这些重点账户和重要交易类别是否存在重大错报;在内部控制审计中,需要评价这些账户和交易是否被内部控制所覆盖。

五是两者确定的重要性水平相同。注册会计师在财务报告审计中确定重要性水平,旨在检查财务报告中是否存在重大错报;在财务报告内部控制审计中确定重要性水平,旨在检查财务报告内部控制是否存在重大缺陷。由于审计对象、判断标准相同,因此两者在审计中确定的重要性水平亦相同。

记者:既然两者存在多方面的密切联系,企业内部控制审计为什么是独立于财务报告审计的单独业务? 在审计工作中,是否能够对两者实施整合审计?

答:虽然两者存在着多方面的联系,但财务报告审计是为了提高财务报告的可信赖程度,重在审计"结果";而内部控制审计是对保证企业财务报告质量的内在机制的审计,重在审计"过程"。审计对象、重点等的不同,使得两者存在实质性差异,内部控制审计独立于财务报告审计。两者差异主要体现在五个方面:

首先,对内部控制了解和测试的目的不同。注册会计师在财务报告审计中评价内部控制的目的,是为了判断是否可以相应减少实质性程序的工作量,以及支持财务报告的审计意见类型;在内部控制审计中评价内部控制的目的,则是为了对内部控制本身的有效性发表审计意见。

第二,内部控制测试范围存在区别。注册会计师在财务报告审计中,根据成本效益原则可能采取不同的审计策略,对于某些审计领域,可以绕过内部控制测试程序进行审计。而在内部控制审计中,注册会计师则不能绕过内部控制测试程序进行审计,注册会计师应当针对每一审计领域获取控制有效性的证据,以便对内部控制整体的有效性发表意见。

第三,内部控制测试结果所要达到的可靠程度不完全相同。在财务报告审计中,对控制测试的可靠性要求相对较低,注册会计师测试的样本量也有一定的弹性。在内部控制审计中,注册会计师则需要获取内部控制有效性的高度保证,因此对控制测试的可靠性要求较严,样本量选择相对弹性较小。

第四,两者对控制缺陷的评价要求不同。在财务报告审计中,注册会计师仅需将审计过程中识别出的内部控制缺陷区分为值得关注的内部控制缺陷和一般缺陷。而在内部控制审计中,注册会计师需要对内部控制缺陷进行严格的评估,将值得关注的内部控制缺陷进一步区分为重大缺陷和重要缺陷。重大缺陷将影响到审计意见的类型。

第五,审计报告的内容不同。在财务报告审计中,注册会计师一般不对外报告内部控制的情况,除非内部控制影响到对财务报告发表的审计意见。在内部控制审计中,注册会计师应报告内部控制的有效性。

从以上五个方面可以看出,两者差异主要是具体目标、保证程度、评价要求、报告类型等属性上的实质性差异,这些决定了内部控制审计独立于财务报告审计。但在技术层面和实务工作中,两者审计模式、程序、方法等存在着相同之处,风险识别、评估、应对等大量工作内容相近,有很多的基础工作可以共享,在一项审计中发现的问题还可以为另一项审计提供线索和思路。因此,这两项审计工作完全可以整合进行,而由同一家事务所进行整合审计,不仅有利于提高审计效果和效率,降低审计成本,减少重复劳动,而且可以避免审计判断出现不一致的情形,降低企业聘请不同事务所实施审计的负担。

目前,美国《萨班斯-奥克斯利法案》和日本《金融商品交易法》均要求由出具财务报告审计报告的会计师事务所对企业财务报告内部控制进行审计,将企业内部控制审计定位在整合审计。美国的一项调查也显示,企业执行《萨班斯-奥克斯利法案》404条款第二年的成本比第一年下降46%,将两项审计工作更好地整合起来则是其中的一个主要原因。为此,我国《企业内部控制审计指引》也提倡将两者整合进行。

记者:如何保证《意见》的贯彻落实和有效执行?

答:一项制度要发挥好作用,关键在于落实。下一步,中注协将着力抓好以下工作:

第一,不断深化内部控制审计相关规章制度的宣传、动员和培训工作。为了帮助事务所更好提供内部控制审计服务,中注协将举办培训班,指导会计师事务所做好内部控制审计服务,帮助审计人员提高此类审计业务所需的知识和技能。

第二,出台"内部控制审计工作底稿编制指南",引导事务所切实按照中国注册会计师审计准则、《企业内部控制审计指引》和《意见》执行审计工作,把内部控制审计业务作为一项单独的业务切实做实、做好、做到位。

第三,加强对事务所的专业指导。要求和指导事务所根据自身实际抓紧研究整合审计策略,制定业务规程,建立和完善内部控制审计业务质量控制体系;严格遵守《中国注册会计师职业道德守则》,并对执业过程中获知的信息保密,不得同时为客户提供内部控制咨询和评价服务;提示事务所充分认识到内部控制审计业务时间安排的特殊性,尽早与客户沟通,在期中即开展内部控制审计,以给客户整改内部控制缺陷留下充足时间。

第四,在会计师事务所执业质量检查工作中,中注协将有重点地开展对从事内部控制审计业务会计师事务所的监管,有针对性地加大检查力度,督促其严格遵循执业要求,自觉规范执业行为。发现存在执业质量问题和违背职业道德,将严格惩戒。

记者:您对企业执行内部控制规范有什么建议?

答:企业是内部控制规范建设和执行的主体,对内部控制的有效性承担主体责任,事务所审计则是鉴证监督责任。为保证企业内部控制规范的有效实施,发挥实效,提出以下几点建议:

首先,企业管理层应高度重视内部控制规范体系建设实施工作,要建立健全内部控制领导体制和组织机构,根据基本规范及其配套指引的要求,大力推动内部控制规范体系实施,对业务流程进行系统梳理,识别重要业务流程、流程中容易出错的环节、关键控制点,并抓紧开展内部控制自我评价工作,查漏补缺,为会计师事务所开展内部控制审计工作奠定良好的基础。

其次,企业须尽早落实聘请会计师事务所进行内部控制审计事宜。在财务报表审计中,如果发现重大错报,只要被审计单位最后时刻同意审计调整,注册会计师即可签发无保留意见审计报告。内部控制审计则不同,在内部控制审计中,如果发现被审计单位内部控制存在重大缺陷,注册会计师提请企业整改后,还要跟踪考察整改情况,才能得出控制是否有效的结论,进而决定是否签发无保留意见的审计报告。例如,对于每季运行一次的控制,如果存在重大缺陷,被审计单位需要整改后再运行6个月,注册会计师才能得出控制是否有效的审计结论。因此,企业最好在上半年决定事务所聘请事宜。

　　再次,推动实现内部控制自我评价工作与内部控制审计工作的良性互动。企业应充分认识内部控制审计业务特点,在开展内部控制自我评价工作时,应当及时与注册会计师沟通和互动,提高自我评价工作可利用程度,降低审计成本,提高工作效率。同时,企业应充分理解内部控制审计工作是一项单独业务,需要事务所增加新的投入,在工作中提供充分的支持。

参 考 文 献

[1] 秦荣生.内部控制与审计.北京：中信出版社,2008.
[2] 宋常.审计学.北京：中国人民大学出版社,2011.
[3] 盛永志.审计学.北京：北京交通大学出版社,2010.

参 考 文 献